Understanding Institutions:
The Science and Philosophy of Living Together

Francesco Guala

制度とは何か

社会科学のための制度論

フランチェスコ・グァラ 著
瀧澤弘和 監訳
水野孝之 訳

慶應義塾大学出版会

UNDERSTANDING INSTITUTIONS by Francesco Guala

Japanese translation published by arrangement with Princeton University Press
through The English Agency (Japan) Ltd.

序文
Preface

制度が経済成長と人類の繁栄にとって極めて重要な決定因であるということについては、社会科学者たちの間に一般的合意が存在している。その内容は、制度が自然資源よりも重要だということである。つまり、うまく組織化されていない社会は豊穣で住みやすい環境においても衰退する一方で、巧みに組織化された集団は過酷な環境においても繁栄することができるのだ。

厄介なことに、制度は脆弱である。制度はあって当たりまえのものと考えることはできず、恒常的な手入れが必要だ。多くの例があげられる。私の国〔イタリア〕の政治制度は、過去一世紀の成功譚の1つなのだが、ほぼ20年間にわたって、危険なほど揺れ動いている。近年の経済危機は、グローバル金融を統治する諸制度の脆弱性を暴露した。それによって、民主主義がテストされている国もある。国民の意に反した改革が、選挙を経たわけではないテクノクラートに委ねられているのである。これらのテクノクラートはしばしば欧州連合のような機関によって任命されているが、多くの評論家や政治家によれば、欧州連合それ自体が危機的状況にある。

これらの主張は聞きなれたものだが、どこか神秘的な感じもする。正確にいうと、何が危機的状況にあるのだろうか。改革されなければならない物事は何なのだろうか。とどのつまり、制度とは何かを知らなければ、そのパフォーマンスを改善することは望むべくもないのではなかろうか。

これらの問いは、哲学的でもあり科学的でもある。少なくともソクラテスの時代から、哲学者は「Xとは何か」という問いを投げかけてきた。しかしながら、これらの問いの多くは、何世紀もの時間をかけて、科学によって引きとられてきた。物質とは何か、光とは何か、生命とは何かを知りたければ、今や哲学者だけでなく、物理学者や生物学者にも問いを投げかける。これと同様に、制度の本性に関する問いは、科学の助けがなければ満足のいく回答を得られない。したがって、本書の重要な目標の一つは近代社会の根本的アーキテクチャに関する整合的な像を提供することにあるが、そこではこのテーマの研究をしている社会科学者と哲学者の洞察を組み合わせることにしたい。

『制度とは何か』は幅広い読者を対象としている。私は、視野の広い経済学者、政治学者、社会学者、人類学者、哲学者が理解できるような仕方で、本書を執筆しようと心掛けた。「視野の広い」を強調するのは、私が使う概念と用語法が、上記の学問領域のいくつかで通常使われているものと常に適合するわけではないからだ。学問間の統合が進まず、行動科学の学際的研究を阻害している状況を前提にするならば、この事態は避けようがない。実際、『制度とは何か』を執筆するうえでの目標の一つは、この重要な研究分野における学問領域横断的な対話を促すような統一的・理論的枠組みを導入することだった。もう一つの目標は、社会科学の哲学に古くからある概念的・方法論的諸問題を解決する際に、制度の本性の適切な理解が役立つことを示すことだった。これらの古くからの問題のいくつかはたやすく消え去る一方で、手ごわい問題でも統一理論の観点からみると扱いやすくなるのである。

本書は、私が運よく出会い、そして何年も共同研究をしてきた多くの友人・同僚に負うところが大きい。まず、エクセター大学の以前の同僚たちに恩義を感じている。大学院生のときには、社会の本性に関する哲学的議論は面白くないと思っていたが、バリー・バーンズとナイジェル・プレザンツと出会ってからは考えが変わり始めた。彼らは社会科学の哲学におけるヴィトゲンシュタイン的伝統を紹介してくれ、例を用いて、私の思い込みが間違っていたことを証明してくれた。同時期に、集合的志向性に関するマッティーア・ギャロッティの博士論文の指導をしたことも、私の成長を促す経験となった。これまでの、そして今でも続いている夥しい数の会話に関して、マッティーアに感謝している。

本書執筆の発端となった重要なイベントは、フランク・ヒンドリクスが2011年夏にミラノで開催したルールと制度に関するセミナーである。彼は数年前に執筆した博士論文のなかで、統整的ルールから構成的ルールを導出する方法を示していた。そのときに私は彼の論文を読んでいたのだが、この結果の重要性を見事なまでに見逃していた。フランクがミラノで同じアイディアを発表してくれたとき、そのアイディアを用いて、相関均衡というゲーム理論の概念に基づいた制度の統一理論を構築できることに気付いたのである。この制度の統一理論は、フランクが共著者となっている2本の論文でその概要が論じられており、それが本書の前半の多くを構成している。フランクと私はすべての点で同意しているわけではないが、本書が今の形になっているのは彼の貢献があったからと言ってよい。

何年にもわたり、助けの手を差し伸べてくれた友人や同僚はほかにもたくさんいる。クリスティーナ・ビッチエリ、フランチェスカ・デ・ヴェッチ、ナタリー・ゴールド、コンラッド・ヘイルマン、ムハンマド・アリ・カリディ、アルト・レイティネン、ウスカリ・マキ、クリス・マントヴァニノス、ルイージ・ミットーネ、イヴァン・モスカーティ、ファビエンヌ・ペッター、ジャッコモ・シラリ、コッラド・シニガリア、ルカ・トゥモリーニ、そして特定のトピックに有益なコメントを寄せてくれた多くの匿名の査読者たちだ。最終稿の一歩前の原稿を読んで建設的な示唆をし、私が見落としていた多数の誤りを指摘してくれた同僚たちにも特別の感謝の念を抱いている。彼らをアルファベット順に列挙すると、マッテオ・ビアンキン、フランク・ヒンドリクス、キアラ・リッシャンドラ、オリヴィエ・モラン、長津十《ながつみちる》、デイヴィド・テイラ、エンリコ・テローネ、ジャック・ヴロメン、ヘスース・サモラ・ボニラだ。彼らのコメントのおかげで、刊行されたバージョンは以前の草稿よりもはるかに良くなっている。彼らの期待に完全に応えることはできなかったが、お許しいただきたいと思っている。彼らの要求の中には、本当に厳しいものもあったからだ。

ジェフリー・ホジソンは、フランクと私の共著論文の一つを取り上げて、すばらしいシンポジウムを企画してくれた。そこには青木昌彦、ケン・ビンモア、ジョン・サール、ヴァーノン・スミス、ボブ・サグデン、そしてジェフリー自身によるコメントが寄せられた。制度に関する私たちの見解を訂正し、明快にするよう促してくれたことに対して、彼ら全員に感謝している。パリの高等師範学校には、２０１４年の2月に快く受け入れていただき、本のトピックに関する一連のセミナーを開く機会を与えてくれたことに対して謝意を表したい。ダニエル・アドラー、ミカエル・コジック、ブライアン・ヒル、エリザベット・パシュリー、セドリック・パテルノット、非常に聡明な大学院生数名はそのとき、またそれ以降も折に触れて有益なコメントをくれた。

本書の主要な議論は、いくつものセミナーとコンファランスでテストされてきた。すべての人に言及することは紙幅の都合上できないので、まとめて、これらの参加者全員に感謝したい。このプロジェクトを信じて、上梓まで漕ぎ着けてくれたプリンストン大学出版局のサラ・カロにも感謝しなければならない。「変わっていて小さな本」である『遺伝子物語（*Genetic Tales*）』から、いくつかの絵を掲載することを快諾してくれたアンドレア・ブランツィには、特別の感謝の思いがある。寛容な彼とアレッシ（©Alessi s.p.a., 1998）が許可してくれたことで、挿絵が再現されている。

本書には、以下の論文に含まれている素材が散りばめられている。

“Infallibilism and Human Kinds,” *Philosophy of the Social Sciences* 40（2010）, pp. 244–64

“The Normativity of Lewis Conventions,” *Synthese* 190（2013）, pp. 3107–22.

“Reflexivity and Equilibria,” *Journal of Economic Methodology* 20（2013）, pp. 397–405.

“On the Nature of Social Kinds,” *Perspectives on Social Ontology and Social Cognition*, edited by Mattia Gallotti and John Michael（Dordrecht: Springer, 2014）, pp. 57–68.

"Institutions, Rules, and Equilibria: A Unified Theory," *Journal of Institutional Economics* 11 (2015), pp. 459–80 (with Frank Hindriks).

"Understanding Institutions: Replies to Aoki, Binmore, Hodgson, Searle, Smith, and Sugden," *Journal of Institutional Economics* 11 (2015), pp. 515–22 (with Frank Hindriks).

"A Unified Social Ontology," *Philosophical Quarterly* 65 (2015), pp. 177–201 (with Frank Hindriks).

"Philosophy of Social Science: Naturalism and Anti-naturalism," in *The Oxford Handbook of Philosophy of Science*, edited by Paul Humphreys (Oxford: Oxford University Press, in press).

これらの論文の題材を再掲することを許可してくれたケンブリッジ大学出版局、オックスフォード大学出版局、ラウトレッジ、セージ、シュプリンガーに感謝する。２００９年から２０１３年にわたり、イタリアの大学・研究省のリエントロ・デイ・セルヴェリ奨学金による支援を受けた。コンヴェンションに関する以前の研究は、経済社会研究会議（ＥＳＲＣ）の助成金（RES-000-22-1591）およびトレント大学の計算論的・実験的経済学研究所の寛大な支援によって遂行することができたものである。サン・ラッファエーレ大学哲学部は２００８年から２００９年という大変な過渡期に、非常に手厚く迎え入れてくれた。これが実現したことについて、私はファカルティのメンバー全員、そしてとりわけミケーレ・ディ・フランチェスコとマッテオ・モッテルリーニに感謝している。

末筆ながら、ミラノ大学の経済・経営・定量的手法学部の同僚たちに本書を捧げたい。彼らは、経済学の哲学者を快く受け入れてくれた寛容な心の持ち主である。

目次

凡例

- 訳注は〔　〕で、原著者の挿入は［　］で括られている。訳注が長くなる場合は、奇数ページの左端に脚注で示した。
- 原著には、章タイトルの他、見出しは存在しないが、読みやすさを考慮して、段落の適当な箇所に小見出しをつけた。
- 原著の各章末には、読書案内がついているが、本訳書では巻末に一括して掲載した。
- 訳語について

contingent：文脈に応じて何かに依存すると取れるような箇所と，必然に対するものとしての意味を持つ場合があり、前者は「状況依存的」、後者は「偶発的」と訳しわけた。

convention：この語は、合意によるという意味が基本であり、この場合には「規約」とも訳すべきだが、ルイスの*Convention*以来、明示的な合意のないケースまで拡張して用いられている。その場合には「黙約」と訳した方がよい場合もある、しかし、本書ではその両義性が活用されているように思われるので、カナ表記で「コンヴェンション」とした。

existence：多くのケースでは単に「存在」と訳したが、単なる存在ではなく存在のあり方を示唆するときには「実存」と訳した。

reality：日本語としての読みやすさを考慮して、文脈に応じ「実在」と「現実」に訳しわけた。

regulative（regulate）：「規制的（規制する）」と訳すのが一般的だが、この日本語はやや抑止的な意味合いが強く感じられる。そこで、何かを調整するという意味で「統整」という新語をあてて訳出した。

「均衡したルール」という言葉がキーワードとして頻出するが、原語はrules-in-equilibriumである。

要旨付き目次

第Ⅰ部：統一

第1章　ルール

制度は、複雑な社会的相互作用において人々の行動を統治するルールである。だが、すべてのルールが効果的であるとは限らない。それゆえ、ルール・ベースの制度の説明は、インセンティブの理論によって補完されなければならない。すなわち、制度は、人々がそれに従うことを動機づけられたルールである。

第2章　ゲーム

社会科学者たちは人々のインセンティブを、戦略的ゲームを用いることで表現する。制度の研究で最も重要なゲームは、複数均衡を持つコーディネーション・ゲームである。均衡においては、行動と信念は相互に整合的である。均衡のそれぞれはコーディネーション問題の解となっているので、コーディネーション・ゲームは制度の機能的説明を支持してくれる。

第3章　貨幣

貨幣は重要かつ興味深い制度であり、何年もの間、社会的存在論の決定的な試金石となってきた。本章では、貨幣の本質に関する経済学者の見解を解説し、それが、均衡したルールとしての制度の説明にどのように適合するのかを示す。

第4章　相関

相関均衡においては、各人は「もしXならばYをする」という形式のルールに従っている。ここでXとはゲーム外の事象である。このアプローチによって、制度のルールによる説明と均衡による説明を調停することができる。コンヴェンションは行動の規則性（均衡）であると同時に、個々人の行動を誘導し制約する統整的ルールでもある。

第5章　構成

ジョン・サールによると、制度は「XはCにおいてYとみなされる」という形式の構成的ルールの体系である。しかし、統整的ルールと構成的ルールの区別は擁護できない。なぜなら、構成的ルールは、理論語の導入を経ることで、統整的ルールから導出できるからである。本章で、それがどのようになされるのかを示し、そしてサールの説明を制度の統一理論に組み込む。

第6章　規範性

制度的ルールは権利と義務を創出し、ある状況において遂行可能な、あるいは遂行されなければならない行為を指定する。これらの義務論的な力は、戦略的ゲームにおける個々人のインセンティブを変換する費用として表現されるかもしれない。このモデル化戦略によって、協力のジレンマを含んだより広いクラスのゲームに統一理論を拡張することができる。

幕間

第7章　読心

コーディネーションを達成するためには、人々は互いの行動について一致した期待を形成しなければならない。そのような期待は公的シグナルの観察に基づくこともあるが、公的情報が稀少なときには、私たちは相互作用する他の諸個人の心的過程を単純にシミュレートしている。

第8章　集合性

何人かの哲学者たちが主張してきたことに反して、多くの制度は、ルールに従うことの共同意図やコミットメントを必要としない。制度の創造に必要な主たる技能は、解を同定し、そこから各人によって遂行されるべき行為を導出する能力である。この種類の「解決思考」は、個人主義的モードにおいても集団主義的モードにおいても実行できる。

第9章　再帰性

社会的存在物の多くは、それらの分類のために私たちが用いるカテゴリとの再帰的ループに関わっている。社会的存在物に特有なこの現象は、ゲーム理論的モデルで把握することができる。そこでは、行為と信念が均衡において互いに維持しあっているからである。行動の規則性を記述するカテゴリは、行動の安定化に因果的に寄与しうる。

第10章　相互作用

イアン・ハッキングは、社会的な種類は「相互作用的」なので、自然的な種類と異なると主張している。だが、彼の主張に反して、ハッキングの相互作用性は自然的存在物と社会的存在物を鋭く分かつものではない。相互作用する種類は自然的な種類と同じぐらい実在的で、しばしば帰納的推論を支えるものとなり、科学的研究の対象となりうる。

第11章　依存性

多くの哲学者たちは、社会的な種類は存在論的に私たちの表象に依存すると主張してきた。この存在論的依存性テーゼが真であるならば、このテーゼで社会科学と自然科学の間に区分が設けられるだろう。しかもそれは、社会的な種類についての反実在論と不可謬主義をも含意するだろう。つまり、社会的な種類は帰納的推論を支えるものとならず、この種類は、関連する共同体のメンバーたちによって、直接的かつ無謬的に知られることになるだろう。

第12章　実在論

しかし、存在論的依存性のテーゼは誤りである。どんな社会的な種類にしても、人々がその種類の正しい理論を持っていることと独立に存在するかもしれないのだ。たとえば、人々が貨幣とは何であるかを理解している保証はないし、彼らが貨幣として分類するものが実際に貨幣である保証はない。制度の本性はその機能によって決まるのであって、人々が抱く考えによって決まるのではない。結果として、私たちは社会的な種類に関して実在論者であり可謬主義者であるはずだ。

第13章　意味

制度的用語の意味は、人々が従うルールによって決まる。しかし、そのルールが満足いくものでなかったらどうだろう。私たちは、制度の本性を変えずにルールを変えることができるだろうか。できないと主張する哲学者もいる。すると、たとえば、私たちは同性の二人の結びつきを指す際に「結婚」という用語を使うことはできないことになる。サリー・ハスランガーは、制度の同一化に関する規範的考察を導入することで、この立場に挑んでいる。

第14章　改革

残念ながら、ハスランガーのアプローチは実在論と不整合的である。私が主張するのは、タイプとトークンを区別することで、実在論と改革主義を救うことができるということだ。制度トークンはコーディネーション問題の特殊的な解である一方で、制度タイプは制度の機能によって、すなわちそれが解決する戦略的問題の種類によって同定される。たとえば、同性の結びつきは、結婚の古典的機能のいくつかを満たすので、結婚である。

イントロダクション

ここで実験をしてみよう。周囲を見渡して、見ているものを記述してみるのだ。右を見ると、同僚のアントニオが科学雑誌のために論文を査読している様子が視界に入ってくる。左側には中国の地図が壁にかかっている。正面に視線を移すと、私のオフィスのドアを通り越して、二人の学生が経済学部の廊下を歩いている。窓越しに見えるのは、ミラノ大学社会科学部の二階だ。

もちろん、読者と私を取り囲んでいるものは違う。しかし、リストを見比べると、共通するものがあるだろう。私たちが目にするものの大半は制度的存在物だ。「制度的存在物」とは、制度の存在に依存している性質／特徴を備えた対象のことである。たとえば、アントニオも私も同じ大学の教員だから、アントニオは私の同僚であるし、ミラノ大学は一つの制度である。

私が自分のリストを描写する際、別の言語を使うことだってできただろう。見たものすべてを非制度的用語で記述するのである。たとえば、それらの物理学的・化学的・生物学的性質に焦点を当てることもできただろう。しかし、そのような記述が不完全なリストになるだろうことは疑いない。私たちを取り巻く物事の多くは、ただの物理的存在物や生物学的存在物ではないからである。制度的存在物や制度的性質を無視して世界を記述すれば、私たちの世界を構成するものの多くが抜け落ちることになるだろう。

ところで、こうした存在物とは何なのだろうか。制度はそれらがどこにでもあるのと同じくらいに謎めいてもいる。教会、民主主義、軍隊、公立学校制度といった例を挙げることができる。しかし、その理論化を試みるやいなや、数多の難題に直面することになるのだ。これらの物事は何か。それらに共通しているものは何か。それらは何から作られているか。そしてそれらはどのように機能するか。

後続する諸章は、これらの問いへの回答の試みである。哲学者はこの類の探究を指す際に、「存在論《オントロジー》」という用語を使うことがある。この大仰な名称は、文字通り「存在《ビーイング》の理論あるいは言説」を意味するギリシャ語のonとlogosに由来している。存在論は世界に存在するものは何かを問うもので、とりわけ、社会的存在論は社会的世界に何が存在するのかに関する研究である。

ここ数十年の間、社会的存在論は種々雑多なアプローチの乱立によって特徴づけられてきた。このことは確かに社会的存在論を刺激的な研究分野にしてきたが、それと同時にコミュニケーションという大きな問題を生み出してもいる。研究者たちは代替的アプローチの価値を正当に評価することが難しいことに気づき、数世紀とは言わないまでも、ここ数十年間で積み重ねられてきた研究を無視して、しばしばゼロから始めることにしてきたのである。

コミュニケーションの問題は、社会科学と哲学の交差するところで頻繁に生じる。制度は政治学者・経済学者・社会学者・人類学者の主要な研究トピックなので、私たちは、彼らがこの分野に明るいはずだと期待を寄せる。だが、哲学者はしばしば、社会科学の諸理論が満足できるものでないと感じてきた。たとえば、この20年間で強い影響力があった哲学書の著者の一人は、大胆にも、社会科学の文献全体において有用なものは何一つ見出せないと述べている。つまり、社会科学の諸理論が築き上げてきた「伝統」は適切ではなかった、ということだ。「古典的な理論家たちの分析の方向性は前後逆転している」。このことは「マックス・ヴェーバー、エミール・デュルケーム、ゲオルク・ジンメル、アルフレッド・シュッツのような人物たちだけでなく、それ以前とは言わないまでもアリストテレスの『政治学』にまで遡る、政治的・社会的制度を議論する西洋の伝統全体についても」真である（Searle 2005: 2）。

逆に社会科学者からすると、哲学者の仕事は満足いくものではない。社会科学者たちも哲学者の貢献と思われることを評価しようと腐心してきた。例に挙げたばかりの本は「文字通り社会学として可もなく不可もない」ものとみなされている（Osborne 1997: 98）。別の書評によると、その本は「哲学と社会科学の間の隔たりがどれほど大きくなっているか」を示しているという（Knoblauch 1996: 1461）。

これは奇妙な状況である。研究者が違えば関心も異なるということは確かにありそうなことだ。おそらく研究者たちは、それぞれの視点から制度にアプローチするだろう。しかし、一般的な問いは明らかに同じである。制度とは何か、社会的世界は何によってつくられているのか、どれほど多くの種類の社会的存在物が存在しているのか等々。したがって、さまざまな回答は実質的に異なるものであるか、もしくは、なんらかの仕方で両立するものでなければならない。回答が実質的に異なる場合には、どの回答が正しく、どの回答が間違っているかを明らかにするよう努めなければならない。回答が両立する場合には、一見して異なる回答がどのようにして互いに適合するのかを理解しようと努めなければならない。すなわち、このケースにおいて私たちが解明しなければならないのは、それぞれのアプローチから提出された回答が社会的現実の異なる諸側面に焦点を当てるものなのかどうか、あるいは、それらが異なる語彙と理論的枠組みを使いながら、同じアイディアを表現しているかどうかである。

本書の目的　本書において、私は社会的存在論の分野における主要な伝統を統一する理論を提案し、この統一が意味するところを探究する。議論の途上において、私はもっぱらヒトの社会性に焦点を当てる。ヒトは唯一の社会的動物ではないから、これは議論の余地のある決定だと思われるかもしれない。ハチに始まりハイエナ、ツバメ、チンパンジーに至るまで、集団で生活する動物はヒト以外にも多数あり、それらは興味深い社会的組織の形態を有している。しかしヒト特有のものが存在している。私たちの社会は、ヒト以外の種の社会よりも複雑で、ずっと多様なのである。歴史を通して、ヒトは多くのタイプの社会的組織を実験してきたが、潜在的には実行可能でも、現在に至るまで一度たりとも試されてこなかったタイプの社会的組織も多数存在する。

人類が家族生活を組織化してきた無数の仕方のことを考えてみよう。人類学者による家族構造の分類には、単婚と複婚、一夫多妻と一妻多夫、外婚と内婚、母系と父系、婿入り婚、嫁入り婚、選択居住、独立居住、血縁、姻戚、親和、架空（リストはもっと長くなるであろう）などがある。家族は交配と生殖のような生物学的機能に密接に関連する社会的制度の一つであることに注意しよう。他の諸制度は生物学的制約からさらにいっそう自由であり、人類の歴史を通して、何千もの異なる仕方で形作られてきている。

したがって本書の大部分は、ヒトの制度とは何か、それらがどのように機能するか、なぜそれらは異なるのか、それらが私たちにとってどのような役に立つのかを理解することに焦点を当てている。これらの問いへの接近方法はさまざまなので、正しい水準で問いを立てることが重要である。制度の抽象度が低い水準で、特定のものから一般的なものへと歩を進めるならば、イギリスの君主制、カトリック教会、ガンジー一家のような具体的な制度を研究することもできるだろう。確立された哲学の専門用語に従って、それらを**トークン**制度[1]と呼ぶことにしよう。私たちがトークン制度を取り扱っていることを示す主要な証拠は、そのような存在物が歴史と地理的位置を有していることである。それらは空間と時間のなかに置かれているのである。

1　以下ではタイプとトークンという対概念が用いられているが、これは哲学者パースによって導入された概念で、前者が概念を指すのに対して、後者はその概念に属する具体的な対象を指す。トークンは特定の時間と空間に位置づけられることを特徴とする。

歴史家と社会科学者は、トークン制度の研究に膨大な時間を費しているが、彼らはたいてい、制度の集合もしくは制度のクラスを理論化している。理論化のポイントは特定のケースを超えて一般化すること、すなわち一般モデルを用いて、二つ以上のトークン制度の機能を説明することである。したがって、制度を研究するには、一般性のスケールを一段階上げることが必要になる。「君主制」、「政党」、「銀行」、「企業」、「組合」、「教会」、「カルト」、「家族」、「ゴルフ倶楽部」といった用語は、重要な性質を共有する制度のクラス全体を指し示すために使用されている。これが、一般的な理論が関心をもつモデルとカテゴリの発見を望める水準である。

分析に使える可能性のある水準は数多くあり、それらは一般性の観点から階層的に順序づけることができる。「教会」は「プロテスタント教会」よりも一般的な制度の種類を指し示し、「プロテスタント教会」は「改革派教会」よりも一般的であり、さらに「オランダ改革派教会」よりもずっと一般的である。制度の研究者は、自分の目標と関心に応じてこれらの水準のそれぞれで理論化するだろう。あるケースでは、すべての制度について成り立つ一般原理の定式化をすることとすらあるかもしれない。ここが、社会的存在論の分野において、社会科学が哲学と邂逅する地点である。社会的存在論の研究者は最も抽象的な水準で社会的世界を探求し、個々の特徴に関係なくすべての社会的制度について成り立つと考えられる理論を考え出すのである。

制約がないならば、理論化はもちろん簡単だ。難しいのは、良い理論と悪い理論、つまり説明的な理論とそうでない理論とを分離することである。このために、哲学者と科学者は通常、個別ケースを用いて自身の理論をテストする。たとえば、政治学者が民主主義のタイプについて理論化する際には、歴史的に存在する民主的制度のトークンとしての例を使いながら、自身の理論をテストすることになる。社会的存在論を探求するときにも、通常、一つ水準を高くしたものから例と反例が選ばれるということを除けば、同様の仕方で進まなければならない。すなわち、制度のタイプに照らして理論をテストするのである。

幾つかの制度タイプ　明らかに、この目的のために用いることができる制度のタイプは極めて多様である。したがって、自分が好む理論を支持する例を取り上げる危険性が大きい。しかしながら幸いにして、範例的なものとみなされており、真剣に受け取ってもらいたいと思っている理論であれば、どれもが説明しなければならない事例が幾つかある。私は本書のなかで、例示の目的のため、あるいは特定の理論仮説をテストするために、三つのタイプの制度を頻繁に参照するだろう。私が範例とする制度は**結婚**、**私有財産**、そして**貨幣**である。また、交通ルールについても折に触れて参照するだろう。交通ルールは、誰にとってもなじみ深い単純な制度であり、結婚、財産、貨幣といったより複雑な制度に多くの点で類似しているからである。

　これらの制度はどれも高い水準の制度タイプである。これらは低い水準の制度タイプへと階層的に分析していくことができ、驚くなかれ、[1] 最下層ではトークン制度の分析ができる。結婚を例にとると、

1　原文はlow and beholdであるが、英語のイディオムとしてはlo and beholdが正しく、「驚くなかれ、なんと」を意味する。すなわち、lowとloをかけてシャレているようだ。

単婚制か複婚制か、一時的か永続的か、自由恋愛かお見合いか、同性婚か異性婚か、開放的か閉鎖的かといったかたちがありうる。さらにはもちろん、それ独自の特異性を備えた歴史的制度がある。たとえば、カトリック、イスラム教、ユダヤ教、ヒンドゥー教の結婚である。私と妻との結婚、カエサルとクレオパトラの結婚、隣に住んでいるゲイ・カップルの結婚もある。興味深い問いは、これらのタイプとトークンすべてに共通するものは何か、最も一般的な水準で記述した**結婚制度**とは何か、というものだ。これらの問いに今答えることは拙速だろう。とはいえ前口上で言っておくならば、制度は通常、科学者たちにより、それらの**機能**によってグループ分けされていることに私たちは気づくのである。たとえば、人類学者が「結婚」カテゴリにおいて分類しているトークン制度は通常、生殖、子育て、老人の世話、相続、配偶者間の経済的協力を企図する活動を統整するものである。同様にして貨幣は経済学者によって、どのような存在物あるいは存在物のタイプであれ、価値の貯蔵、交換手段、会計単位として用いられるものとして定義されている（「貨幣とは貨幣がなすことである」という格言にあるように）。

機能的定義の利点は、ある目標が異なる文脈で達成される無数の仕方を捨象することにある。こうした理由から、機能は、社会科学者のみならず、生物学者が生理学的形質を理論化するときにも、分類を目的として用いられている。たとえば目は、光の感知を通じて、環境を知覚し表象する器官だ。目にはいろいろな姿かたちがあるので、異なるタイプごとに分類される。目の各トークンは（たとえば、哺乳類の目とかハチの目といったように）、異なる光感知メカニズムを駆使しているかもしれない。それでも、種《しゅ》にかかわらず、目に関して成立している一般的な理論原則がある。これと同様、各トークン制度が作動する特定的な仕方とは関係なく、さまざまな結婚に当てはまる興味深い一般化があるのだ。

機能の概念は、目的や目標といった観念と強く関係している。では、制度の目的とは何か。一次近似としては、制度はコーディネーションと協力を促すように思われる。制度は、一緒に行った方がよいことを諸個人の集団が遂行する際の助けとなる。ある時には、こうした集合的活動は特に問題にならずに、コーディネーションは容易に生じる。しかしある時には、同じ目標を達成することが可能な異なる仕方があり、それぞれのやり方が異なる分業を意味していて、どれが最良なのかが明らかでないことがある。そのような場合に、**コーディネーション問題**が存在していると言うことにしよう。

たとえば、ディナー・パーティーを開く際に、ホスト側のそれぞれの人が特定の役割を担うならば、企画の遂行はもっと簡単になるだろう。あなたが買い出しに行き、私が料理をする。あなたがゲストをもてなしている間に、私が皿を洗うといった具合である。パーティーが成功するためには、全員が自分の仕事をすることが重要だ。二人ともが買い出しに行って料理をする人がいなかったら悲惨なことになる。では、誰が何をすればいいのか。もしかしたら、二人ともが料理好きで、買い出しは嫌いかもしれない。それでも、どちらも相手が料理をしていると知っていたとしたら、自分は買い出しに行くことを厭わないだろう。この問題は部分的には信頼の問題だ。つまり、複雑な集合的な仕事の遂行において、ほかの人たちは自分の役割を果たすだろうと確信するという問題である。

第Ⅰ部の概要　どのようにして制度はこの信頼を築けるだろうか。本書の第Ⅰ部は、この問いへの回答に充てられている。そこでは、制度に関する異なる見解が概観され、批判的に分析され、そして、それらが互いにどのように関係しているかが説明される。まずは、制度をルールとみなす理論と制度を戦略ゲームの均衡とみなす理論と区別するところから始める。その後、これら二つのアプローチが補完的であり、単一の枠組みに統合できることを主張する。

均衡アプローチは、哲学と社会科学の間に存在する分裂の架け橋となる。この伝統における画期的理論は、正当にも広く世間に知られることになったデイヴィド・ルイスの『コンヴェンション（*Convention*）』（Lewis 1969）という本で提示されたが、他にも幾人かの哲学者や社会科学者が、過去40年間にわたって社会的制度の均衡ベースの説明を提示してきた。均衡アプローチの理論は、制度を持続する傾向がある行動パターンとみなす。というのも、諸個人はその行動パターンから一方的に逸脱するインセンティブがないからだ（他の全員が同じように逸脱をしない限り）。

説明力が高くて数学的にエレガントであるにもかかわらず、均衡アプローチは広く支持されてこなかった。同じように人気のある代替案は、制度はむしろ、社会的相互作用に携わる諸個人の行為を誘導する**ルール**とみなされるべきだというものである。

ルール・ベースの説明は、私たちの通俗的な、つまり科学以前の制度の理解に近い。直観的に言えば、制度は行動を統整しており、一定の行為を特定の状況下で適切なものにしたり、場合によっては強制的なものにしたりしさえする。たとえば、私有財産の制度は、資源にアクセスできる人を指定することによって、資源利用を統整している。貨幣の制度は、経済取引における紙の証券の使用を統整するものである。また結婚の制度は、子育て、財産管理、その他さまざまな仕方で助け合うために資源をプールする二人以上の諸個人の行動を統整している。

しかし、もし制度がルールだとしたら、それらはどのように行動に影響を及ぼすのだろうか。ルールを明言するだけでは、制度をつくることができないのは明らかだ。この理由に気づくために、夥しい数の**効果的でないルール**がある状況を考えてみよう。効果的でないというのは、正式または公式に存在しているにもかかわらず、大多数の人々から無視されるということである。ミラノの信号機は統整し、ローマのそれは提案し、そしてナポリのそれは単なる装飾だという格言がある。でも、交通ルールはミラノ、ナポリ、ローマで公式には同じだから、別の何かが起こっているに違いない。ある状況では人々をルールに従わせ、他の状況では無視させるような、何か特別な要因があるに違いない。

均衡による制度の説明は、この特別な要因が何であるかを分からせてくれる。効果的な制度は、ルールに従うよう人々を動機づける**インセンティブと期待の体系**によって支えられているということである。ゲーム理論における均衡は、行為ないし戦略のプロファイルであり、そこでは、戦略的相互作用に参加している各個人に対して一つの行為が指定されている。行為のそれぞれは「Xをせよ」あるいは「Yをせよ」という形式の単純な文によって記述できるだろう。均衡の定義特性は、各戦略が他のプレーヤーたちの行為に対する最適反応でなければならないというもので、これが均衡を他のプロファイルから区別している。言い換えれば、ゲーム理論の均衡においては、自分だけが戦略を変えることで得をするプレーヤーが誰もいないということである。他の人々が均衡における自分の役割を果たすならば、逸脱するインセンティブを持つプレーヤーは誰一人いない。

戦略ゲームの行為はルールとして定式化できるので、制度の均衡ベースの説明と制度のルール・ベースの説明は両立可能である。外部の観察者の視点からは、制度はコーディネーション・ゲームの均衡に対応した行動の規則性の形をとっている。しかし、各プレーヤーの均衡戦略は、所与の状況において、各プレーヤーに何をするかを命じるルールの形をとってもいる。ルールによる説明を均衡による説明と組み合わせることで、私が制度研究への**均衡したルール・アプローチ**と呼んでいる統一理論が得られるのだ。ルールそれだけでは行動に対する影響力を持たないが、インセンティブと信念の正しい体系と一緒になることで、ルールは諸個人の大規模集団の行動に影響力を持ちうるのである。端的に言うと、制度とは、人々がそれに従うよう動機付けされているルールである。

制度的ルールは、単に「Xをせよ」、もしくは「Yをせよ」と述べているだけのこともある。しかし、多くのケースにおいて制度的ルールは、ある事象の生起に依存して、異なる行為を指定する**条件**文（もしXならばYをせよ）である。たとえば交通ルールは、信号機が赤ならば交差点で止まらなければならず、青ならば進まなければならないと宣言する。同様に、多くの社会において、個々人の行為は、彼らのアイデンティティに応じて統整されている。たとえば「あなたが夫ならば注文をし、あなたが妻ならば注文に従え」といった階層的ルールや、「レディ・ファースト」のような作法のルールがある。このようなケースにおける生物学的特質はコーディネーションを促すシグナルとして用いられているが、それはまさに、信号機が私たちの運転を円滑にするのに役立つのと同じである。（もし、あなたがこうした言明に当惑してしまったならば、私としては、こうした取り決めが必ずしも良い均衡でないことを明確にしておきたい。おそらく、女性が注文をし男性がそれに従う方が、私たちはより幸せになっていただろう。同様に、信号が緑のとき止まり、赤のとき進むことだってできただろう。）

信号機と生物学的特質は**相関装置**であり、これらのシグナルを使う人々の行為は**相関均衡**を構成している。相関装置によって、コーディネートするために私たちが色々と試せる方法が増加する。身近な例として、あなたと私がディナー・パーティーを企画したい状況を想定してみよう。話を単純にするために、私たちには役割分担に関する強い選好がないと仮定しよう。コーディネートを確実にするため、私はあなたに「私が買い出しに行き、あなたが料理をする」というメッセージを送信する。このシグナルの主な目的は、私が買い出しに行くという期待をつくることにある。私が買い出しに行くとあなたが信じるならば、あなたは料理をするだろうから、パーティーはうまくいくだろう。ただし当然のことながら、これは、コーディネートするために用いることができたであろう多数のシグナルのうちのたった一つの例に過ぎない。私が「私は料理を、あなたは買い出しを」とメッセージを送っていたならば、反対の均衡が遂行されていただろう。したがって言語は、制度を創出するための比類なく汎用的な装置である。新しい均衡に収束するために、人々が使用するシグナルを送ることによって、それを達成するのである。人間は動物界における特殊な存在である。その主な理由は、人間が言語を有し、それを使って幅広い社会的合意を生み出すことができるということにある。

もちろん、このポイントは気づかれずにいたわけではなかった。言語を社会的存在論の中心部に据える最も独創的で体系的な企ては、ジョン・サールによって提起された構成的ルール（constitutive rule）の理論である。この理論は、制度のルール・ベースの説明の一変種である。しかし、それは単に行動を統整するのではなく、新しいタイプの行動の可能性をつくり出すような、まったく異なる種類のルールを用いることで、制度を解明しようとするものだ。サールによると、構成的ルールは「Cにおいて、XはYとみなされる」という形式の言明である。ここでのYは制度的存在物／制度的事実／

制度の性質を、Xは制度以前の存在物を、Cは出来事が生じるときの環境や条件の集合を表している。たとえば、貨幣のケースでは、構成的ルールは「アメリカ合衆国（C）において、造幣局によって発行された証書（X）は貨幣（Y）とみなされる」（Searle 1995: 28）である。

サールは構成的ルールを、「Xをせよ」ないし「もしXならYをせよ」という構文を持つ統整的ルールと対比する。これまで見てきたように、制度のゲーム理論的説明に登場する行為ないし戦略は、まさしくこの形式をとっている。それゆえ、サールの区別は、彼自身のアプローチと社会科学の文献に見られる制度の説明との間に深い溝があることを示唆している。しかし、もし本当に溝があるとすれば、社会的存在論への異なるアプローチを統合する試みは失敗に終わるだろう。すべての制度が均衡した（統整的）ルールの体系とは限らないからだ。

しかしながら、統整的ルールと構成的ルールに関するサールの区別が成り立たないと信じるに足る十分な理由がある。もともとフランク・ヒンドリクスによって考案された議論を活用して私が示そうとするのは、構成的ルールが、サールが想定していたよりも限定的な役割しか持っていないことである。つまり、私が示すことになるのは、構成的ルールは用語を導入する原理であって、それは制度を名づけるために使う理論語の適用条件を言明しているということだ。すなわち構成的ルールの役割は、まず何よりも、統整的ルールのための命名装置としての役割なのである。

たとえば、貨幣の構成的ルールは、何かが貨幣であるために満たす必要がある条件（それは造幣局によって発行される紙の証書でなければならない）を指定し、この種の紙の証書をどう扱うべきかを黙示的に特定化しているのである。統整的ルールが理論語を導入することで構成的ルールへと転換できるというヒンドリクスの見解は、構成的ルールが、単純な統整的ルールを用いて表現できないような何ものも付加していないという事実を強調する。原理的には、構成的ルールは、存在論的に実質的な損失をもたらすことなしに、私たちの理論的語彙から除去することすらできるのである。たとえば、貨幣の構成的ルールは次のような統整的ルールに翻訳することができる。「証券が造幣局によって発行されているならば、それを財の購入、あるいは将来に備えた貯金のために使用せよ」等々。

幕間と第II部の概要　このようにして統一理論は、存在論的な倹約を達成するのに役立ち、それと同時に、制度的用語のプラグマティックな機能の説明（なぜそれらが有用で、どのようにしてコーディネートに役立つか）をも提供してくれる。この説明を果たしたうえで、本書の残りの部分は、この理論をより詳細に明確化することと、その哲学的含意を探求することに充てられるだろう。とりわけ、社会科学の説明し予測したいという野心に対して、統一理論が持つ含意に焦点を当てることになるだろう。

優に1世紀以上もの間、社会科学者たちは自分たちの学問領域の方法論的基礎を論じてきた。一方で、方法論的「一元論者」たちは、社会科学者は自然科学と同じアプローチに従わなければならないと論じてきた。他方で、方法論的「多元論者」たちは、社会的現実の性質そのものが、自然科学と同じような説明的・予測的成功を社会科学が収めることを不可能にしていると論じてきた。すなわち、社会科学者は自然科学とは異なるアプローチを採用すべきであり、自然主義的な科学的探究という伝統的目標を諦めるべきなのだという。

このような種類の懐疑論は、どのような存在論的な相違によって裏付けられるのだろうか。古典的な関心の元は、社会的現実が持つ**心への依存性**であった。その考え方は、社会的存在物は、本質的に私たちの表象に依存しているという点において、自然的存在物と異なるというものである。たとえば、ドル紙幣の本質、すなわちそれが貨幣であるという事実は、それが貨幣である——つまり、それが財やサービスの購入に使える——という集合的信念ないし承認に依存している。（そうでなければ、それはジョージ・ワシントンの肖像が印刷されているただの紙切れだっただろう。）対照的に、誰がそれについてどう信じていようと、水の分子は水である。水の分子が水であるためには、水として表象される必要がない。

心への依存性のテーゼは、社会科学の科学的野心に挑戦するために、多数の理論家によって用いられてきた。しかしながら、その挑戦は、依存性の概念がどのように解釈されるかによって、様々な形式をとりうる。したがって、本書の一部は依存性テーゼの異なるバージョンを区別することに充てられるだろう。特に表象への**因果的**依存性と**非因果的**依存性とを区別することが有用となるだろう。

私は、因果的依存性のテーゼは真だが、その哲学的帰結は誇張されていると主張する。とりわけ、心への依存性が因果的に解釈されるときには、それは社会科学の科学的野心に対する脅威とならない。対照的に、非因果的依存性のテーゼはまさしく偽である。存在論的依存性の概念を使って、非因果的依存性のテーゼを正確に定式化することを試み、このテーゼが社会科学に共通する制度の機能主義的理解と不整合的であることを示すだろう。後述するように、これが含意するのは、社会科学者によって研究される存在物に対して実在論的・可謬主義的態度を保持できるということだ。それは、自然科学者によって研究される存在物に対する態度とまさに同じである。

第13章と第14章は、目下多くの国々で熱く議論がかわされている争点を取り扱う。それは最も重要な制度の設計と同一性に関するものだ。その争点になっているのは、同性パートナーが結婚することを可能にするように結婚制度を改革するかどうかだ。後述するように、伝統主義者は、結婚制度は内在的あるいは必然的に異性カップルに限定されるし、同性カップルを含めることは、結婚制度を違う制度に変えてしまうだろうと主張してきた。この主張は、洗練された意味論的議論にしばしば支えられており、哲学者たちは両陣営に分かれて論陣を張ってきた。

私自身の見解は、同性の個人間の関係を統整する契約を指し示すのに「結婚」という言葉を使うことは完全に理に適っているというものだ。とはいえ、結婚に関する議論は興味深い問題を浮き彫りにする。この議論で、制度について実在論者であるのと同時に改革主義者であるのは難しいことが示唆されるのだ。哲学者の中には、制度の同一性は、人々が実際に従うルールに依存するのではなく、彼らが従うべきルール、すなわち私たちが共同体として私たち自身に課する規範的目標に依存すると主張する人もいる。しかし、この「改良的（ameliorative）」アプローチ（サリー・ハスランガーが用いる用語）は実在論と両立しない。そこで、私は統一理論に基づく異なる解決策を提案する。これによって、制度は私たちの意図に非因果的に依存しないとする実在論の原理と、制度の同一性を変えずにゲームのルールは再設計できるという改革主義的直観の双方が擁護できる。

これが本書のおおまかな内容である。皆がこの短い要約に納得するとは期待していないが、このイントロダクションで本書を読み進めたくなっているならば本望だ。以上の議論には穴があるので、これからの章でその穴を埋めていくことを試みよう。たとえ読者を説得することに失敗したとしても、本書が、社会的存在論における異なる研究プロジェクトが相互にどのように関係しているかを、哲学者と社会科学者が正しく理解する助けとなることを願っている。本書によって研究プログラム間のコミュニケーションが活発化し、異なるアプローチを採用する学者間のコラボレーションが促進されることを期待したい。社会的存在論はあまりにも長い間統合されてこなかった。今や、もう一度それをまとめるときである。

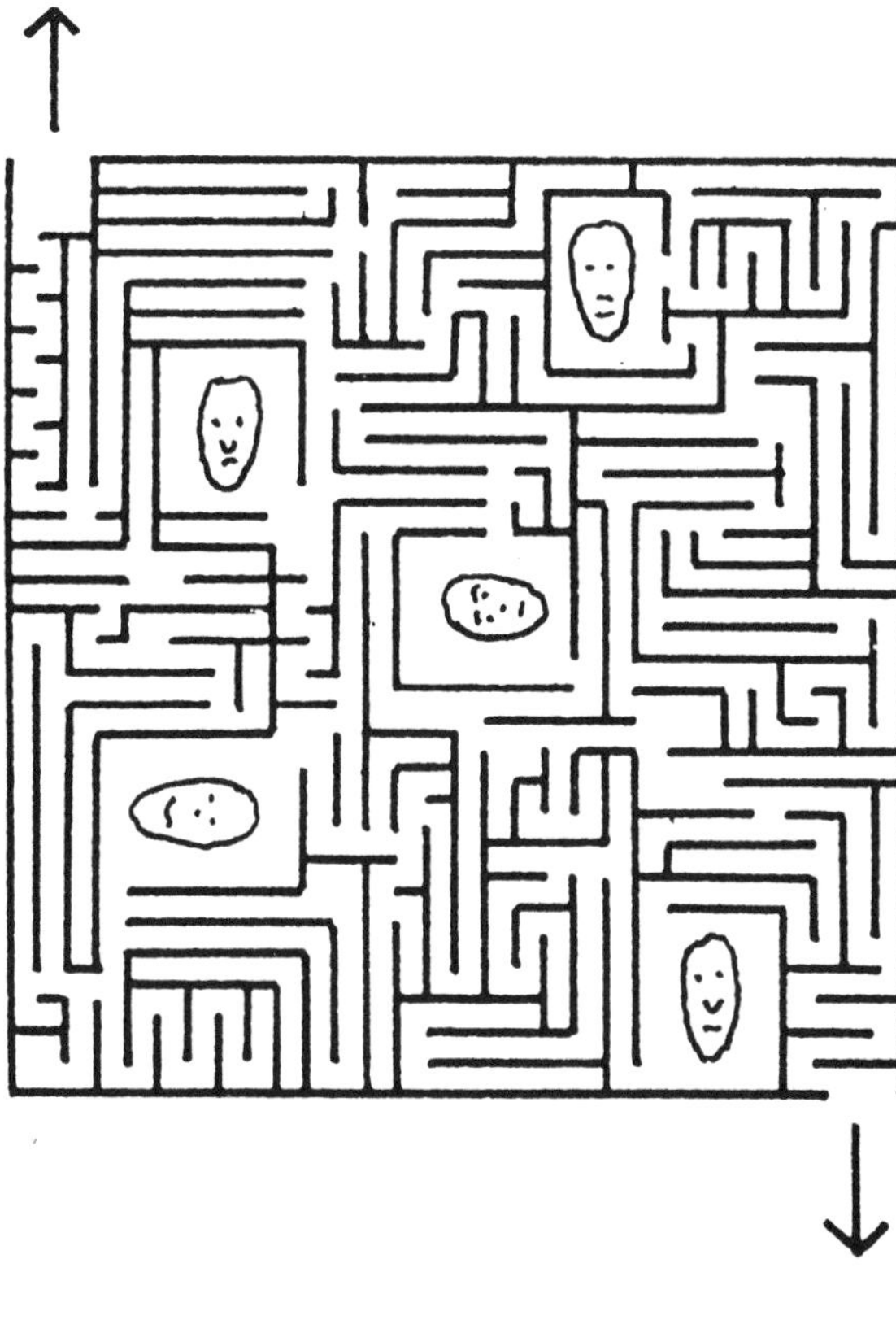

第Ⅰ部

統一

第1章

ルール

Rules

制度は社会におけるゲームのルールである。あるいはより形式的に言えば、それは人々によって考案された制約であり、人々の相互作用を形づくる。(…) それは人々の相互作用にとっての指針である。それによって、われわれは、通りで友人に挨拶したいとき、車を運転したいとき、オレンジを買いたいとき、お金を借りたいとき、事業を起こしたいとき、死者を埋葬したいとき、あるいは何であれわれわれが何かをしたいときに、それをどのように行ったら良いかを知る(あるいは、たやすく学ぶことができる)。North (1990: 3–4) [邦訳3–4頁]

社会的制度の定義として最も有名でよく引用されるものは、ダグラス・ノースの書籍『制度・制度変化・経済成果』のまさに冒頭である。ノースはもともと経済史家であり、近代初期のヨーロッパの貿易と成長についての業績で知られている。しかしながら、彼の著作は彼の専門領域以外の多くの学者たちにも影響を与えてきたし、こうした理由で、1993年にノーベル経済学賞を受賞してもいる。

ルールとして制度を概念化することは、確かにノースの発明ではない。似たような定義は、マックス・ヴェーバー、タルコット・パーソンズ、フリードリヒ・ハイエクといった20世紀の卓越した社会科学者たちの著作にも見出すことができる。ルール・ベースの理論は哲学においても、同様に人気がある。ジョン・サールによって提示されたオリジナル・バージョンについては、後ほど議論しよう。

ルールとしての制度の概念化は直観的であり、範例的な制度の多くに関する私たちの理論以前的な理解の仕方とも合っている。たとえば結婚を例に考えてみると、結婚している状態はいくつかの権利や義務と結びついている。ほとんどの西洋諸国では、夫と妻のどちらも、家族を養うのに必要な物質的資源を調達する責任を負っている。彼らは子どもの福利と教育に対する責任を負っているのだ。その上、彼らは、誠実という相互義務、必要な場合に互いに助け合う義務を共有している。

トークン制度の水準では、これらの一般原則は、日常的作業における配偶者間の分業を統治する、もっと具体的な行動ルールへと翻訳される。ルールのうちのあるものは家事を統整し（「私は料理、あなたは皿洗い」）、他のルールは子育て（「私はおむつ替え、あなたは赤ちゃんに授乳」）を統整する。また、あるルールは家計に関係し、他のルールは性行動に関係する、等々。

そうしたルールが存在する理由は極めて明白だ。ルールは、夫婦が独立に行為していたら達成が難しかったであろう目標を実現する助けとなるのである。夫婦二人ともが多くの時間を料理に費やしていて、誰も子どもにご飯を食べさせなかったら、子どもは飢えてしまうだろう。もし夫婦そろって子守りをするせいで、働きに行く人がいなかったら、明日調理するものがなくなるだろう。これの類推として、バスケットボールのチームを考えてみよう。プレーヤーたちがコーチの采配に従うならば（彼が走ってあなたはボールをパスする。彼女は守ってあなたが攻め込む)、このグループは試合に勝ってトロフィーを獲得することが望める。反対にルールがないと、彼らはおそらく毎回試合に負けるだろう。制度の議論に繰り返し登場するもう一つの例は、交通ルールに関するものだ。制度は、誰もが秩序だった行動から利益を享受できるような仕方で、個々人の行為を統整する。交通ルールの遵守が一般的にドライバーにとって利益があるのと同じことだ。もし全員がルールに従うならば、事故、渋滞、言い争いといった不愉快な出来事は避けられるか、少なくともこうしたことが起こる頻度が著しく減少する。

制度の重要性　先に進む前に明らかにしなければならないことが二つある。第一に、制度が有益であるというアイディアは、対照的なケースを明確に特定しない限り、疑わしいし、ひょっとしたら無意味ですらある。つまり、制度は何と比べて有益なのかということである。第二に、制度が一般的に有益であるということは、制度がすべての個人に同じ仕方で利益となることを意味しない。不平等だったり、不公平だったりする制度の例を見つけるのは簡単なことだ。たとえば伝統的な結婚の取り決めでは、女性はしばしば、男性よりも多くの義務を負うことになり、権利は少ない。同様に、奴隷制の下では、奴隷は明らかに主人よりも悪い状態にある。

奴隷制の例はとりわけ議論の的になっている。制度それ自体が奴隷の不運の主要な原因であることを前提にすると、どうして奴隷制は「有益」といえるのか。その答えは、私たちが行っているのは、この悲惨な制度下での奴隷の厚生と、より人道的な制度的取り決めにおいて彼らが享受できたかもしれない厚生との比較ではないからである。正しい比較は、非制度的取り決めにおいて彼らが享受するであろう厚生との比較である。歴史的にみれば、片方が他方を容易に全滅させられるくらいに、二つの社会集団間の力の非対称性が大きくなったときに、奴隷制が成立する傾向にある。たとえば16世紀におけるネイティブ・アメリカンの奴隷化は、軍事技術、組織の優位と、ヨーロッパの征服者たちの病気に対する抵抗力といったことの帰結であった。したがって奴隷制が奴隷にとって有益だったのは、ネイティブ・アメリカンにとっての非制度的な選択肢が大量虐殺であっただろうという恐ろしい意味においてでしかない。したがって要点は単に、制度がないとき、すなわちルールの指針をもたずに人々が別々に振る舞うときと比べて、制度が人々の生活を改善するということにすぎない。要するに、制度がある方が無秩序よりも良いのである。

このことは、多くの人々が代替的な制度的取り決めの下で暮らし向きがよくなるかもしれないという事実と完全に両立可能である。私たちの生活を統整する仕方がたった一つだけということは滅多にない。バスケットボール・チームでは、私はシューティング・ガードであなたはセンターかもしれないし、その逆かもしれない。家族のケースでは、夫が家にいて妻が勤めに出るかもしれないし、その逆かもしれない。誰が何をするか、誰がどの役割を果たすかといった個別の制度のそれぞれは、異なる仕方で負担を配分する。その結果、あるタイプの制度をもう一方のタイプの制度よりも好む人もいるかもしれない。時には、代替的な制度的取り決めの下で、私たち全員の暮らし向きが良くなることが起こるかもしれない。人々が悪い制度から抜け出せないときもある。その理由は、ルールを変える決定を下すことができないことだったり、新しいルールが遵守されることに確信できないことだったり、はたまた単に、人々が良い制度が利用可能だということを理解できないことだったりする。
話を進める前に、ここで「有益」について最後に一言述べておく。この用語は、制度によって行動が統整されている人々の集団にのみ関係する。制度はしばしば集団に特有のもので、多数の人々を排除しているから、制度がある集団のメンバーにもたらす便益は、それがもう一方の集団のメンバー（部外者）に与える負の効果によって相殺される可能性がある。典型的なケースはマフィアだ。それは、構成員の利益となるものの、犠牲者には害となる守秘・協力・服従のルールによって統治される制度である。しかし、陸軍のような法制度でさえ、ある人（兵士や兵士が守る人々）に正の帰結をもたらすだけでなく、他の人（たとえば戦時に殺される敵や市民）に極端な負の帰結をもたらすだろう。

ルールとしての制度　以上のように言ったうえで、一般的に集合行動を統整する能力が、私たちホモ・サピエンスにとって計り知れない資産であることは否定しがたい。ホモ・サピエンスが途方もなく人口を増加させ、地球上を支配するに至ったことは、社会的技能と組織の柔軟性によるところが大きい。ノースのような制度派経済学者たちは、とりわけ経済成長を促進することに関する制度の役割を研究してきた。豊富な実証研究によって裏付けられるこのアイディアは、生産・交易を制限する障害物、より一般的には社会の厚生の妨げとなる障害物を打破するのに、ルールが役立ちうるというものだ。（経済学者は「取引費用」という専門用語を用いてこうした障害物に言及する。）新しいルールは影響力のあるグループ、たとえば啓蒙された為政者または政府によって創出されるかもしれない。けれども、新しいルールは、特に誰かがその効果を計画したり予見したりしなくても、自律的に創発して進化することもある。成功した制度はしばしば、自発的に模倣されて、異なる社会集団に広まる。とはいえ、これは決して保証されるわけではない。聡明なアイディアは、時として認知されないままでいるのだ。

歴史的・文化的理由から、過去1世紀になされた研究の多くは、制度が自発的に創発し拡散することを強調する傾向にあった。これは部分的には、政府の介入と中央計画を強調する、社会政策の古いアプローチに対抗する反応であった。制度の自発的進化に関心を寄せる学者たちは、**公式の**制度的ルールと**非公式の**制度的ルールとを区別する。ここで「公式」が意味するのは、一連の法・原則・権利に明示的に述べられ、成文化されていることである。これらの法・原則・権利は公開されており、社会の関連するメンバーによって知られているか、少なくとも知ることができるようになっている。そのようなルールは口頭で伝達されるかもしれないが、複雑な社会においては通常、書面で保存される。対照的に、非公式のルールは明示的に成文化されず、主に諸個人の行動を通じて明らかになる。

たとえば、友情は完全に非公式ルールによって統治されている。友人の彼氏とデートをすべきでないという公式ルールはないが、そうすべきでないということは一般的に合意されており、それを破ることは非常に高くつくかもしれない。対照的に、結婚のような複雑な制度は、公式ルールと非公式ルールの両方によって構成されている。非公式制度と公式制度の間には重要な非対称性がある。「純粋な」非公式制度は世に満ち溢れているが、公式ルールだけから成る制度の例を見つけることは難しい。成文法典でさえ、その解釈と履行は非公式な実践に大きく依存する。あるルールが一国の法を構成する原則に公式に含まれていたとしても、その事実はそれ自体ではほとんど意味がない。決して遵守されず、またそれに違反しても決して罰されないような法は多くある。誰もこれらの法をわざわざ公式に廃止しようとしてこなかったのだ。

２０１０年５月、フランス人牧師10人が女性のズボン着用を禁ずる法の撤廃を申し立てた。長い間ほとんど誰も気に留めてこなかったのだが、この法は１７９９年から施行されている。これが２０１２年に最終的に無効だと認められたときには、フランス議会の正式決議は単に象徴的意義しか持たなかった。フランスにあったズボン着用禁止ルールのようなものは**非効果的**である。効果的ルールと非効果的ルールの区別は、理論的見地からすると非常に重要である。というのもそれは、本章の残りで私たちがかかわることになるルール・ベースの制度の概念化という根深い問題に密接に関連しているからである。

効果的ルールは政策形成にとって重要である。制度は、一定の目標を達成するために操作できる因果的要因だからである。それは人々の行動を変えることによって行われる。たとえば、農家に保険を提供する制度の導入は、彼らの事業実践を変えて、彼らの企業の効率性を改善するかもしれない。衛生ルールの導入は死産発生率を削減し、若年女性の出生率を改善するかもしれない、等々。しかし、ルール・ベースのアプローチだけでは、人々がルールに従う理由を説明できない。なぜあるルールは遵守され、他のルールは遵守されないのだろうか。これは単なる哲学的問いではない。この問いは非常に重大な実践的論点でもあるのだ。なぜなら、この答えがわからないと、人々が従わないために失敗する制度（ルール）を設計するリスクを冒すことになるからだ。

別の言い方をすると次のようになる。ルールは言語的言明である。しかし、「これをせよ」「あれをせよ」というように、ルールを言明することだけでは制度を生み出すのには十分でない。フランスにあった法律のケースは好例である。そのケースでは法律は単に忘れられていたにすぎないが、問題はより根深いものだ。広く知られていても、履行されないルールもある。たとえば北米のいくつかの州では、高速道路の制限速度は公式に時速65マイルに定められているが、ほとんどの自動車は時速65〜75マイルの間で走行する。だから、明らかに公式ルールは効果的でない。**実質的な**非公式ルールは、時速75マイルあたりに速度制限を設けているのである。だからといって、時速65マイルは「実質的な」ルールではないと言ってしまうと、多くの重要な問いを未解答のままにしてしまう。「実質的な」ルールと「名目の」ルールを分けるものは何だろうか。時速65マイルと時速75マイルのルールの違いは何なのか。人々はなぜ「名目の」ルールではなく「実質的な」ルールに従うのか。

説得的な説明は以下のようになろだろう。第一に、公式ルールは時速65マイル制限を定めるけれども、その実効化の仕方が緩いことには利点がある。たとえば時速65マイルで走行しているドライバーは、事故を避けるために早急に加速すべき状況にあると思うかもしれない。このドライバーがちょっとしたルール違反で罰金が科されると信じているならば、加速を躊躇して、最悪の事態に見舞われるかもしれない。交通ルールが事故の数を減らし、安全性を高めるために設けられることを前提にすると、公式の制限速度の周辺に少しの余地を残しておくことは賢明だ。

第二に、測定の問題がある。測定器具は正確でない。これはドライバーが利用できる器具についても、警察が使うものについても言えることである。時速66マイルで走行する自動車に罰金を科すことは、多数の訴訟・嘆願・不満や不公正だという非難を生み出すだろう。したがって、警察が交通ルールの重大な違反にのみ制裁を加えることは賢明なのかもしれない。実際問題、警察は次のような戦略を実行することを決めるかもしれない。時速75マイル以上で走行する自動車はすべてに対して罰金を科し、時速70～75マイルで走行する自動車はそのいくつかについて罰金を科し、時速65～70マイルで走行する自動車には罰金を科さない。この戦略はほどほどにうまく機能し、大半の人々がちょうど70マイルあたりで走行する状況を実現するだろう。時速75マイル以上で走行して捕まった人々は、違反切符を切られても文句を言えない。彼らは公式の制限速度を明らかに上回っていたからである。

以上の説明は、効果的ルールを安定的状態として描くものである。ドライバーには時速75マイルを超えないインセンティブがある。警察には時速75マイル制限を超えない人たちを許容するインセンティブがある（訴訟に多くの時間を費やしたくないからだ）。もし素朴な観察者が高速道路を流れる自動車を見るならば、彼女は実際の制限速度は約75マイルだという結論を下すだろう。全員の行動が、その制限速度を超えて走行すべきでないという期待を裏付けているからである。このシステムは均衡状態にある。

三つのポイントが留意に値する。第一は、制度はルールであると単に述べるだけでは、人々があるルールに従って他のルールに従わない理由を説明したことにならないことだ。第二に、時速75マイルのルールが効果的である一方で、時速65マイルのルールは名目的でしかない理由を説明しようとすると、遵守を促進する要因（とりわけインセンティブ）の分析へと導かれることである。そして第三に、そのような要因が特別なパターンを示すということ、つまりある種類の均衡状態にあるということである。

均衡としての制度　これまでの議論の流れは、制度が特別な種類のルールでなければならないことを示唆している。人々が従うインセンティブがあるルールとして、制度を考えた方がよい。インセンティブの概念と均衡の概念は密接に関係している。直観的にいうと、システムが均衡状態にあるのは、システムの現在の状態を決定する諸力がその状態を永続させることに寄与しているときである。たとえば、本を手に取りそれを机に置くとしよう。重力は本を地球の中心へと引き寄せるものの、机の表面を構成する分子の凝集性の力によって落下は妨げられる。何らかの他の力が介入しないかぎり、この状態はいつまでも成り立ち続ける。つまり、このシステムは均衡状態にあるのだ。

もちろん、制度のケースにおいては作用する力が違う。人間行動は多数の因果的要因によって影響されるし、それらすべてを列挙しようとすることは馬鹿げているだろう。社会科学者が制度の本性のような非常に一般的な論点を取り扱うとき、彼らは何らかの特定的なメカニズムに前もってコミットしないようなモデル化のツールを使用する。たとえば、彼らは単に、諸個人の行動は「インセンティブ」によって統治されていると仮定するだけである。インセンティブは人々の行為を動機づけている状況の性質である。インセンティブは、食べ物、セックス、住まいといった有形の価値である必要はないし、人々は純然たる経済的利益のみによって動機づけられている必要もない。人生における究極的な目標は人によって異なると仮定することは完全に筋が通っている。たとえば、ある人の目標が全能の神の栄光を称えることであれば、荘厳な大聖堂を建設することに多額のお金を費やすことは、その人の利益に即しているかもしれない。ある人の目標が健康で幸せな子どもを育てることであれば、その人は教育に投資するインセンティブがあるかもしれない。この意味でのインセンティブは、狭く理解された自己利益に必ずしも依存しない。

社会システムが均衡状態にあるのは、関連する行為者のインセンティブがその現状を保つことに寄与するときである。安定した社会状態は机の上に置かれた本のように静止しているとは限らない。それは狂乱的な活動を含んでいるかもしれないし、ある個人の行為は他者の行為とかけ離れたものであるかもしれない。しかし、均衡状態にある社会システムは**行動の規則的パターン**によって特徴づけられる可能性が高い。つまり、人々は同じ状況において（ほぼ）同じことをする傾向を持つだろう。たとえば、地球に降り立ったばかりの火星人は、北米のドライバーたちが驚くべき規則性を持っていて、時速75マイル制限を超える運転をしない傾向があることに気づくかもしれない。

卓越したゲーム理論家であり実験経済学者でもあるアンディ・ショッターは、制度を「社会のメンバー全員によって同意される行動の規則性」と定義している（Schotter 1981: 9）。そのような規則性は、戦略ゲームの「非協力的均衡として最もうまく記述できる」（Schotter 1981: 24）。というのも、均衡外の行為は不安定で、多くの相互作用の過程において繰り返されそうにないからだ。ショッターの定義は、制度研究の均衡アプローチの主要な要素を要約している。その主要なライバル（ルールによる説明）のように、均衡アプローチは単一の理論というよりも、伝統ないしは研究プログラムのようなものである。そしてその主要なライバルと同様に、このアプローチも科学と哲学の間の溝を超えて存在している。

均衡アプローチの伝統は、歴史的には**コーディネーション**問題の研究から派生している。コーディネーション問題は社会生活に遍在しており、制度にとっての重要な繁殖地である。交通ルールはこの

種類の問題を解決しようという企てだ。制限速度は、時速60マイル、65マイル、70マイルに設定でき

ただろうし、スピードと安全の間で妥当な折り合いをつけるその他の数字に設定することもできただ

ろう。正確にどれを選択するのかはそれほど重要な問題ではない。それはコンヴェンションに関する

問題である。同様に、皆が右側通行をしても、皆が左側通行をしても良かっただろう。皆が同じこと

をするならば、どちらの解決策でもいいのである。他のケースでは、私たち全員が同じことをしないこと

ことが重要である。たとえば政治と戦争においては、しばしば誰かがリードし、他の人々は従うこと

が重要である。全員が従ったり、リードしたりすると、困ったことになるだろう。結婚では、私は料理であなたは皿洗い、あるいはあなたは料理をして私は皿洗いといったように、分業することが重要

だ。こうした状況に共通しているのは、全員が行動のコーディネーションに利益を見出していること

と、そうする仕方が二つ以上あることである。

実際には、コーディネーション問題はどのように解決されているのだろうか。明らかな解決法の一つはルールを宣言することである。たとえば大陸ヨーロッパの人々がドーヴァーに到着するときには、いくつもの標識が彼らに「左側通行」のルールを気づかせる。しかし、イギリスの人々が左側を通行するのは、そのルールだけが理由ではないことを強調しておくことが重要である。このことに気づくためには、ちょっとした思考実験をしてみれば十分である。ある朝目覚めると、イギリスで全員が右側を通行していることを発見したとしよう。あなたはどうするだろうか。公式にはルールが変更されていないとしても、明らかにあなたもまた右側を通行するだろう。そうするのは、それがあなたの利益になるからだ。人々が交通ルールに従うのは、法律にそう記載されているからでなく、衝突したく

ないからである。

　他の人々が何をするかをあなたが知っているならば、コーディネーションは深刻な問題にならない。多くの場合には、他の人々がすることをただ見るだけで、それに応じて決定することができる。レストランに空席のテーブルが二つある状況を想像してみよう。あなたはもう一人の利用客が座る場所を探しているのを目にする。あなたがどちらのテーブルでもよいと思っているならば、あなたは移動する前にちょっと待って、その利用客がどのテーブルを選ぶのかを確認することができる。

　しかし、たとえば独立にかつ同時に意思決定しなければならないなどの理由によって、他の人々を観察できないとしたらどうだろうか。このときには、ルールがあることはコーディネーションの助けとなるかもしれない。混雑した会議室に空席が二つしかなく、そのうち一方からは演壇がよく見えるとしよう。聴衆のなかの二人が同時に空席に接近している。ひょっとしたら、彼らはできるだけ早く移動して、我先にと着席しようとするかもしれない。けれども、これはきまり悪さと不快感をもたらすかもしれない。ここで、この二人が紳士と淑女、あるいは若者と老人、あるいは一方が身体障害者であるとしてみよう。このときには、エチケット（「レディ・ファースト」）という単純な非公式ルールがコーディネーション問題を解決するかもしれない。

　これが機能するためには、全員がルールに気づいていなければならず、他者がルールに従うことを全員が信じていなければならない。このことが成立するときに限って、ルール遵守が利益となるのだ。しかし、他者がルールに従うことを私たちはどのように知るのだろうか。明らかに、他の人々もまったく同じ問題に直面している。私たちが遵守することを前提にするならば、遵守することが彼らの利益になる。しかし、私たちがまだどうするかを決めていないのに、彼らはどうして私たちが遵守することを期待できるのだろうか。私たちが私たちの問題を解決するまでずっと、彼らは彼らの問題を解決できず、彼らが彼らの問題を解決するまでずっと、私たちは私たちの問題を解決できない!

コーディネーション問題は、論理学者の目を通してみると不可解なものにみえる。しかし、現実の人々が論理学のパラドクスによって悩まされることは滅多にない。二つの同じ干し草の山のどちらにするかを意思決定できずに飢えるビュリダンのロバとは違って、現実の人々は、どこかの時点でいずれか一方の道に歩を進める。純粋論理が作用しないときには、何らかの論理以外のメカニズムが逡巡を解消する。

実生活におけるコーディネーション問題の特筆すべき側面の一つは、時間をかけてそれについて考えることがほとんどないということである。たいていの場合には、解決策は自明のように思われるし、実際、あまりに自明なので、まったく問題に見えないだろう。標識が「左側通行」を示すならば、なすべきことは左側通行であり、他の人々も自分の役割を果たすだろうことは明らかである。これは最も自然な解決策である。つまり、真っ先に思い浮かぶものだし、あらゆる潜在的な解決策のなかで「抜きん出た」解決策なのである。したがって、おそらく標識(とルール)の主要な機能は、1つの解決策を自明なものに見えるようにすることだ。それ以上の理由がなければ、人々は単に、最初に思い浮かんだ解決策を選択するだろう。

フォーカル・ポイント　多数のもののなかで「抜きん出た」解決策は、専門用語でいうところの**フォー**

図1.1　知覚的顕著さのケース

カル・ポイントである。この表現は、トマス・シェリングにより、彼の先駆的な著書『紛争の戦略』（1960）のなかで作られたものであるが、同書は現代の制度研究の基礎を築くことになった。個人の意思決定がフォーカル・ポイントの存在によって容易にされることに、シェリングは着目した。フォーカル・ポイントが**顕著さ**（salience）になる理由の多くは、ゲームのインセンティブ構造とまったく関係がなく、純粋な論理的観点と無関係な環境の特徴に依存している。シェリングが指摘したのは、人々が複雑な論理的推論に従事しなくても、時には良い意思決定をすることである。これは、私たちが本能的に標識に従うときにすることとまったく同じである。

　顕著さとなりうる源泉は数多くある。多くの場合、フォーカル・ポイントは私たちの認知プロセスによって決定される。例として図1・1を考えてみよう。二人のプレーヤーが図中の星のなかから一つを選び、それらが同じ星であれば、いくらかお金（たとえば10ユーロ）がもらえるとしよう。あなたならどの星を選ぶだろうか。一つの星が

図1.2　文化的顕著さのケース

あからさまに顕著だから、回答は明らかだ。純粋に論理的観点からは、選ばれる星が図のおおよそ真ん中にあるという事実は論理と完全に無関係なはずだ。それでも、その星は星々のなかで「抜きん出ていて」、いくらか違って見える。多くの人々は真ん中にある星を選ぶことで、コーディネーション成功の確率を上げる。というのも、それがもっとも頻繁に選ばれる星だからである。

とはいえ、すべてのフォーカル・ポイントが知覚的顕著さを駆使するわけではない。顕著さのもう一つの重要な源泉は**文化**だ。綺麗に横一列に並んだ四つの星を使って、先の例と若干異なるコーディネーション問題を考えてみよう（図1・2）。この問題に直面すると、大多数の人は左端の星を選ぶ。これが自明な解である理由は、知覚とほとんど関係がないように思われる。もっと正確にいうならば、私たちのほとんどが左端の星を真っ先に見る。しかし、左を真っ先に見るのは、左端の星が視覚的に目立っていたり「異なって」いたりするからではない。私たちがそうするのは、左から右へと読むように教えられてきているからである。だから、私たちが左端の星を選ぶのは、それが一番目のものだからで、それが一番目のものとなるのは、私たちの文化では左から右へと読んだり数を数えたりするという理由による。このケースの解は文化的理由によって顕著なのである。

だが、このことは問題を一歩先送りするだけだ。私たちの社会的相互作用を統治しているルールの大規模システムでないとするならば、「文化」とは実際のところ何なのか。大抵の場合、ルールは確かにコンヴェンションだ。アラビア語、ヘブライ語、ウルドゥー語を書くときに、現代の多くの人々がそうするように、レオナルド・ダ・ヴィンチはイタリア語で右から左へと筆記した。私たちが用いるコンヴェンションがどのようなものであれ、私たちがそれを用いるのは、他者とのコーディネーションを容易にするためだ。したがって、私がイタリアで運転をするときに右車線を走行する理由は、単に、ほとんどのイタリア人ドライバーが今に至るまでずっと右側を走ってきているからである。私たちは皆、毎日毎日この問題に直面しているので（道路のどちら側を選ぶべきか）、何らかの理由によって、ある時点で他の全ドライバーが行動変更を決定する可能性は排除できない。これはSFの話ではない。1967年9月3日早朝4時50分から5時の間に、スウェーデンのドライバーたちは一夜にして彼らのコンヴェンションを変更した。[1]（明らかに、この10分間はすべてが停止していた。）ただし、スウェーデン政府は13万の標識を取り付けて、コンヴェンションの大変化が起きようとしていることを全員が知っており、さらに大変化を全員が知っていることを全員が確信していることを確実にしようとはした。

実際、染みついた慣習を放棄すべきことを人々に納得させるには、多大な労力を要する。普通の状

1　スウェーデン政府は道路交通法を改正し、この日、左側通行から右側通行へと通行方式が変更された（ダゲン・Hと呼ばれる）。スウェーデン政府は法律の施行を周知するために、「3.9.1967」と記された標識を国中に立てた。このほか、PRのために右側通行の歌、スウェーデン語の右の頭文字Hを刻印した靴が販売された。

況だったら、右側通行から左側通行へと完全に切り替えられる、左側通行から右側通行にも切り替えられるというような仮説はまったく怪しいものだ。こうして、戦略を顕著なものにすることのできる「無関係な」細目のなかでも、**歴史**が重要な役割を果たすことになる。シェリングが指摘したように「先例なるものは、その論理的な重要性や法的な力以上の影響力を発揮するように思われる」し「原初状態（…）も強い誘因力を発揮する」（Schelling 1960: 67–68［邦訳72–73頁］）。

ルイスの『コンヴェンション』　この簡単な洞察は、極めて実り豊かなものであることが判明した。1960年代、ハーヴァードにおけるシェリングの講義を、デイヴィド・ルイスと呼ばれる若き哲学者が受講していた。彼は博士論文に使えるアイディアを探し求めていた。ルイスはとりわけ言語のコンヴェンション的な側面に興味を抱いていたのだが、言語的コンヴェンションがどのようにして創発し、それが繰り返される相互作用のなかでどのように持続しうるのかを、シェリングのフォーカル・ポイントが見事に説明することに気づいたのである。後に『コンヴェンション』（1969）に関する古典となった彼の学位論文において、ルイスは、ある結果が過去に非常に頻繁に生じているという事実だけで、顕著になる可能性があることを指摘した。フォーカル・ポイントは歴史によって決定されるのだ。

つまり、私たちが右側を走行するのは、現在に至るまで皆がそうしてきたからであり、「＋2」を「2を加える」と解釈するのは、全員が今までずっとそうしてきたからなのである。葬式で黒色の服を身にまとうのも、オーストラリアの海岸に生息する危険な魚を表すために（「クジラ」、「シュタルク」、

「sklrk」その他もろもろよりもむしろ）「サメ」という単語を使うのも、同様の理由からである。行動的規則性がこうした仕方でそれ自体を存続させるとき、その個体群にコンヴェンションが生じたと言うことにしよう。

顕著な均衡を選択する論理的な根拠もなければ、先例が顕著さの源泉であるべきだということの論理的な根拠もない、とルイスは言う。このことは単なる事実であって、それはパターンに気づいたり、過去のことを延長して推定したり、過去のことを延長して推定する同じ傾向を他の人に帰属させるといった、私たちの本能的な性向に基づくものである。私たちはそのように作られており、私たちが科学や哲学をする際にも、この事実を考慮に入れた方がよい。「それ以外のことをする特別な理由がないときには、私たちは先例に従いがちである」(Lewis 1969: 39)。

しかし、先例に従う性向は、単に各個人の内的傾向（生物学的に継承されたり、訓練によって獲得されたりした）というだけではない。ルールに従うことには、規範的要素もある。つまり、私たちは、先例に従わなかったりコーディネーション問題の明白な解決策を選択しなかったりする人々を非難しがちである。私たちは、逸脱者について、統計的に変則的で稀なことをするだけの人ではないと感じている。私たちは、彼らが誤ったことをしているという印象も持っているのだ。

ルイスは、私たちがコンヴェンションに帰する規範性についての簡単なストーリーを描いている。コンヴェンションは二つの意味で規範的である。すなわち、コンヴェンションを破ることは逸脱する人に損失をもたらすだけでなく、共同体の他のメンバーにも損失を与えることになるだろう。したがって、コンヴェンションに同調すべきだというもっともな理由が少なくとも二つある。

〔コンヴェンションに同調すべき一つ目の理由は、〕他の条件の等しいかぎり、人は自分自身の選好に適合的なことをすべきであると、私たちが仮定しているから。そして〔二つ目の理由は〕、他の条件の等しきかぎり、人は他の人々の選好に適合的なことをすべきであると私たちが仮定しているから。特に、妥当な仕方で、他の人々がその人がそうするという期待を抱いてもよいときにはそうである。こうして、コンヴェンションに同調するどのような行為に対しても、私たちは、その行為が何故とられるべきかということに関して、これら二つの（もっともらしいとともに、推定可能な）理由を認めることになるだろう。少なくとも言えることは、それがなされるべきではないということに対しては、同じように一般的な理由を認めないだろう。私がコンヴェンションを規範の一種と呼ぶときに意味していることは、このことである。（Lewis 1969: 98）。

最初の「べき」は道具的合理性という規範である（所与の条件において、あなたにとって最善のことをなせ）。二番目の「べき」は、十分な理由がない限り、他者に危害を与えないように指令する社会規範である。これら二つの規範を合わせることで、ある行為を「正しい」、他の行為を「誤り」とみなすのに十分となる。「正しい」行為とは共同体によって期待される行為のことである。

規範性の問題は制度分析において重大な役割を演じるので、この論点は後に再び取り上げることになるだろう。しかしここでは、制度のルール・ベースの説明に関する議論について結論を下そう。私たちはルールの適用は、部分的にではあるが、しかし本質的かつ不可避な仕方で、共同体メンバーのインセンティブによって規定されることを見てきた。私は効果的な制度と効果的でない制度を区別する問題から議論を始めた。すなわち、実際に遵守されるルールがある一方で、遵守されないルールがある理由をどう説明するのかという問題である。制限速度を例にとりつつ私が主張したのは、効果的な制度は、関係するすべての個人が一定のパターンから逸脱しないインセンティブを持っている均衡状態であるということである。したがって、ルール・ベースの制度の説明はどれも、不完全にならざるをえない。それは最低限、どのようにして、なぜあるルールが遵守され、他のルールが遵守されないのかの説明によって補完されるべきである。これまでに議論された諸事例は一定の方向を指し示している。つまり、制度は均衡状態として表現されるべきことを示唆しているのである。このアイディアをより詳細に明確化するには、戦略ゲームの理論から拝借したいくつかの概念を用いることが必要になるだろう。

第2章

ゲーム

Games

制度研究の均衡アプローチのアーキテクチャは、ゲーム理論に立脚している。ゲーム理論の諸概念は議論を展開するなかで再度用いられることになるから、最初にゲーム理論の諸概念に慣れ親しんでおくことは良い考えだろう。「ゲーム」とは、相互作用的な意思決定の状況のことである。典型的なゲームでは、プレーヤーたちの集合が存在し、各プレーヤーは、様々な選択肢を含むメニューからある行為を選択する機会を持つ。けれども、個々の意思決定者の誰にとっても、自分が選択した行為の帰結を完全にコントロールできるわけではない。どの結果が生じるかは、他のプレーヤーがすることに部分的に依存しているからだ。

	L	R
L	1, 1	0, 2
R	1, 1	3, 3

図2.1　簡単な2×2のゲーム

社会的相互作用をゲームとしてモデル化することの利点は何だろうか。トマス・シェリングによると、「社会科学にとって、ゲーム理論の最も役立つ発明は利得行列である」(Schelling 2010: 29)。行列とは、行と列に配置される記号または数字の配列だ。ゲームを利得行列としてモデル化することで、社会的行動において重要な役割を果たす様々な要因を表わすことができる。それらは行為、結果、主体、そしてインセンティブである。一例として、図２・１の行列を取り上げよう。大文字で記された各行と各列は、各プレーヤーの**行為**あるいは**戦略**を表現する。慣例によって、プレーヤー１は行、プレーヤー２は列にあてられている。このケースでは、プレーヤーたちは「左（L）」か「右（R）」という二つの行為のメニューから選択する。数字が記されたセルは行為の**結果**または帰結を表現している。

本書のなかでは、２×２の行列をフルに活用する。２×２のゲームには、選択可能な二つの行為を持つ二人のプレーヤーが含まれる。もちろん、あらゆる社会的相互作用がこれほど単純なわけではないが、２×２のゲームは分析

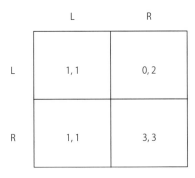

が簡単で、しかも視覚的に表現しやすいという利点がある。その上、こうした単純な状況の分析から引き出される多くの主張は、より複雑な設定へと一般化できる。

行列は通常、不完全情報のゲームを表すために使われる。不完全情報ゲームは、プレーヤーたちが意思決定をする際、彼らは結果を決定することになる要因すべてを知っているわけではないことを意味する。具体的には、各プレーヤーは他のプレーヤーが選択する行為を知らない。こうした状況はしばしば「同時手番ゲーム」と呼ばれる。しかし、「同時手番」という名前はいささかミスリーディングだ。本当に重要なのは、プレーヤーたちが同時に意思決定をすることではなく、各プレーヤーは、他のプレーヤーたちが意思決定をするときに、その手番を観察できないことである。そのようなゲームにおいては、信念が非常に重要なのは明らかだ。なぜなら、プレーヤーの行為は他のプレーヤーたちの戦略に関する期待に依存するからである。

戦略ゲームにおいて、結果のそれぞれは数字または**利得**の集合によって表される。各セル内の最初の数字はプレーヤー1（行）の利得、二番目の数字はプレーヤー2（列）の利得である。たとえば、図2．1では、行為のプロファイルLLはプレーヤー1にとっては1単位、プレーヤー2にとっては1単位の利得をもたらす（1, 1）。ゲーム理論における標準的見解では、利得は**選好**順位を表現しており、**効用**の単位で表わされる。たとえば、3＞1＞0だから、プレーヤー1（行）が最も選好する結果はRRで、その後にRL、LLが続き、最も選好されない結果はLRである。選好が個々のプレーヤーの性質であること、つまり主観的評価、ないしは一定の仕方で行動する個人の傾向であることに注意されたい。しかし通常は、諸個人の選好は、食べ物、住まい、ビーチで何もしないで過ごす時間等々のように、外的世界の客観的特徴に関するものである。選好というものは容易に観察できるものではないので、利得が世界の客観的性質とか客観的結果を直接的に測っていると解釈すればよい。一般的には、人々が関心を寄せている事物に焦点を当てることにしよう。また、殊更に明言しない限りは、人々は関心を寄せている事物の少ない量よりも、多い量の方を選好すると仮定する。

行列は戦略的相互作用の状況を表現するための資源を提供しているものの、プレーヤーがどんな行動をとるかについては教えてくれない。プレーヤーたちの選好を知っているときでさえも、彼らが何をするか、何をすべきかの見極めが難しいのはよくあることだ。説得的な**解概念**（選択されるであろう行為の組み合わせを同定する概念）の探究は、最初からゲーム理論家が関心を寄せてきた中心的なテーマの一つである。しかし、再びシェリングを引用するならば、「ゲーム理論は状況を探求することには非常に長けているが、抽象的に解を提供することは不得手である」（Schelling 2010: 35）ことが分かっている。行列を見ることで、可能な解の範囲について、つまり所与の一連の状況においてどんな種類の行為が安定した行動的規則性となりうるのかについて、描写することができる。しかし、これらの解のどれが実行されるのかを予測することはずっと難しい課題である。

ナッシュ均衡　ゲーム理論家たちが可能性のある結果の範囲を描くとき、彼らはナッシュ均衡を探し

1　ここでのプロファイルとは組み合わせたもののことである。LLはプレーヤー1がLを選択し（最初のL）、プレーヤー2がLを選択する（2番目のL）場合のこと。以下同じ。

求める。ナッシュ均衡の概念は繰り返し使用されることになるから、その本質的特徴を理解しておくことが肝要である。

ナッシュ均衡（定義）：戦略プロファイル（または結果）で、どのプレーヤーも自分の戦略（または行為）を自分だけが一方的に変えるインセンティブを持っていないという条件を満たすもの。

ここでは「一方的に」という言葉が重要だ。均衡においては、他のプレーヤーが自身の戦略を変えないとするならば、各プレーヤーは自分の戦略を変える理由／動機を持っていない。他のすべての人々が自分のパートをプレーするならば、誰も逸脱するインセンティブを持たない。この根底にある直観は、均衡が安定的な状態であるということだ。つまり、ゲームの何らかのパラメーターが変わらないかぎりは、どのプレーヤーも自分の均衡戦略を選択する方が得なのだ。すでに述べたように、このことは、プレーヤーたちが特定の均衡を好むことを意味しない。実際、彼らが選好するのが他の結果だということはしょっちゅうある（すぐにいくつかの例を見ることになるだろう）。しかし、均衡の概念が含意しているのは、一方的に行為を変えても、より選好しているその結果をもたらすことができないということである。

よく考えてみると、ナッシュ均衡が制度分析で役割を果たさなければならないことは明白である。制度は通常、個々人がコーディネートせずに個別に行為していたならば実現できなかったであろう結果の達成を容易にするものである。こうして、ナッシュ均衡を使うことで、制度が必要に思える状況を正確に表現することができる。
本書ではほとんどの場合、「純粋戦略」のナッシュ均衡に焦点を当てる。これは、言い換えると、確率的にランダムな行動を含まない戦略である。図2・1のゲームでは、RRは唯一の純粋戦略ナッシュ均衡だ。ナッシュ均衡を探し出す一つの手は、ランダムにセルを取り上げ、プレーヤーの誰か一人が自分の戦略を変えたいかどうかを問うことである。たとえば、LLのセルを取り上げたとすると、明らかにプレーヤー2（列）はLからRへシフトすることを選好するだろう。この推論を繰り返すと、LRも均衡にならないことが分かる。プレーヤー1（行）はLからRに切り替えることを選好するからである。安定的な戦略の唯一の組は、誰も一方的に逸脱するインセンティブを持たないRRである。

均衡選択　不幸なことに、すべてのゲームに一意の解があるわけではない。多くのゲームには複数均衡がある。つまり、実現可能な安定的結果が複数個あるということだ。これはいわゆる**均衡選択の問題**を提起する。これから、制度がこの問題の解決に資することを見ていく。しかしその前に、いくつかの点についてはっきりさせておこう。第一に、均衡の概念は、プレーヤーがインセンティブに反応することだけを前提としている。この概念は、均衡が推論を通して発見されるということ、あるいはプレーヤーたちがお互いの行為について戦略的に思考することでゲームを解くということを前提としない。厳密にいうと、この概念はプレーヤーたちが他の人々の選好、期待、行為に関する表象（信念）を形成することができるということさえも前提としていない。このことが特に重宝するのは、動物や組織（たとえば企業）のように、人間でないプレーヤーの相互作用をモデル化するためにゲームを用いるときである。しかし、信念をプレーヤーに帰属させることが意味を持っている場合には、均衡状態は興味深い認識論的性質を持っている。まず、ナッシュ均衡においては、すべてのプレーヤーの行為と信念は整合的である。すなわち、各プレーヤーは、他のプレーヤーたちの行為に関する信念を所与として、最善の行為を選択している。さらに、均衡においては、信念はすべて正しい。たとえば、プレーヤー1はプレーヤー2がRを選択すると信じるから、Rを選択する。プレーヤー2はプレーヤー1がRを選択すると信じるから、Rを選択する。それぞれのプレーヤーの行為は、自身の選好と信念と整合的であり、それぞれの信念は相互に整合的でありかつ真である。

コーディネーション・ゲーム　本書では、複数均衡を持った少数のゲームを頻繁に使用するが、それらは**コーディネーション・ゲーム**と呼ばれているものである。それらは図2・2に表わされている。これから説明するように、行列のそれぞれは、類似した利得構造を備えたゲームのクラスを表している。ここで、利得の数値はそれだけでは特段の意味をもたないことに注意されたい。真に重要なのは数値間の関係、すなわちそれらの構造なのである。たとえば、私たちが行列（a）の数値すべてに3をかけるならば、それでも同じタイプのゲームが得られる（走行ゲーム）。利得の順位が保存されるかぎり、ゲームの根本的な戦略的性質は変わらないのだ。

ここでのラベルはゲームのそれぞれの種類の本質的特徴を想起するようにつけられていて、定型化されたシナリオや単純なストーリーに関連している。

	L	R
L	1, 1	0, 0
R	0, 0	1, 1

(a)走行ゲーム

	B	O
B	2, 1	0, 0
O	0, 0	1, 2

(b)両性の闘い

	H	L
H	2, 2	0, 0
L	0, 0	1, 1

(c)ハイ&ロウ・ゲーム

	S	H
S	2, 2	0, 1
H	1, 0	1, 1

(d)鹿狩り

図2.2　4つのコーディネーション・ゲーム

走行ゲーム：二人のドライバーが二車線の道路で互いに接近している。彼らにできることは、左に寄るか右に寄るかである。二人ともが同じ側を選択すれば、彼らはともに利益を得る。そうでないと、彼らは停車して大事な時間を浪費しなければならなかったり、衝突してしまったりするだろう。この行列を使って記述できるのは以下のような状況である。問題解決のためにプレーヤーたちが力を合わせなければならないが、問題解決の仕方が多数ある。さらに、どのような問題解決の仕方についても、プレーヤーたちはどちらの方がいいという選好を持っていない状況である。とりわけ注意すべきは、ここには利害対立がないことである。というのは、どちらの均衡が選択されても、両プレーヤーは等しく便益を享受することになるからである。

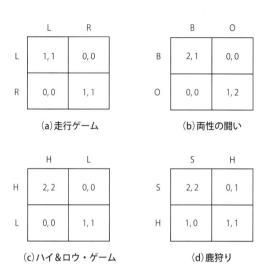

両性の闘い：この物語の登場人物は二人の婚約者だ。彼らは一緒に夜を過ごすことを選好する。しかし、可能な選択肢に関しては、彼らは異なる選好を持っている。プレーヤー1はバスケットボールの試合観戦を選好しているのに対して、プレーヤー2はオペラに行くことを選好している。これは**交渉ゲーム**である。というのは、コーディネーションの便益の配分の仕方には違いがあり、ある配分はプレーヤーたちの一方にとってより好ましいものになっているからだ。両性の闘いは、コーディネーションの利益だけでなく、利害対立も存在する状況を表現するのに役立つ。軍事作戦の文脈で解釈すれば、私がリードしてあなたが従う、あるいは、あなたがリードして私が従うのが望ましいが、私たちが両方ともリードするとか従うとかしたら、惨憺たる結末を迎えるという状況である。結婚の文脈で解釈するならば、あなたは料理で私は皿洗い、あるいは私は料理であなたは皿洗い、という組み合わせが考えられる。でも、もしかしたら私たちは二人とも料理を選好するかもしれない。したがって、私たちは、均衡に収束することが望ましいということについては合意しているものの、どちらの均衡が実現してほしいかについては無関心ではない。

ハイ&ロウ：二つの選択肢の一方がプレーヤー双方にとって明らかに良いことを除けば、戦略設定は同じである。ハイ&ロウは自明なゲームに見えるかもしれないが、実際には制度研究にとって極めて重要なものだ。制度は、コーディネーションが欠落した結果よりも良い結果へと収束することを促すものである。しかし、制度は時として、人々を劣位の安定的状態（LL）に閉じ込めてしまい、負の影響を持ちうる。読者は、（LL）が愚かな結果だということを、どうしてプレーヤーたちが理解できないのかを不思議に思われるかもしれない。ありうる回答の一つは単純なもので、彼らがより良い均衡があることを知っていないだけだというものである。他の場合では、プレーヤーたちは皆、より良い均衡の存在は知っているけれども、そこに収束していく際に、プレーヤーたちが他のプレーヤーがしかるべき自分の行為を選択するだろうと信じないせいで、収束するのに失敗してしまう。こうしたことが起こるかもしれないのは、たとえば「鹿狩り」ゲーム（図2・2（d））のように、劣位の均衡戦略が安全で、かつ優位の均衡がリスクを伴うときである。

鹿狩り：『人間不平等起原論』（Rousseau 1755）でジャン＝ジャック・ルソーは、森林でシカを待ち伏せする狩人の集団について語っている。狩りにはコーディネーション、規律、信頼が求められる。森のなかでは、プレーヤーたちはお互いの姿を確認できず、注意を逸らすものが沢山あるからだ。ルソーの見解は悲観的だ。「鹿を捕えようという場合、各人は確かにそのためには忠実にその持ち場を守らなければならないと感じた、しかし、もし一匹の兎が彼らのなかのだれかの手の届くところをたまたま通りすぎるようなことでもあれば、彼は必ずなんのためらいもなく、それを追いかけ、そしてその獲物を捕えてしまうと、そのために自分の仲間が獲物を取り逃すことになろうとも、いささかも気にかけなかった」［邦訳89頁］。ウサギを追跡することは魅力的だ。他のプレーヤーが何をしようとも、そうすることが夕食を保証することになるからだ。もちろんシカを狩る方がより多くの食事にありつけるかもしれないが、それはより大きな危険を伴う。他の狩人がウサギを追いかけたら、シカを狙う狩人は飢えたままでいることになる。形式的には、鹿狩りゲームは、均衡外の利得がウサギを追跡する（H）プレーヤーにとってより大きいことを除けば、ハイ&ロウと同一である。他のプレーヤーが協働するときに限り、シカを追跡することが価値あるものとなる。

	C	D
C	2, 2	0, 3
D	3, 0	1, 1

図2.3　囚人のジレンマ

囚人のジレンマ　こうしたゲームの利得をいじることは良い練習問題になる。鹿狩りは基本的には、均衡外の利得が非対称なハイ&ロウである。では、均衡外の利得をさらに上げたら何が起こるだろうか。逸脱する魅力が増すにつれて、優位の均衡はますますその魅力を失うことになる。逸脱する魅力がある水準に達すると、鹿狩りゲームの優位の均衡は均衡として成立しなくなる。この状況は図2・3に表現されている。鹿狩りゲームは「囚人のジレンマ」ゲームになったのだ。

囚人のジレンマはゲーム理論で最も有名なモデルだ。その名称の出どころは、二人の強盗と狡猾な保安官の物語である。ゲーム理論の草創期の教科書の一つでは、物語は以下のように語られていた。

> 二人の被疑者が別々の場所に拘留されている。地方検事は彼らが特定の犯罪を犯していることを確信しているのだが、裁判で有罪宣告するには十分な証拠が揃っていない。彼は囚人のそれぞれに対して、各人には二つの選択

肢があることを告げる。彼らが犯したと警察が確信している犯罪を自白するのか、自白しないのかという選択肢である。彼ら二人ともが自白しなければ、地方検事は、非常に軽微なでっちあげの容疑の調書を彼らからとることを宣言する。たとえば、軽窃盗罪と武器の不法所持である。そして彼らはともに軽微な処罰を受けることになるだろう。彼らが二人とも罪を自白する場合には、それでも起訴される。しかしこの場合も、地区検事長は最も重い刑罰よりは軽いものを勧告するという。一人が自白して、もう一人が自白しない場合には、自白した被疑者は共犯証言で寛大な処置を受けるのに対して、黙秘した被疑者は「重い刑罰」が言い渡される。(Luce and Raiffa 1957: 95)

標準的な行列においては、Dが「裏切り」を表わし、囚人の自白という決定に対応する。Cが「協力」を表わし、黙秘し続けるという決定に対応する。

囚人のジレンマはとりわけ特殊な種類のゲームであって、これまで分析してきたゲームと混同してはならない。走行ゲーム、ハイ&ロウ、鹿狩りゲームには複数均衡がある。これらは**コーディネーション**問題である。囚人のジレンマは異なる。なぜなら、左上の結果(CC)は均衡では*ない*からだ。それぞれのプレーヤーは、一方的にDをプレーすることで利得が大きくなる。これはいくつかの点で謎である。鹿狩りゲームにおいては、各プレーヤーが他のプレーヤーの手番を推測するという問題を抱えていたことを思い出そう。囚人のジレンマでは、その問題はそもそも存在しない。ある意味、裏切りの誘惑は非常に強力なものとなって、他のプレーヤーの行為について考える必要がないほどである。他のプレーヤーが何をしようと、自分はDをプレーする方がより良い。これが意味するのは、囚人のジレンマにおいては、ただ1つだけ均衡（DD）が存在していて、しかもそれが非効率的であるということだ。区別するために、**コーディネーション**に対して、この種類のゲームが**協力**の問題（もしくはジレンマ）を表現していると言うことにしよう。普段使う「協力」の意味が少しばかり拡大解釈されるのだが、それぞれのケースに対して、異なる用語を持つことは有用だ。

上で説明した分析にもかかわらず、多くの人々は囚人のジレンマゲームにおいて協力が正しい選択であると考える。それはどうしてだろうか。これには、多くの人々にとっては戦略的に考えることが難しいのだということを含めて、おそらく二つ以上の理由が存在する。しかし、人々がこのような直観を持つのは、何よりもまず、人々が現実生活において、囚人のジレンマに似た状況で協力を指示するようなルールに従うことに慣れているからである。とはいえ、そこには決定的な違いがある。現実生活のルールは典型的には**条件付きの**協力を指示するからである。すなわち、他のプレーヤーが協力するなら協力せよ、さもなくば裏切れ。これがよく機能するのは、私たちがゲームを繰り返しプレーし、似たような状況で他のプレーヤーたちがどのように行動したのかを見ることができるときである。彼らが過去に私たちとプレーしたのか、あるいは他の誰かとプレーしたのかは重要ではない。重要な点は、彼らが協力的であったかどうかを確認できることだ。この情報に基づいて、私たちは次に遭遇したときに協力するか裏切るかを決定することができ、その上、たいていの場合、将来裏切られることとの脅威は他のプレーヤーを協力させるのに十分である。

ある条件のもとでは、条件付きの協力が、無限回プレーされる囚人のジレンマの均衡となることを証明することができる。しかし、多くの異なる条件付きの協力が、裏切りの脅威によって維持可能となることもまた示すことができる。たとえば、月曜、火曜、水曜は私が一方的に協力し、週の残りはあなたが一方的に協力することを指示するルールに、私たちは従うかもしれない。これは不公平に見えるかもしれないが、それでも、週のすべての日で相互に裏切ることを選択することよりは、好ましいものである。しかし、あなたが月曜、火曜、水曜に協力し、私が週の残りの日に協力するという均衡も存在する。したがって、繰り返しの遭遇は協力を促すのだが、同時にそれは可能な均衡の数を増幅することで、コーディネーションの問題を浮上させる。(両性の闘いを覚えているだろうか。私が皿洗いをしてあなたは料理をするか、私が料理をしてあなたは皿洗いをするか、はたまた私が1週間に2回料理をするか、3回料理をするか、4回するか…)

均衡モデルの有用性　先に私は、ゲーム理論は特定の行動に関する特定の説明を提供することよりも、領域をマッピングすることに長けているというシェリングの見解を引用しておいた。問題の一部は、数多くの均衡を持つゲームが存在することと、均衡選択に関する良い一般理論を私たちが持っていないことにある。ここで私が「理論」と言っているのは、「メカニズム的説明」のようなことを意味している。すなわち、プレーヤーたちを均衡解への収束に誘導するような因果プロセスの詳細な説明である。しかし、そのような理論がなくても、均衡の同定は重要な成果である。というのも、均衡モデルは行動の**機能的説明**の定式化に役立つからである。機能的説明の一般的形態は「XがYを引き起こすので、X(が存在するまたは生じる)」である。わかりやすい例は、生物学的形質を説明する際に、その形質が生命体に与える便益に訴えて説明することである(たとえば、心臓は身体の血液循環を引き起こすので、心臓は存在している)。しかし、機能的説明は社会科学でも普通に行われている。例を挙げると、標準的教科書における貨幣論の解説は、交換手段、価値貯蔵、会計単位としての貨幣の機能的分析で始まっている。

フィリップ・ペティットの指摘によれば、機能的説明は形質や行動の創発、あるいはそれらが所与の環境で持つ復元力を説明するために用いることができる(Pettit 1996)。今の文脈でいうと、均衡モデルは復元力の機能的説明を定式化するのにとりわけ適している。たとえば、ある人たちが、一組のルールを見つけたと考えてみよう。このルールは、もし人々がそれに従うならば、彼らが独立に行為することでは実現できなかった結果を実現するのに役立つようなものであると仮定しよう。さらに全員に、他の誰もが同じことをするならば、ルールを遵守するインセンティブがあると仮定しよう。均衡モデルは、彼らがどのようにしてこれらのルールを発見してきたのかを正確に語ることができない。しかしそれは、ちょっとした逸脱がある場合ですら、人々がルールに従い続ける理由と、ルール遵守をやめさせるには何が生じなければならないのか(インセンティブがどのように変わらなければならないのか、信念がどのように操作されなければならないのか)を説明することができるのである。こうして均衡モデルは、「ルールは人々がコーディネーション問題を解決するのに役立つという理由で存在する」という形式の機能的説明を支持するだろう。

たとえば、ドライバーの何人かの人が「左側通行」のようなルールに従うことで事故の数が減り、交通が円滑になるということを発見したと仮定しよう。あるいは、交易者の集団が、紙の証券を交換することで、金の延べ棒や硬貨を運ぶよりも、商取引が容易になることに気づいたと仮定しよう。このようなケースにおいて、交通ルールや紙幣が重要な社会的・経済的機能を果たしていると述べるのは自然であろう。それらは人々がより良い結果を達成するのに役立つのである。この結果は、インセンティブが顕著に変わらないかぎり、安定的である。ルールは戦略ゲームの均衡であるという理由により、持続する。

均衡モデルは、行動の規則性がさまざまな因果メカニズムによって支持されるときに、とりわけ価値あるものとなる。たとえば交通ルールのケースで言うと、ドライバーが交通ルールに従う傾向があるのは、そうすることが彼らの利益になるからであり、彼らは他のドライバーたちも同じことをするだろうと期待しているからであり、また、そうすべきであると彼らが信じているからであり、警察官が違反者に罰金を科すからであり、そうすることに慣れているという習慣によるからである。このような状況においては、近接要因（proximal cause）に焦点を当てる理論は、どれも極めて複雑なものとなるだろう。したがって、科学者は一歩離れて、この状況を、多様な理由によって所与の状態に留まる傾向があるシステムとしてモデル化することを好むのである。この状態が均衡状態である。

本書の全体を通して、私はペティットや他の理論家に従うことになろう。彼らによれば、均衡モデルは、行動パターンの持続性に対する正当な説明を提供しているのである。このことはもちろん、均衡モデルが他のタイプの説明を提供するのに適しているということを意味するわけではない。また、持続性が社会科学的探究に値する唯一の種類の現象であることを意味するわけでもない。それどころか、社会的実在には、異なったスタイルでの説明を要求する興味深い側面が他にも多数ある。しかし、簡単なゲーム理論のモデルは、それを用いなければ理解不可能に思えただろう、制度の多くの特徴を解明することができる。これからの章のなかで、私たちはゲーム理論のモデルがどのようにして制度の多くの特徴を解明するのかを見ていく。

第3章 貨幣 Money

貨幣は根本的な経済制度である。それはなじみ深い物でもあり、毎日の生活で私たちの眼前に現れるような社会的世界の一部である。それなのに、それは不思議であり、興味を掻き立てる。哲学者と社会科学者は数世紀にもわたって貨幣を理論化してきたのだが、時と共に、貨幣は社会的存在論のカギとなる試金石となった。貨幣を十分に説明できない理論は、現代の哲学的議論のなかでは真剣に受け取られない。

本章では、社会科学者の貨幣の概念化が、第1章でスケッチした制度の説明にどのように適合するのかを手短に解説する。とりわけ、どのような意味で貨幣がコーディネーション問題の均衡解とみなされるのかを説明する。J・P・スミット、フィリップ・ビューケンス、スタン・デュ・プレシの研究に従って、私はインセンティブが果たす役割を強調する。制度がルールであるならば、それは人々が従うよう動機づけされるルールでなければならない。本章はその大部分が記述的で、オリジナルな議論を含んでいないものの、社会科学者の貨幣の存在論に関する理解が乏しいと考えている哲学者にとっては興味深いかもしれない。たとえば、ジョン・サールは以下のように、経済学者を厳しく批判している。

> 私がオックスフォードの学部生として経済学を学んだとき、私の先生の誰も、その探究の存在論的前提について気にかけていなかった。(…)私が考えるに、存在論的問題を気にかけることなく、良い研究をすることが可能であることもあるが、探究されている現象の存在論を強く自覚するならば、研究全体がより深いものとなる。たとえば、貨幣やそれに類する道具を、物理学、化学、生物学で研究される現象のような自然現象のように扱うことは誤りである。近年の経済危機が明らかにしたのは、それらが壮大な空想の産物だということである。全員がその空想を共有してそれを信頼するかぎりでは、システムは問題なく機能するであろう。しかし、空想のうちのいくつかが信じられるものでなくなったとき、サブプライム住宅ローン証券で起こったように、システム全体が綻び始めるのである。(Searle 2010: 201)

経済学における貨幣

この批判は真剣な考慮に値する。経済学者は本当に、貨幣とは何かを無視しているのだろうか。経済学者は集合的信念（「空想」）や、それが金融において果たす役割の重要性に気付いていないのだろうか。もしそうであるならば、それは彼らの理論の深刻な欠陥となるであろう。

そこで、経済学者の貨幣の概念化についてもっと知りたくなったと想定してみよう。私たちが見るべきなのはどこだろうか。不幸なことに、マクロ経済学の教科書をただ開いてみても、貨幣の「存在論的」分析を見つけられない。教科書的な経済学は、貨幣を価格、投資、成長のような他の経済的な変数とリンクさせる関係性に焦点を当てている。これは多くの科学の典型である。たとえば、物理学入門講義には、重力の性質に関する詳細な分析は見受けられない。入門の教科書は、重力とは本当のところ何なのかを説明することなしに、重力を速度、加速度、質量のような変数と関係づけるモデルを説明する。しかしこのことは、物理学が重力の存在について何も言うべきことを持たないということを意味していない。それは単に、他の場所を見る必要があることを意味しているだけである。たとえば場の量子論に関する上級テキストのなかである。

同じことは経済学にも当てはまる。1950年代にオックスフォードで受講した入門コースにおいて、サールはあまり多くのことを見なかったかもしれないが、経済学者は貨幣の存在論に関して完全に妥当な概念化をしているのである。たとえば、現代の一流の理論家である清滝信宏とランドール・ライトは、今や古典的となった論文の一つの冒頭部で「ある客体が交換手段として役立ちうるかどうかを決定する決定的要因は、主体がそうなるだろうと信じるか否かということである」（Kiyotaki and Wright 1989: 928）と書いている。そして、彼らのクラレンドン講義のなかで、清滝とジョン・ムーアは次のように言っている。貨幣が交換手段として機能するためには、無限に向かって伸張する、相互に維持しあっている信念の集合がなければならない。私が昨日貨幣を持っていたいと思ったのは、歯医者が今日それを受け取ってくれると信じたからである。彼女が今日貨幣を持っていたいと思うのは、誰かほかの人が明日それを受け取ってくれると、彼女が信じるからである。云々。もしも歴史に既知の終点が存在するならば、信念の構造全体がその終点から遡って崩壊することだろう。(Kiyotaki and Moore 2001: 3)

ゆえに、サールの生き生きとした言葉を使うとすれば、経済学者は貨幣が「壮大な空想」の効果であることに気付いているように思われる。

経済学者は、少なくとも19世紀から貨幣の存在論を研究してきた。実際のところ、経済学者たちは貨幣の理論を一つしか持っていないわけではなく、多くの理論を持っていることが分かる。これらの理論は、貨幣の創造、その復元力、相互期待のシステムへの依存といった論点を取り扱っている。経済学者の分析は通常、貨幣の機能主義的定義から始まる。すなわち、貨幣とは貨幣がなすことである。貨幣の機能主義的定義は、経済学者たちが貨幣のコンヴェンション的性格を自覚していることを示唆している。特定の文脈でどんな媒体が用いられるかにかかわらず、貨幣とは貨幣のさまざまな機能を実現するものなのである。貝殻、毛皮、金属片、紙、電子バイトのいずれも、貨幣の機能を満たすならば、貨幣たりうる。

では、これらの機能とは何だろうか。ほとんどの教科書では、三つのことが言及される。貨幣は交換手段、会計単位、そして価値貯蔵として役立つ。これらの機能は興味深い仕方で関係している。たとえば、通貨が交換手段として使用されるならば、それは会計単位としても利用できる（Aを得るのにBを得るよりも2倍支払わなければならないならば、Aの市場価値はBの価値の2倍である）。また、通貨が交換手段として使用できるのは、商品Aの売却と商品Bの購入の間に経過する時間を通じて、その価値が急速に失われないときにかぎる。このように、交換手段の機能は価値貯蔵として機能する一定の能力を前提とするのである。ここで、**時間**の重要性に留意されたい。このことは、将来に関する期待（すなわち信念）が、貨幣の経済理論において重要な役割を果たすことを示唆しているのである。

貨幣の商品理論　貨幣の科学的理論は通常、商品理論と証券理論と呼ばれる、二つの大きなカテゴリに分類される。貨幣の商品理論は、今日でも現代経済学の大部分を構成している限界主義アプローチのパイオニアの一人であるカール・メンガーの業績に遡る。「貨幣の起原について」と題された彼の論文は、貨幣制度の創発の理論的再構築であると同時に、歴史的再構築でもある。その歴史的な不正確さは、今日では一般に認められているので、今ではそれは、理想的な環境ならば、貨幣はどのように進化してきた可能性があるかを合理的に再構築したものとしてのみ受容されている。とはいえ、メンガーのストーリーは、それがどこから来たのかということではないにしても、貨幣とは何か、そしてそれはどのように機能するのかを理解するのには、いまだに有用であるとみなされている。

メンガーの物語は四つのステップに分節化される。

1．原初的な形態の分業が行われている社会を考えよう。分業は効率性を改善するが、同時に**欲望**

の二重の一致という問題を創出する。三人（アン、ボブ、キャロル）が以下のように専門化したと想像してみよう。アンは肉を、ボブは野菜を、キャロルは果物を生産する。ここで、アンは野菜を消費したいけれど、ボブは肉に興味がなく、むしろ彼は果物を食べたがっていると仮定しよう。原理的には、ボブはアンから一時的に肉を得ることができ、その後キャロルのところへ行ってそれを果物と交換することもできるだろう（キャロルは肉に興味があると仮定して）。この単純な例においては、肉が交換手段として機能している。

2. この過程が何度も何度も繰り返されると、一つの媒体だけが出現して、交換を容易にしてくれそうである。ある商品は、それが持つ特殊な性質のために、他の商品よりも頻繁に媒体として使われるかもしれない。肉とは違い、良い交換手段は耐久性があり、持ち運び可能で、分割可能で、普遍的な欲求の対象でなければならない。古典的な例は金で、金はこれらの特徴のほとんどを示す金属である。歴史家たちは、現実においては、初期の市場社会で出現する媒体が一種類であるのは珍しいこと、そして、いくつかの社会では長い間、数種の商品が同時に使用されることを指摘している。しかし先に述べたように、興味深いのは基本的なメカニズムであって、歴史的正確性ではない。

3. 三つ目のステップは、物的商品を紙の証書と置き換えることである。金は安全な場所（銀行）に貯蔵され、銀行は、それを持っている人が一定量の金を所持することを言明する証券を発行する。金（それは銀行にとどまり続けることが可能である）を交換する代わりに、人々は証券を交換することを選好する。このことがすでに、**信頼**の体系を必要としていることに注意しよう。つまり、人々は銀行が信頼に足り、欺いたりしないこと、ほかの人全員が同じことを信じているということを信じなければならない。この条件が成り立たないならば、証券を持ち運ぶことは無意味である。というのも、誰もそれを支払いとして受け容れないであろうから。証券が通貨として使用されることは、関係する共同体において共通に信じられなければならない。

メンガーの説明は「見えざる手」の物語になっている。貨幣は集権的当局によって発明されるのではなく、市場取引を容易にするために、個人間の相互作用の繰り返しから自発的に創発するからだ。見えざる手の物語は、社会科学では（そして生物学でも）ありきたりのものだが、何人かの学者たちは、メンガーの物語に欠点を見出している。それには二つの理由がある。一つ目の理由は、私がすでに述べてきたことで、歴史記述的なものである。貨幣はこのような仕方で創発してきたようには思われないのだ。（その理由は後ほど見ることになるので、しばしお待ちいただきたい。）二つ目の理由は、見えざる手の物語が、貨幣発展の四つ目のステップを説明しようとする際に、困難に直面するということである。

4．金は廃止され、**不換貨幣**に取り換えられる。中央銀行が発行する証券は、金の一定量の所有を承認することなく、抽象的な通貨（スターリング、ドル、フラン、ユーロ、リラ）を指し示すだけである。それにもかかわらず、驚くべきことに、人々は交換手段として証券すなわち紙幣を使用する。彼らはそれを支払いとして受け容れて、財と交換する。たとえ紙幣が、いかなる商品の所有も基礎にあるものとして認めないとしてでもある。

これがメンガーにとって問題であるのは、不換紙幣がそれ自体において何らの価値も持たないからである。では、なぜ人々はそれを所持すべきなのだろうか。その答えは、彼らが、将来、それを使用して他の財を購入できると信じているから、というものである。

しかし、このときに、彼らが信じなければならないのは、他の人々が将来不換紙幣を受け容れるだろうということである。あるいは、これらの人々が、他の人々が将来それを受け容れるだろうと信じるだろうことである、等々。整合的で相互維持的な信念の体系が必要となる。

貨幣の証券理論　しかし、これらの信念はどこから来るのだろうか。そして、それらはどのように再生産されるのだろうか。それらはあまりにも脆くないだろうか。誰かが通貨の将来の持続可能性を疑い始めたら、期待のシステム全体が砕け散るように思われる。見えざる手の理論の主な問題は、なぜそのようなシステミックな危機が相対的に珍しい出来事なのかを説得的に説明することであって、そのような危機が通常の状態だということではない。そのような危機が通常の状態であるということは、通貨が金によって支えられていない状況では、普通に期待されることなのだ。[1]

私たちはすでに、信念の自己維持的システムが、行動の過去の規則性によって支持されるかもしれないことを知っている。すなわち、全員が現在に至るまでこの種の紙を交換手段として使用していたならば、私はこのような過去の行動をシグナルとして用いるかもしれない。他者が将来もそれを使い続けること、彼らも同じ推論をすること等々のシグナルとしてである。これはすでに見てきたように、基本的にルイスのストーリーである。しかし、信念が変わりうることも確かである。たとえば、不確

	通貨	金
通貨	2, 2	0, 1
金	1, 0	1, 1

図3.1　鹿狩りゲームとしての不換貨幣

実性が大きい時期においては、人々は（ただちに必要な場合を除いて）紙の証券を保有しないことの方を選好し、支払いとして他の商品（金、たばこ、燃料、あるいは、より安定した外国通貨）を要求するかもしれない。私がこのことを知っているならば、私もまた、紙の証券で支払ってもらわない方が良いということになるかもしれない。こうして、さらなる価値の低下がもたらされる、云々。

　こうした事態は、「不換紙幣のただ乗り問題」として知られている。厳密に言うと、これは囚人のジレンマ・ゲームではない。もし他の全員が物々交換よりも不換紙幣を使うことを選好するならば、私もまた不換紙幣を使用することを選好する（商品あるいは金を求めることに意味はない）。しかし、私が他者の将来の行動についてあまり

1　期待：expect（ation）の訳語に「期待（する）」を充てることが経済学では一般的である。日本語の「良いことを待ち望む」というニュアンスはなく、将来に対する考え方、すなわち単なる「予想」ぐらいの意味。

確信を持てないならば、不換紙幣よりもむしろ商品を保有することの方が賢明であるかもしれない。戦略構造は鹿狩りゲームと似ている（図3・1）。

私たちは、鹿狩りゲームに複数の解があることを知っている。劣位の均衡状態（金、金）を回避するためのカギは、全員に対して、全員が将来、通貨を必要とする*だろう*ことを納得させることである。これは、強力な実効化当局だけができることである。この点で、純粋な貨幣の商品理論を諦めて、その主要ライバルであるいわゆる**証券理論**（claim theory）（すなわち貨幣国定説［chartalist］）へと移らなければならなくなる。核となるアイディアは、貨幣は国家当局によって創造され、維持されるというものである。国家は二つのメカニズムを用いて介入する。

（i）まず、国家は公務員にバウチャーで支払い、

それから

（ii）国家は全市民にこれらのバウチャーを使って納税するよう強制する。

第二ステップが極めて重要である。国家による要求の結果、バウチャーがそれ自体としては望ましいものでなくても、全員がいくらかのバウチャー（不換紙幣）を保有しなければならない。バウチャーを価値あるものにするのは国家の証印であって、国家は課税を通じてそれを回収する。しかし、このメ

カニズムが機能するための重要な前提条件は、権力の源泉としての国家の信頼性である。
　国家が脆弱ならば、不換紙幣を保有しても私の利益にならないかもしれない。6ヵ月後には、別の権力が登場し、別の通貨を用いて納税するよう求めるかもしれない。国家もまた貨幣の量と質に関する信頼できる監督者でなければならないことに注意しよう。政治家は公務員を雇うために、ますます多くの量の貨幣を刷る誘惑に駆られるかもしれない。しかし、公務員が商品とサービスを十分に提供しないならば、バウチャーが氾濫してインフレーションを生み出すことになるだろう。インフレーションが起こると、次にそれは人々の通貨を保有する気を失わせ、長期的には、貨幣システム全体の崩壊を引き起こすかもしれない。強力かつ安定的で、厳粛な国家だけが、不換通貨を持続可能にするのに十分な信頼性によって、自己維持的な信念の体系を支えることができる。
　歴史家と人類学者によると、こちらの方が、貨幣創発のより正確な描写である。しかし、証券理論には理論的利点もある。証券理論は、貨幣を制度として頑健にする信念がどのようにして復元力を持つのかを説明できるからである。通貨を発行する権威（国家）が信用に足る実効化主体である限り、通貨は頑健である。ある一つの戦略プロファイルを多くの可能なコーディネーション均衡のなかで顕著にするルールを言明する（「この特定の通貨を交換手段として使用せよ」）ことで、国家は部分的にコーディネーション装置として行為することになる。それだけでなく、国家は権力を利用して、インセンティブを与えたり、不換貨幣均衡からの逸脱を罰したりするのだ。人々は、納税しなかったり、偽造貨幣を発行したりするならば、厳しい罰を科せられる
　したがって、不換貨幣は二つのメカニズムによって支えられていることになる。（1）個々人が、不

換貨幣は取引費用を削減するということを知っている、(2) 彼らは、ある種の取引（たとえば税の支払い）で不換貨幣を使わないと罰せられるということを知っている。ヴェニス人の冒険家マルコ・ポーロは、その手記のなかで、中国におけるクビライ・カアンの造幣局を説明するときに、こうしたメカニズムに焦点を当てている。その制度は、13世紀のヨーロッパの商人にとっては驚くべきものだったのだ。

カンバラというこの街に、クビライ・カアンの造幣局がある。彼はまことに、錬金術師の秘密を持っていると言ってもいいかもしれない。というのも、彼は、以下のようなプロセスによって貨幣を製造する技を持っているからである。(…) この紙幣の貨幣化は、現実に純粋な金あるいは銀であるかのように、それと同じぐらいの形式と儀礼をもって認証される。というのも、そのそれぞれの手形に対して、特別に任命された多数の役人が、自分の名前を署名しているだけでなく、押印をも添えているからである (…) このようにして、それは流通貨幣としての完全な信憑性を受ける。そして、それを偽造する行為は死刑に相当する罪として罰される。このようにして大量に貨幣化されるとき、この紙の通貨はクビライ・カアンの領土のすべてにおいて流通させられる。誰もあえて自分の生命の危険をおかして、支払いの際にそれの受け入れを拒否することはしない。陛下の全部隊はこの通貨で支払われる。それは彼らにとって、金あるいは銀であるかのごとく、同じ価値を持つのである。これらの理由によって、クビライ・カアンが世界の他のどんな主権よりも財宝を広範に支配していることが、確かに認められるだろう。(Polo 1298: 95)

証券理論はしばしばメンガーの商品理論の代替案とされる。なぜならこれら二つの理論は、異なる説明の様式を持っているからである。一方は見えざる手の理論であり、他方は中央当局の権威に訴える。これら二つの理論の貨幣の創発に関する説明は劇的に異なっているけれど、根底にある存在論は同じである。実際、私たちの目的にとっては、それらの類似点の方が相違点よりも重要である。どちらの理論も相互に整合的な信念の役割を強調するからである。そしてどちらも、均衡タイプの説明に訴えている。他者が同じことをするなら、すべての市民が通貨を使用するインセンティブをもっているということである。

したがって、現代の経済学者たちが貨幣の存在によって提起される微妙な存在論的問題を無視しているとすることは誤りである。経済学者たちは、貨幣の性質に関する完全に妥当な説明を有しているのである。その説明は、私がこれまでの章でスケッチしてきた社会的制度に関する現代の科学的分析と整合的である。その上、そのような説明は概して、哲学者が貨幣について述べていることと整合的でもある。貨幣が集合的信念に依存しているということは、あまり新奇な洞察とはいえない。そして、数世紀とはいわないまでも、数十年間にわたって哲学者たちが保持してきた見解を、社会科学者たちが無視しているとして非難すべきでないのだ。

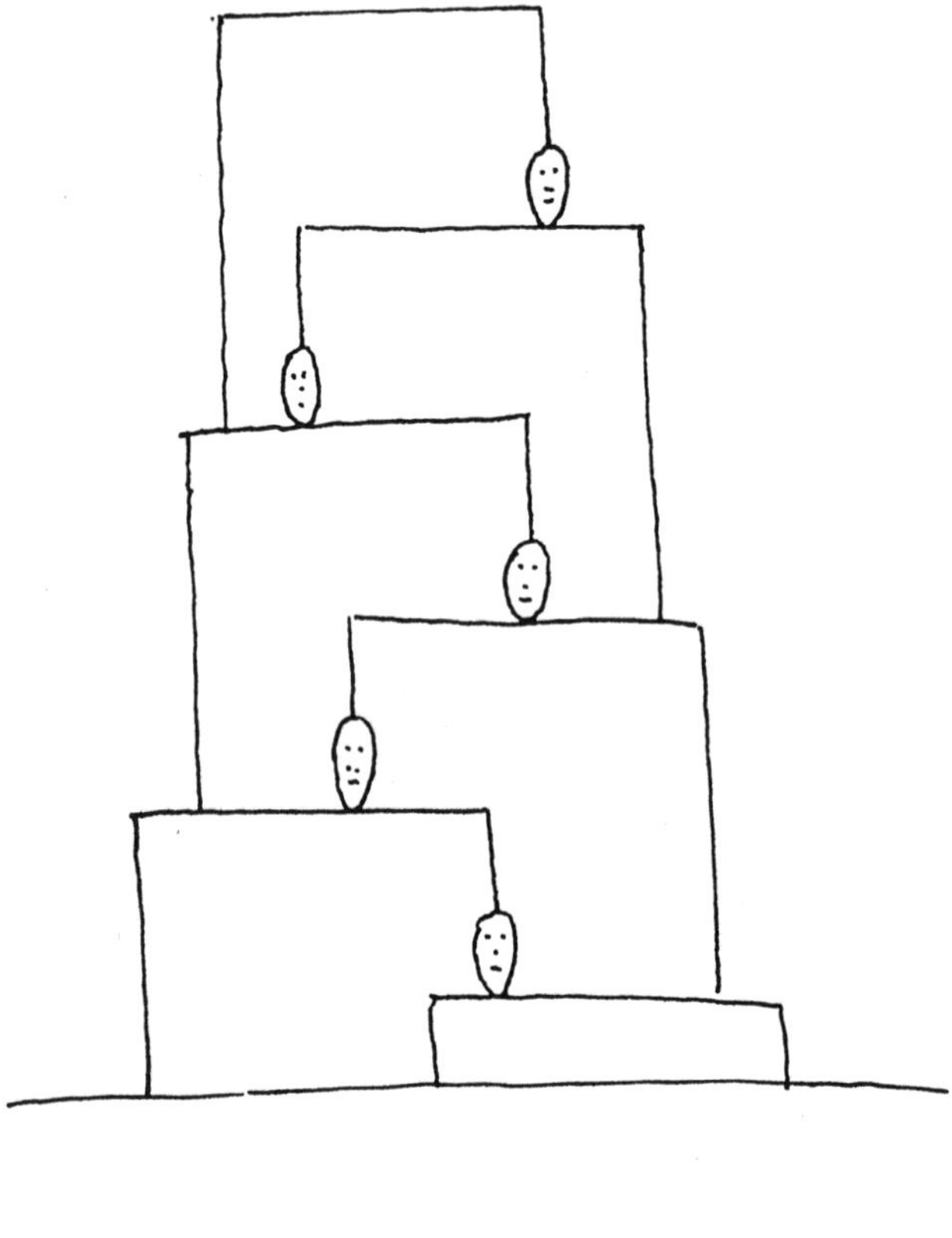

第4章 相関 Correlation

私たちは第1章で、コンヴェンションが複数均衡のあるコーディネーション・ゲームの解としてモデル化できることを見てきた。ルイスの分析は、利得が対称的なゲームに焦点を当てるものであった。そこでは、プレーヤーたちは、ある一つの解に収束することを、他の解に収束することよりも強く選好することがなかった。古典的な例は走行ゲームである。全員が同じ行動をとるならば、私たちは右車線の走行か左車線の走行かについて特に気にしない。しかしながらこの理論は、利得が非対称でプレーヤーたちの結果に関する選好が異なっているような他のケースへと容易に一般化できる。ここにある例は、科学者と哲学者によって徹底的に議論されてきたもので、私有財産の起源に関する興味深

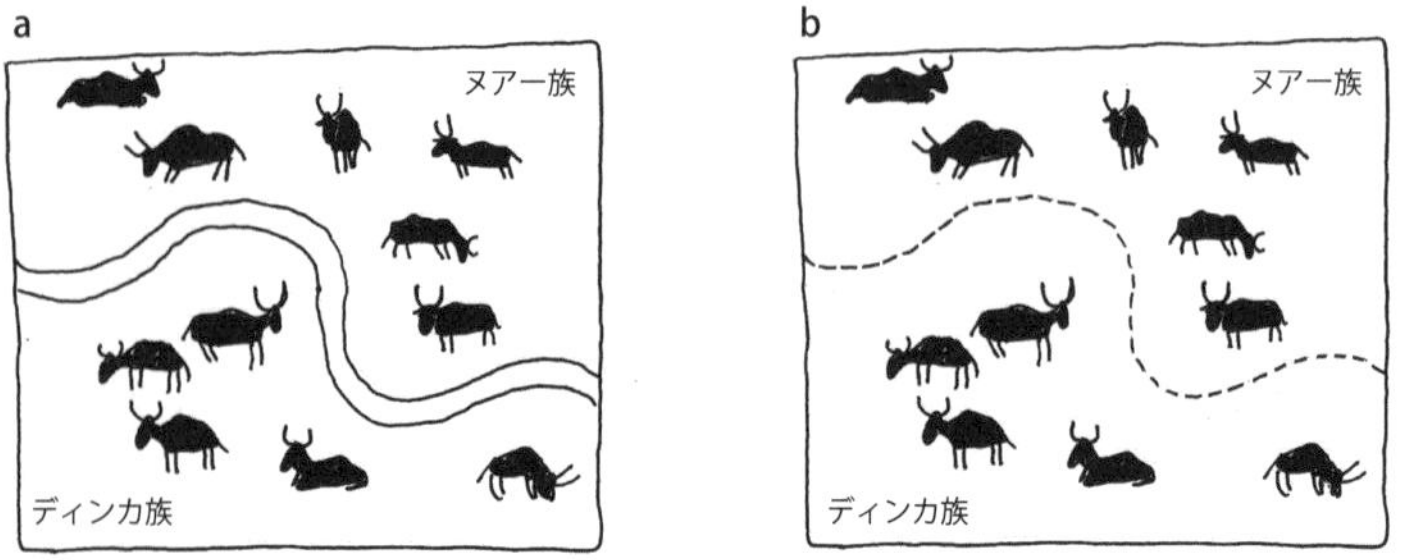

図4.1　ソバト渓谷における均衡

い物語（お好みとあらば「寓話」と言ってもよい）を提供してくれる。アフリカのサバンナで暮らす二人の人が主人公である。偉大な人類学者エドワード・エヴァンズ＝プリチャードへの敬意として、彼らをヌアー族とディンカ族と呼ぶことにする。

何年も前に、ヌアー族とディンカ族はソバト渓谷に定住していた。ヌアー族は北から、ディンカ族は南から、畜牛のために緑の広がる牧草地を探しにやってきた。各部族がソバト川の岸に到着するまではずっと、それぞれの部族は可能な限り広い放牧地を占有していた。畜牛を川の向こうに渡らせることは難しいので、各部族は川の片側だけで放牧した（図4・1a）。この地域の気候が変化したせいで、完全に乾ききるまでに、川が徐々に干上がっていった。ヌアー族とディンカ族が占有する領域を隔てているものは、砂の線だけとなった。二つの部族のメンバーは今や、容易にかつての川床を越えて侵入し、望むがままに放牧できた。しかし今となっては、どの土地区画も争いの対象となり、紛争は容易に全面戦争にエスカレートする可能性を孕んでいた（図4・1b）。

ソバト渓谷の放牧ゲームは、行列を用いて戦略型ゲームで表現することができるが、これは生物学において「タカ－ハト・ゲーム」、経済学においては「チキン・ゲーム」として知られているものである。ヌアー族とディンカ族は、新たな土地を見つけるたびに、意思決定をしなければならない。図4・2において、戦略Gは「放牧（graze）」を表し、NGは「放牧しない（not graze）」を表している。彼らが同じ領域で放牧することに決めるならば、二つの部族のメンバーは争うことになり、それが全員にとって最悪の結果である（0, 0）をもたらす。どちらの部族も自制するならば、彼らは衝突しないけれど畜牛を養育する機会を失い、（1, 1）になる。最善解は、右上と左下にある二つの均衡のうちの一つに収束することである。そこでは、片方の部族が放牧し、もう片方がそれを認めるのである。しかし、誰が譲歩するのだろうか。

放牧ゲームは、非対称な均衡を持ったコーディネーション問題であり、どちらの均衡になるのかは誰が譲歩するかに依存する。しかし、プレーヤーたちは同一なので、なぜ彼らのうちの一方がより低い利得を受け入れるべきなのか。ここでの唯一の対称的な解決策は非効率的であるだけでなく、ゲームの均衡ですらないことに注目すべきである〔おそらく（NG, NG）のことを言っている〕。その結果、どちらかのプレーヤーが遅かれ早かれ、一方的に逸脱すると期待できる。

私たちの架空の物語は、ある解を「自明」なものとして際立たせるように設計されていた。物語の続きはこうである。

相手部族の領域に侵入することは簡単であったが、ヌアー族とディンカ族は紛争を避けることを望んだ。ヌアー族はかつての川床の北側で放牧し、ディンカ族は南側で放牧し続けた（図4・1b）。細い砂の線は侵略者を物理的に妨げることができなかったが、各部族は喜んで、それを領土を分かつ境界線として扱った。

境界線や領土は制度的存在物である。ヌアー族とディンカ族は、原初的な私有財産の制度を発展させたのである。しかし、この制度はゲーム理論的形式ではどのようにモデル化できるだろうか。境界線や領土は放牧ゲームに表現されてすらいないことに注意されたい（図4・2）。境界線や領土は、コーディネーション問題の解の発見に役立つ理論の外部にある特徴なのである。図4・2における行為とは対照的に、ヌアー族とディンカ族によって考案された解は、**条件付き**戦略という新たな集合を含んでいる。それぞれの部族民は、とりわけ、その土地がかつての川床との関係でどこに位置するのかということに、彼の出方（GあるいはNG）を条件づけるのである。そこが北ならばヌアー族は放牧し、南ならばディンカ族だけが放牧する。これは、ルイスによって分析された他の問題の解に類似している。たとえば、数章前で言及した走行ゲームである。そのケースにおいては、ドライバーたちは彼らの選択をプレーの歴史に条件づけている。すなわち、現在に至るまで全員が右車線を走行してきているならば、全員が右車線を走行し続けるであろう。全員が左車線を走行してきたのなら、同じことをし続けることが全員の利益となる。唯一の差異は、ロード・ゲーム［グァラは「ロード・ゲーム」と言っているが、おそらく「走行ゲーム」のことと思われる］における条件付き戦略が、条件付きでない二つの戦

	G	NG
G	0, 0	2, 1
NG	1, 2	1, 1

図4.2　放牧ゲーム（タカ–ハト・ゲーム）

略（「右側を走行」「左側を走行」）のいずれとも実質的に異なる結果をもたらさないということである。放牧ゲームにおいては異なる結果がもたらされる。というのは、無条件戦略のどれも対称的な利得をもたらすことができないからである。新たな結果を生み出すようなこの能力は、私たちがすぐ後に見ていくように、多くの制度の重要な特徴である。

相関均衡　コンヴェンションはどのような種類の均衡になるのだろうか。二つのナッシュ均衡が存在するにもかかわらず、どちらも放牧ゲームのコンヴェンションでない。結果として、コンヴェンションはコーディネーション・ゲームの単なるナッシュ均衡ではありえないことになる。ピーター・ヴァンダーシュラアフ（Vanderschraaf 1995）は、ルイスのいうコンヴェンションが**相関均衡**であることを示している。この解概念は、1970年代にロバート・オーマンによって初めて研究されたものである。相関均衡は本章で提示する統一理論において重要な

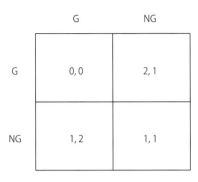

役割を果たすことになるので、その特徴を直観的に理解しておくことが重要である。数学的なフォーマル・モデルは少し複雑になるから、ここでは数学的でない説明をする。興味のある読者は、テクニカルな文献で詳細を追っていただきたい。

相関均衡のアイディアを摑むためには、仮説的なコンヴェンション以前のシナリオから出発することが有用である。ディンカ族とヌアー族は放牧ゲームをプレーしようとしているが、(仮説により)顕著な解が存在していないと仮定しよう。そのような状況においては、彼らの唯一の選択肢はランダムに選択することである。ヌアー族はコインを投げて、表がでたら彼らはGを選択し、裏がでたらNGを選択する。ディンカ族も同じことをすることに決め、自分たちのコインを投げる。彼らが異なる結果を得る確率を合わせれば、効率的な解の一つに収束する確率は50％となる。残念なことに、彼らの期待利得は、争いの的になっている土地に放牧しないことで得られる利得の(1, 1)よりも大きくならない。

この例におけるコインは別々に、私的に投げられている。その代わりに、コイン投げが単一かつ公的な事象であったとしたら、何らかの違いが生じるだろうか。ここで新しい人物を導入しよう。ハーバート・ギンタスに従って、私は彼を「振付師」と呼ぶことにする(Gintis 2009)。振付師はコインを投げ、公に告知する。表がでたら「ヌアー族が放牧する」、裏がでたら「ディンカ族が放牧する」。二人のプレーヤーはコイン投げの儀式を見ていて、相手もまたそれを見ることができることを知っている。さらに、彼らは、両者ともに同じ儀式を見ている、ということを相手が知っていることを知っている(等々)。つまり、コイン投げの結果は共通知識である。

このような環境においては、振付師のアドバイスに従うことが妥当であるように思われる。言い換えると、各プレーヤーはコイン投げの結果に基づいて行動を条件づけ、以下のような明確な戦略に従うのである。「振付師がGというのであればGを選択し、そうでなければNGを選択する」。両プレーヤーが、相手プレーヤーがこの戦略に従うことに自信をもっているならば、コインを公的に投げることで双方の利得が上がる。儀式の結果を有効活用して、彼らは常に効率的な結果にコーディネートするだろう。

このような種類の解が相関均衡である。ゲームGの相関均衡とは、新しい戦略の追加でGを拡張して得られる、より大きなゲームG*のナッシュ均衡である。新しい戦略は元々のゲームにはない外的事象の生起に条件付けて、行為を指示する。つまり、それは「XならばYをする」という言明のかたちをとる。ここでXは相関装置の性質である。ヴァンダーシュラアフが示したように、ルイスのコンヴェンションは、コーディネーション・ゲームにおける以前の選択を活用した相関均衡である。言い換えると、コイン投げがプレーの歴史に置き換えられている。

均衡か?ルールか?　放牧ゲームの拡張されたバージョンは、どのようなものだろうか。外的装置の導入は、手詰まり状態を破ることになる。すなわち、以前に可能であった解よりも良い解を生み出すのである。戦略を条件付けるためにヌアー族とディンカ族が使う外的装置は、争われている土地がソバト川との関係で占める位置である。その土地が川の北ならば、ヌアー族は放牧する。それが南ならば、ディンカ族が放牧する。これは、コインを投げること、あるいは走行ゲームにおいて、過去の行動を未来の行為の導き手として使用することと類似している。図4・2のゲームに、以下の二つの条件付き戦略を加えて、拡張された放牧ゲームを構築してみよう（「北」を「N」で、「南」を「S」で表している）。

（i）NならばG、SならばNG
（ii）SならばG、NならばNG

ここで再度、簡単化の仮定のために、毎回、土地が川の北（か南）にあるのは50%の確率であると仮定しよう。拡張されたゲーム（図4・3）において、条件付き戦略の結果は唯一の対称な純粋戦略ナッシュ均衡である（3/2, 3/2）。他の二つの均衡（G, NG）と（NG, G）もまだ存在しており、プレーヤーのそれぞれは、原則的には彼女にとって最も好ましい均衡に収束することを選好するであろう。しかし、外的事象に条件付けることで、両者に受け入れられるはずの第三の安定的な解が提供される。

もちろん、こう尋ねたくなるかもしれない。なぜこのような相関なのか。なぜ彼らは、環境の他の要素ではなく、川に注意を払うのだろうか。確かに、異なる外的事象を活用した多数の相関均衡に対応して、多数の拡張されたゲームを構築できる。「晴れたら放牧し、曇ったら放牧しない」。「月曜なら放牧、火曜なら放牧しない」。これらはすべて潜在的相関均衡である。「あなたがヌアー族なら常に放牧し、あなたがディンカ族なら放牧しない」（G, NG）でさえも、潜在的には持続可能な制度である。ではなぜ「SならG、NならNG」なのだろうか。それに関して何がそれほど特別なのだろうか。シェ

	G	NG	SならばG、NならばNG
G	0, 0	2, 1	1, 1/2
NG	1, 2	1, 1	1, 3/2
NならばG、SならばNG	1/2, 1	3/2, 1	3/2, 3/2

図4.3　拡張された放牧ゲーム

リングとルイスは、ある戦略プロファイルが顕著さのおかげで選択されるかもしれないと主張した。かつての川の北でヌアー族が放牧し、南でディンカ族が放牧することは、ソバト渓谷においては顕著である。なぜなら、それは川が干上がる以前に、長年にわたって行われてきた伝統的なやり方だったからである。歴史はコーディネーションのフォーカル・ポイントを創出する。もし「自然に」際立つ事象や相関がないならば、才気に富むプレーヤーの集団は、教育、文化適応、訓練によって、それらのうちの一つをより顕著にしようと試みることができる。しかし、私たちがどの相関に自然な仕方でとっかかりを見つけるのかに関しての、ゲーム理論的説明は存在しない。社会的存在論はこの点において、社会史、心理学、生物学と手を結ぶ。そして、理論的推測は経験から教訓を得たモデルに道を譲らねばならないのである。相関均衡の理論が顕著さの「謎」を解くものでないことは明らかだ。しかし、それは社会的存在論の重要なパズルを解くのである。ここで、私たちが最初に立てた問いを思い出そう。つまり、制度はゲームの**ルール**だろうか、それともゲームの**均衡**だろうか、という問いである。今や私たちはその答えが「両方」であることを理解している。制度が、ゲームの均衡とみなされるか、ルールとみなされるかは、採用する観点によるのである。ソバト渓谷のゲームにおける相関均衡は、以下の戦略の組である。

（i）NならG、SならNG
（ii）SならG、NならNG

外的観察者の視点からは、ソバト渓谷における放牧のコンヴェンションは、Gにおける相関均衡に対応した**規則性**のかたちをとる（あるいは、それに対応するG[*]におけるナッシュ均衡と同等なもの）。しかし、このプロファイルにおける戦略は、所与の状況においてプレーヤーのそれぞれがすべきことを指令する**ルール**の形式をとってもいる。それゆえ、ヌアー族は、土地が北なら畜牛を放牧し、土地が南なら放牧しないという指示として、制度を認識する。そして、必要な変更を加えれば、同じことはディンカ族にも当てはまる（SならG、NならNG）。これら二つの戦略はルールとして定式化されているので、均衡は明らかにルールの集合（各プレーヤーに対し一つ）であり、それは「人々の相互作用に対する安定した構造を確立する」（North 1990: 6［邦訳7頁］）。

もう一度強調しておく価値があることは、もとの行列（図4・2）のナッシュ均衡に注目していたならば、これら二つの見解を取り持つことが不可能だったであろうということである。条件付き戦略（ルール）はこのゲームの部分ですらないし、そうはなりえないのである。もとのゲームのなかには、北／南という相関装置が存在しないからである。したがって、相関戦略を、ダグラス・ノースの精神に従って、もとのゲームでのコーディネーションの達成に役立つ**外的**ルールとみなすことは正しい。しかしコンヴェンションは、もとのゲームのナッシュ均衡ではない。それはもとのゲームの相関均衡、つまり**拡張された**ゲームのナッシュ均衡である。制度に対するルール・アプローチと均衡アプローチとの間にある対照は、おそらく、異なる均衡概念のこうした区別を正しく理解しそこなっていることによるものであろう。しかし、相関均衡を導入すれば、どちらのアプローチも支持されるのである。つまり、私たちは社会的存在論の統合的見方を達成したのである。私たちはそれを、社会的制度の**均衡したルール**（rules-in-equilibrium）の理論と呼ぶことにしたい。

均衡したルールの理論　均衡したルールに基づく制度の説明は、制度分析のルール・ベースのアプローチと均衡ベースのアプローチという二つの分野における二つの支配的アプローチを統合するものである。第1章で見たように、ルール・アプローチはそれだけでは不十分である。それだけでは効果的ルールと効果的でないルールとを区別できず、人々がどのようにルールを解釈するのかを問うことが、後退をもたらすことになるからである。しかし、均衡アプローチはどうだろう。そのアプローチは、均衡したルールの制度理論とはどのように異なるのだろうか。

制度を単に均衡と同じものとする理論が正しいものではありえないと信じるに足る、さまざまな理由がある。制度は特定のタイプの均衡であるかもしれないが、均衡すべてが制度でないことは明白である。囚人のジレンマにおいて、相互に裏切る状況を例に考えてみよう。DDという戦略の組は均衡だが、直観的にいって、それは制度でない。（ゲーム理論の文献では事実、相互の裏切りは社会性の典型的欠如を表わすものと受け止められている。）なぜだろうか。その理由は単に、相互に裏切ることが相互に協力することよりも利得が低いからではない。囚人のジレンマにおいては、各主体は裏切るという戦略を独立して履行できる、というのがその理由である。自分の行為を相手の行為と相関させる必要がない。実際のところ、相手プレーヤーの行為について考える理由すらないのである。相手が何をしようと、裏切ることが最適なのだから。

次に、制度は**コーディネーション・ゲーム**の均衡であると取り決めることにしよう。この条件は正しい方向へと向かわせてくれるが、まだ寛大すぎる。問題は、相関均衡がありふれていることだ。人間以外にも相関装置を活用してコーディネーション・ゲームを解く動物が存在するが、動物には制度がない。

古典的な例はキマダラジャノメという蝶で、アジアおよびヨーロッパの森林地帯に生息している。オスの蝶は、森林地帯の地表に出現する木漏れ日を飛び廻り、そこでの短い求愛の後にメスの蝶と交尾する。他のオスにすでに占領されている日の当たる場所に入ったオスは、占領しているオスに攻撃される。短い格闘が終わると、負けた方はその場を飛び去る。注目すべきことに、ほとんど常に侵入者が負けて、もとからいた方が縄張りを保持することになる。同様のパターンは、アゲハチョウ、ヒ

	C	D
C	2, 2	0, 3
D	3, 0	1, 1

図4.4　囚人のジレンマ

ヒ、ライオンにおいても観察されてきた。その標準的解釈は、オスたちが繰り返しタカ-ハト・ゲームに従事しているというものである。このゲームでは（タカ、タカ）という均衡外の結果を避けることが両者ともに利益をもたらす。彼らは解決策として、ダメージを最小化するような戦略の組を進化させてきた。それは、純粋に象徴的な闘いの後に、もともといた方に縄張りと交尾する機会を認めることである。このような行動を説明するためにゲーム理論を初めて用いた生物学者のジョン・メイナード＝スミスは、こうした行動を「ブルジョワ均衡」と呼んだ。

　メタファー的な意味を除けば、蝶のケースで制度について述べることには気が進まない。人間以外の多くの動物は社会的生物であるけれど、彼らは制度がない社会で生活しているからである。「動物の慣習（animal convention）」という言い方のほうが、これらの均衡を描写するのに適当であるように思われる。ここでの「慣習」は、進化にも、コーディネーション問題の異なる解決策を選

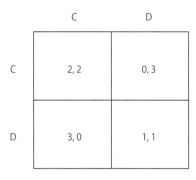

択することができたのかもしれないという事実を意味している。しかし選択された均衡が何であれ、重要な点は、それぞれの種において戦略が生物学的に履行されていることである。「遺伝的」という語を広義にとるならば、戦略は遺伝子に書き込まれているのだ。蝶の集団がコーディネートすることができるのは、どちらが日の当たる場所を最初に占領したのかということだけである。彼らがプレーできるのは、この特殊な戦略だけであり、新たな均衡を発明することができないのだ。これとは対照的に、人間は新たな均衡を発明できる。人間は異なる相関に手掛かりを見出し、継続的に新たな戦略を発明し、可能な均衡の数を劇的に拡大するのである。

生命体の複雑性の度合いは多様でありうるし、昆虫より洗練された認知能力を備えた動物ももちろん存在する。ある動物は模倣によって学習することができ、単純な文化を発展させるものもある。したがって、蝶と人間を理念型としてのみ受け取り、連続性が自然界の通常であることに留意すべきである。しかし、人間の制度をキマダラジャノメの相関均衡と区別するものは何だろうか。蝶は限られたシグナルの集合にしか反応しない（日の当たる場所に最初にいたのは誰か）。一つの刺激のタイプを一つの行動のタイプと結びつける単純なメカニズムが、コーディネーションを保証している。対照的に、より複雑な生物は刺激と行動を切り離すことができる。彼らがそうすることができるのは、行動を条件づけるために用いることができる中間状態——表象——を加えることによってである。その上、彼らは戦略をさまざまな表象に条件づけることができる。つまり、多数のシグナルと多数の相関装置を使うことができるということである。人間のケースでいうと、人間は異なるルールに従うことができるということだ。

制度にとってのルール　厳密に言えば、均衡ベースの制度の標準的説明にとって、ルールは必須ではない。均衡理論に必要とされるのは行為、あるいは戦略だけだからである。行為はもちろんルールによって表現されたり、記述されたりする。すなわち、下記のような言明を用いることで。

（i）NならばG、SならばNG
（ii）NならばNG、SならばG

このような行為の組（均衡）は、観察者にとっては行動の規則性に、参加者にとってはルールに見えるだろうと、先に述べた。しかし、このことはルールという概念が曖昧であることを意味している。私たちはルールを、時には記述したり、違うときには指示をしたり、またあるときにはその両方を同時にするものとして用いている。しかし、これらの機能は概念的に独立しているので、二つのタイプのルールの区別を導入しておくことが有用である。それぞれを主体ルール（略して**a-ルール**）と観察者ルール（**o-ルール**）と呼ぶことにしよう。観察者は主として、他者の行動を表現したり、要約したりするために、o-ルールを定式化する。主体は自分自身の行動を表現したり導いたりするために、a-ルールを定式化するのである。

均衡による制度の標準的説明では、この導き手としての役割は典型的には軽視されている。均衡理論は観察者理論であり、したがって、プレーヤーたちの行為は外的視点からのみ記述されている。これはゲーム理論の欠陥ではなく、単に完全に抽象的で一般的な理論を定式化するというゲーム理論家の野望の帰結である。均衡による説明は、蝶のように最小の認知能力しかない生物にも適用できなければならないのである。しかし、ゲーム理論家は、ルールを表現したり、ルールに従ったりする能力が均衡への収束の助けとなるかもしれないことに気づいている。したがって、適切な制度の理論は、均衡理論より特定的でなければならない。つまり、制度の理論は、ルールが行動に影響を及ぼす可能性を持つものであり、単に行動を記述するための装置ではない事実を説明しなければならないのである。

これらの洞察を統一理論へと結びつける明白な方法は、制度は均衡したルールであり、かつルールはある形式の象徴的表現を用いて要約されると規定することである。このアイディアは、ルール・ベースの制度の理論と均衡・ベースの制度の理論の最も良い側面を結合しようとする試みのなかで、しばらく前から出回っているものである。たとえば、アブナー・グライフとクリストファー・キングストンは次のように言う。

ルールとしての制度というアプローチと均衡としての制度というアプローチには、それらの差にかかわらず、多くの共通点があり、代替的というよりむしろ補完的であるとみなすのが最善である。(…)「ルール」の役割は、他の社会的構築物の役割のように、行動をコーディネートすることである。一つの所与の状況においても、潜在的に自己実効的な期待は複数存在するので、ルールを含めたコーディネーション・メカニズムが行動の規則性と社会秩序の生成に重要な役割を果たすことになる。期待される行動パターンを特定化することによって、また人々が自分の行動を条件づける認知カテゴリー――記号、象徴、概念――を定義することによって、ルールはコーディネートするという この役割を果たすのである。(Greif and Kingston 2011: 15, 28)

グライフとキングストンは、制度の正確な定義をしているわけではないが、彼らの概念化は提案されているいくつかの説明にも適合的である。例えば、青木昌彦は次のような定義を提案している。

制度は社会的相互作用の自己維持的な顕著なパターンである。それはすべての主体が知っている有意味なルールによって表現されており、ゲームがプレーされるべき仕方に関する、主体たちの共有された信念として組み込まれている。(Aoki 2007: 6)

ルールは、均衡(あるいは均衡の一部)を表現し、プレーヤーたちが特定のコーディネーション装置を使用する手助けをする象徴的標識である。ルール・ベースの理論とは異なり、パターン(均衡)という概念がこの理論の枢軸である。しかし、「純粋な」均衡ベースの理論とは異なり、この説明は、象徴的標識(ルール)を用いて均衡を表現することを舞台の中心に持ってくる。私たちはこのようにして、満足のいく、整合的で、経験的に適切な制度の概念化を獲得するのである。

第5章 構成 Constitution

社会的存在論に対して、ジョン・サールほど大きなインパクトを持った哲学者はほとんどいない。『社会的現実の構成』(Searle 1995) は、言語行為に関する画期的研究のなかで彼が30年も前に素描していた理論を、詳細に明確化したものだ。サールの理論は、正々堂々とルール陣営に与するものであり、彼が言語哲学者であることを考慮すれば驚くべきことではないが、言語を中心に据えている。

カギとなるアイディアは、制度はルールの体系である、という馴染み深いものである。しかしながら、サールがいうルールは、これまでに見てきたような「もしXならばYをせよ」という言明とは異なっている。サールの意味でのルールは**構成的**ルール、すなわち、ある存在物ないし存在物のクラスが何なのか、所与の文脈においてその存在物が有する社会的機能は何か、そして、そうした機能を有するために存在物が満たさなければならない条件とは何かを定義する言明である。サールは社会的現実の文法を提案しているが、それはすべての制度的事実に通底する論理を捉えた覚えやすい公式である。彼は「制度は**XはCにおいて、Yとみなされる**という形式の構成的ルールの体系である」（Searle 2005: 10）と主張している。

彼の著書のなかでは、社会科学の理論や概念が使われることは決してない。それどころか、彼の観点から見ると、社会的現実の深い構造を説明し損ねてきた教義の総体に対して、しばしば軽蔑の眼差しを向けている。サールは著書のなかで、自分のアプローチが、制度を研究する経済学者や社会科学者のアプローチとは根本的に異なっていて、相容れないものであると主張する。本章で私が主張するのは、これが事実無根だということだ。フランク・ヒンドリクスとともに展開してきた議論の主要な道筋は、サールのアプローチが現代社会科学のアプローチと両立可能であるということだけでなく、それが均衡したルールの理論から導出できることを示そうと企図するものである（後々手短に説明するように、理論語の助けを少し借りることになるが）。これが意味しているのは、存在論的観点からは、サールの理論は、均衡したルールというアプローチの大部分を構成する「もしXならばYをせよ」という言明だけを用いるような理論と等価だということだ。

しかし、まずはサールの見解を簡潔に解説しておくことが必要だろう。通常、構成的ルールの概念は、最初にジョン・ロールズによって設けられた区別にまで遡るものだとされている（Rawls 1955）。ロールズは、ルールの「要約的見方」と「実践の捉え方」とを区別した。「要約的」ルールは、ある点で類似している個別の行為の集合を記述するのに対し、「実践的」ルールは、特定ケースで行為が例化[1]される以前に、行為のタイプを定義するものである。ロールズは例として、野球のゲームをあげている。いくつかのルール（ここでは野球のゲームのルール）は、グラウンド上で起こる特定の行為に概念的に先立っているように思われる。私たちが野球と呼ぶ実践の性質を定義する、より基本的なルールがなければ、「盗塁する」とか「ストライクの球を打つ」試みは意味をなさないだろう。

> ある人が何をしたとしても、同時に彼が野球をプレーしているとも記述することができなければ、彼がしたことは盗塁や三振、あるいはフォアボールでの出塁として記述できないだろう。そして、彼がしていることは、このゲームを構成するルールのような実践を前提としている。（Rawls 1955: 25）

統整的ルール　サールによって提案された区別は、ロールズの区別を正確に反映している。**統整的**ルールは（「要約的」ルールのように）、ある社会的相互作用に携わる諸個人の行動を記述したり導いたりする一方で、**構成的**ルールは（「実践の捉え方」のように）新たな社会的存在物・社会的役割・社会的事実を定義したり創出したりするために必要である。

明らかに、これまで見てきたルールは、特定のゲームにおいて特定の行為を指定する統整的ルールだ。それらは「もしXならばYをせよ」という言明の形式をとる。構成的ルールは対照的に

Cにおいて X は Y とみなされる

と規定する。ここでの X は制度以前的な存在物（盛土からボールを投げるといったようなこと）、Y は「地位機能（status function）」（ホームランを打つといったようなこと）、C は適用の範囲（野球の試合中といったようなこと）を表わしている。この公式は単純かつ覚えやすいもので、哲学の文献において大きな成功を収めてきた。しかしながら、それは複雑なものを覆い隠してしまっており、その覆いをとることは価値ある作業である。

X は Y とみなされるという公式を立てた際のサールの主要な目標は、例えば物理的存在物の領域のような非制度的現実と制度的事実との関係を解明することであった。公式の X 項は、非制度的事実あるいは制度以前的事実を指し示し、Y 項は制度的事実（事象、存在物、性質）を指し示している。サールは「地位機能」という表現を用いて、次のようなアイディアを表わした。すなわち、制度の創出は、新たな機能を対象や事象に割り当てることを含意しており、そうでなければ対象／事象はその機能を持たなかっただろうということである。別の言い方をすれば、制度的現実は、自然界の上に「築き上げられ」ている、または「被せられ」ているのである。

X を制度的事実の**基底**（basis）と呼ぶことにしよう。X はトークン存在物であるかもしれない。た

1　例化（instantiation）：論理学の推論／操作で用いられる言葉であるが、本書のなかでは、タイプの性質を有するものが具体的な個物、すなわちトークンとして現れることだと理解すればよい。

とえば、子どもの集団が「野球の試合において、この石ころはピッチャー・マウンドとみなされる」と言うときの石のようなものかもしれない。しかし、多くの場合、構成的ルールは全クラスあるいは全タイプの存在物に適用される。たとえばイタリア憲法の定めには、議会の成員が共和国大統領を選出し（第83条）、50歳以上で完全な政治的・市民的権利を有する、いかなる市民も共和国大統領に選出される可能性がある（第84条）、とある。サール的観点では、これら二つの原則は次のように言い換えられるだろう。

イタリアにおいて（Cにおいて）、50歳以上で完全な市民的・政治的権利を有し、議会の成員によって選出されたいかなる市民（X）も共和国大統領（Y）とみなされる。

注目すべきことが二つある。第一に、「とみなされる」という表現は、XとYの関係のコンヴェンション的特徴が伝わるよう意図されている。これと同等の定式化は、「ある共同体の成員によって、XはYとみなされる」であろう。けれども、共同体のなかではコンパクトに表記し、単に「XはYである」と述べてもいいだろう。第二に、Xという存在物がYであるためには、ある条件を満たさなければならない。その根拠は極めて明白である。トークン存在物のケースにおいては、基底は、問題となっている物事を指し示すことで容易に識別できる（「これはピッチャー・マウンドである」）。Xが存在物のタイプを指し示すときにはこのような手続きは機能しえない。構成的ルールは、Yとみなされるような種類の事物を示さなければならないが、これは、そのトークンが制度的地位を確保するために満たさなければならない性質や条件を言明することによって果たされる。物理的あるいは生物学的な条件もあれば（たとえば年齢）、そうでないもの（市民権）もあることに注意しよう。重要な点は、それらが、今問題にしている制度的役割（このケースでは共和国大統領）に関して、制度以前的であるということだ。

　サールの公式では、ＹとみなされるためにＸが満たさなければならない諸条件が隠されている。しかしそれらの条件は、タイプＸのどの存在物がＹであるかを正確に識別する性質Ｐを言明することによって明確にすることができる。存在物がこうした性質を備えていないならば、それはＹとみなされない。二つの表記が可能だ。完全な公式をきちんと書けば、

　もしＰならば、ＣにおいてＸはＹである。

となる。あるいは代替的に、ＸがＹとみなされるために満たさなければならない性質または条件を指し示すためにＣ項を用いることもできる。

　もしＣならばＸはＹである。

　二つ目の解決策は、サールの元の表記に対する忠実さを欠くものの、こちらの方が単純で公式の美しい音楽的リズムを保持しているので、ここからは二つ目の表記を使うことにする。

　ＹとみなされるためにＸが有さなければならない性質の集合を、Ｙの**充足条件**（conditions for

satisfaction）と呼ぼう。以下では、特に断りがないかぎり、Cがこの充足条件を表しているものとする。具体例でいうと、彼がストライク・ゾーン外のボールに当たり、それを避けることを試み（あるいは避ける機会がなく）、スイングしなかったならば、バッターはランナーとみなされる。

もちろん、単一のルールでは野球のような複雑な制度を語り切れない。典型的な制度は多数の構成的ルールを含むものだ。サールが正しく指摘するように、これらのルールはそこに関与する諸個人の行為に対する制約として機能するが、それと同時に、そうでなければ存在しなかったであろう行為の機会を創出しもする。野球のルールが存在しなければ、ホームランを打ったり盗塁したりすることはできないし、大領領を弾劾しようにも、その手続きが憲法に成文化されていないかぎりはできないであろう（憲法にかかわらずこれと似たようなことをするつもりなら、それは弾劾ではなくクーデターだろう）。議会や野球のダイヤモンドで起こるほとんどのことは**制度的事実**である。それは、適切な構成的ルールが作動していなければ、制度的事実が制度的事実とならなかったであろうという意味においてである。こうして「制度的事実は構成的ルールの体系の内部でのみ存在する」のである（Searle 1995: 28）。

構成的ルールと統整的ルールの区別は、サールの最も重要な主張の一つを支持するものである。すなわち、制度的現実が言語の存在を前提とするという主張である。もし制度が新たな活動と新たな事実を可能にし、しかも制度が構成的ルールの体系であるならば、そのようなルールを定式化する能力が制度的現実の必要条件となる。そして、制度的現実はルールのおかげで存在する。こうして、制度は言語を前提とする。

構成的ルールは必要か？　しかし、どのような種類のルールが必要とされるのだろうか。構成的ルールが必要なのだろうか、それとも統整的ルールだけでも制度の創造に十分なのだろうか。本章の残りの部分で、統整的ルールと構成的ルールの区別が正真正銘のものなのかを論究することにしよう。この区別が本物でないならば、サールの理論全般にとっての帰結は、非常に深刻なものとなるだろう。幸いにして、私は地図のない領域を探究する必要はない〔原語はunchartedだが、意味的にはunchartedだと思われる〕。近年の一連の論文において、フランク・ヒンドリクスが示しているのは、構成的ルールが単純な要素へと分解できること、そして、これらの諸要素のいくつかが驚くほど、統整的ルールと類似しているということである。さらに、ヒンドリクスは、統整的ルールでない分解された公式の諸々の項は消去できると主張している。このとき、統整的ルールだけが実質的な機能を果たすならば、サールの理論が基づいている重要な区別が成り立たないことになる。

この点を見極めるために、ソバト渓谷の話を簡潔に振り返ることにしよう。そこは、ヌアー族とディンカ族が牧歌的に畜牛を放牧している場所であった。もともとのストーリーにおいて、ヌアー族とディンカ族は放牧問題の役に立つ解決策を発見していたことを想起してほしい。彼らは川床を相関装置として活用し、川の北側の土地をヌアー族に、南側の土地をディンカ族に割り当てていたのだった。今やディンカ族とヌアー族が土地を見るときにはいつでも、彼らは即座にその位置に注意し、条件付き戦略を適用している。すなわち、彼らは次の相関均衡のなかの自分の役割の部分をプレーするのだ。

（i）土地が川の北側ならば放牧し、土地が川の南側ならば放牧しない（もしNならばG、もしSならばNG）。

［R］（ii）土地が川の南側ならば放牧し、土地が川の北側ならば放牧しない（もしSならばG、もしNならばNG）。

これらの言明はサールの用語法においては統整的ルールである。それらは既存の活動、つまり何らかの理由で過去において進化してきた行動パターンを記述している。強調すべきは、二つの部族の成員がなぜこうしたルールに従っているのかに気づいている必要はないということである。均衡を確固たるものにするために、彼らは川床を横断しないことの追加的理由を説明する魔術的理論を発明することもできただろう（「対岸には悪霊がいる！」）。あるいは、均衡は単に模倣によって維持されるかもしれない。若者たちは年配の人たちがしたように行動し、年配の人たちが常に川岸で止まっていたから、若者たちが同じことをし続けるというように。コンヴェンションの存在は、ゲームの相関均衡を定義するルールに関する深い理解を必要としない。

これまでのところでは、わずかでも構成的ルールに似ているように見えるものは、われわれのストーリーのなかで何の役割も果たしていない。その理由は、「境界」・「領土」・「財産」といった制度的用語がディンカ族とヌアー族の語彙に現れないからである。ソバト渓谷の均衡に必要とされるのは、二つの部族が統整的ルール［R］に従うことだけである。それでも直観的には、ソバト渓谷に創発した社会的取り決めは、非常に制度に似ているように思える。たった今渓谷に足を踏み入れ、二つの部族の放牧パターンに気づいた人類学者は、非公式な境界が二つの部族の領土を分けていると結論を出すだろう。しかし、境界と領土は制度的存在物であり、サールによれば、構成的ルールなくして制度は存在しえない。だから、人類学者が間違っているのか、さもなければ構成的ルールが無用の長物で、制度の存在にとって［R］のような統整的ルールで十分だということになる。

構成的ルールから統整的ルールへの翻訳

もちろんこの問題は部分的には言葉の問題だ。単純に、サールの基準を満たすように、制度の概念を制限しようと決める人がいるかもしれない。このとき、コンヴェンションは定義によって除外されるだろう。なぜなら、コンヴェンションは統整的ルールにのみ関わっているからだ。しかもこれは、哲学的に基礎づけられた社会的存在物の分類学にとってはかなりの代償になるかもしれない。しかし、この方向性は失敗を免れない。実際のところ、構成的ルールはコストをかけずに、統整的ルールから導出できると示すことが可能なのである。ここで登場するのが、ヒンドリクスの議論の一バージョンである。

［R］に見られる語は、ディンカ族とヌアー族のゲームに適用される特定の行為（「北側なら放牧」、「南側なら放牧しない」）を指し示している。とはいえ、結果として放牧を含意するような、より一般的な概念を妨げるものは何もない。そこで、部族の成員たちが畜牛を放牧するあらゆる土地区画を表わすために、「財産」という用語を導入しよう。これはいささか人工的な概念で、本格的な私的財産の概念よりも極めて単純なものなので、その特異性を際立たせるためにアスタリスクを付すことにしよう。財産*という用語の（部分的）特徴は、次のような**地位ルール**（status rule）によって与えられる。

［S］もし土地の一部がヌアー族の財産*ならば、ヌアー族はそこに放牧する。

地位ルールは財産*という新たな概念を導入し、それを土地・放牧・ヌアー族の人々といった以前から理解されている用語と関連づける。別の言い方をすれば、［S］は用語「財産*」の意味を部分的に詳解しているのである。とはいえ、新たな用語を用いるには、いくつかの適用基準の特定化が求められる。どのような場面で、あるものがヌアー族の財産*であると述べることが妥当で、どのような場面だとそう述べるのが妥当でないのだろうか。このことは次のような**基礎ルール**（base rule）によって決定される。

［B］もし、ある土地区画が川の北側にあるならば、それはヌアー族の財産*である。

ここが議論の重大局面である。地位ルールと基礎ルールの結合が、サールの意味における構成的ルールを形づくるのである（B＋S＝CR）。

［CR］もし、ある土地区画が川の北側にあるならば、それはヌアー族の財産*であり、かつ、もしある土地の区画がヌアー族の財産*であるならば、ヌアー族はそこに放牧する。

［CR］の文法的形式は次のようなかたちをとっている。

もしCならばXはYであり、かつ、もしYならばZである。

Z項が、サールの元の公式には登場していないことに注意しよう。新しい公式（これをXYZ公式と呼ぶことにしよう）において、ZはY項に付随する行為の集合を指し示すために用いられている。たとえば、ソバト渓谷のケースでは、Zは放牧すること／放牧しないことだ。新たな公式の利点は、サールが設けた統整的ルールと構成的ルールの区別が、社会的存在物のタイプ間の実質的区別を反映しないことを明快にしていることだ。［S］における定義を所与にすると、財産*という用語の導入は、何も新しいものを付け加えていない。財産*は、構成的ルールが明示的に定式化される前から存在する。そのルールが新しい用語を導入したのは、統整的ルールによって記述される行動を指し示すだけのためであり、その用語は消去可能なのだ。CRからこの新しい用語を除去して得られるものは

［CR′］もし、ある土地区画が川の北側にあるならば、ヌアー族はそこに放牧する。

というものか、もっと抽象的に言えば

もしCならばZをする。

というものだ。

これが例証していることは、財産*のような制度は、既存の活動を統整する標準的な「もし〜ならば、…である」形式のルールを用いて展開できるかもしれない、ということだ。言い換えるならば、新たなY項を発明するだけで、統整的ルールはコストをかけずに、構成的ルールへと拡張することができるのである。というのも、Y項は統整的ルールを指し示しているからだ。このことが意味しているのは、制度的用語は原理的には消去可能ということである。なぜならば、CRルールは、それが存在する以前に存在しなかった何者も、あるいは、それ抜きでは存在しえなかったであろう何者も創出しないからである。

制度的用語が消去可能であることはもちろん、消去されなければならないことを意味するわけではない。それどころか、理論語の導入は重要なプラグマティックな機能を有している。関連するゲームの集合における行動をコーディネートするために私たちが用いている統整的ルールの集合を束ねつつ、思考と言語の経済を促進するという機能である。しかし、XYZ定式化は、Y項によって表記される制度的存在物が、均衡した統整的ルールと並んで、あるいはそれの上に存在するのではない、ということを思い起こさせてくれる。そのように述べることは、私のお尻の下に位置している原子リストに椅子を付け加えることに似て、二重計算の誤謬を犯すことになろう。これらの存在物は同一のものだから、二重に数えられてはならない。

この時点で、二つの反論が突き付けられることは必至だ。第一に、CR公式はいくつかの統整的ルールを元の公式に差し入れたものにすぎないという指摘である。基礎ルール［B］は、サールのXY公式（もしCならばXはYである）と正確に同じ文法的形式をしている。それなのに、なぜそれに対して新しい名前を発明して、拡張されたＸＹＺ公式に対して「構成的ルール」というラベルを用いるべきなのだろうか。それは、サールの構成的ルールのバージョンが言葉足らずだからだ。Ｙが表わすものを述べない限り、それはあまり多くのことを意味しない。公式はＹの内容を特定化することで、明示的にされなければならない。ひとたびこれがなされるならば、完全な構成的ルールはＸＹＺの文法的形式をとることが見て取れる。これは実質的な論点であり、単なる文法的論点ではないし、この理由によって完全な公式に「ＣＲ」のラベルを使うことが有用である。ポイントは、Ｚ項を抜きにしては、構成的ルールがいかなる仕方でも人々の行動に影響を及ぼせないということだ。

それでもまだ、これが元々の公式の内容を詳説する正しい仕方であるかどうかは明らかではない。おそらくはほかのやり方もあるだろうし、Ｙには単なる統整的ルールの集合以上のものがあるかもしれない。これは真っ当な意見であり、差し当たり私にできることは、もう少し辛抱を求めることだけだ。これまでになされた主張は、ディンカ族とヌアー族のコンヴェンションに言及するために財産*のような制度的用語を導入するとき、それが統整的ルールを指し示していることに留意しなければならないということにすぎない。しかし、同じことが、現実の私有財産のようにもっと複雑な制度について成立する保証はない。さしあたりここでは、ＸＹＺアプローチが期待できそうだと言うにとどめることにしておきたい。私たちは現実の物事については十分には説明していないが、少なくともそれに非常に類似しているように見えることを分析してきたのである。

Ｙ項の機能　先に進む前に、Ｙ項の機能に関して、二、三述べておくべきだろう。ヒンドリクスが指摘するように、構成的ルールは「仕分けの理論」である。その理論語は、理論それ自体とは独立に存在している現象や存在物を指し示している。ある人の語彙に財産*があることが有用である一つの理由は、それがヌアー族とディンカ族の間の均衡を構成する行為をわざわざリスト化する厄介をなくす点にある。しかし、すべての理論を統整的言語だけで定式化することで、原理的に、財産*という理論語は消去できる。実際、そのようなことは、わざわざ名前を割り当てていない多数の制度でも発生しているのだ。たとえば、道路の左側を走行するという制度に対する名前はない。もし望むなら、私たちはイギリスと日本のドライバーを「左側通行者」と呼ぶこともできただろうが、私たちは私たちの言語に、こうしたタイプのコンヴェンションに対する理論語を導入する必要性を決して感じなかったのだ。

それは、なぜだろうか。もっともらしい説明は、そのような制度は単純すぎて、名付けるに値しない、というものだ。左側通行という制度は、単一の統整的ルールによって言い尽くせる（日本にいるならば、左側通行せよ）。理論語は、言語や思考の節約を促進するならば有用だし、実際、私たちは通常、左側通行よりも複雑な諸制度――財産あるいは結婚のような――に名前をつけている。

通常、さまざまな関連する戦略的相互作用における行動を統治するルールの束を一度に指し示すために、一つの制度的用語が導入される。言い換えると、ルールの束は、恣意的であったり「都合がいいように改変され」ることから、かけ離れている。たとえば異なる社会で共通して、結婚というルールは、子育て・保険・相続・性交渉の権利といった諸活動を統整している。しかし、私たちがこうしたあらゆるルールに単一の用語を用いているのは、偶然の一致によるわけではない。それどころか、ある領域における行動を統整するルールは、他の諸領域における特定の行動を促進する機能を果たしている。たとえば子育てには、エネルギー・感情・時間・金銭の点で、かなりの投資が必要である。子育てのルール、性行動を統整するルール、そして経済取引を統整するルールが部分的に相互依存的なのは、このためだ。

このことは、ルールの束が静的であることや、さまざまなルールが密接に結びついているのでピースミールなやり方で変えられないということを意味しない。制度は進化する存在物であり、環境に依存して絶えず改定され調整されるのである。大半の制度は、少なくとも部分的に非公式のルールで構成されていることも想起すべきである。このことが柔軟性をもたらす。というのは、非公式のルールは公式のルールよりも容易に再交渉されるからだ。しかし、このことで、ある時点で何が制度なのかということに関して、ある程度の曖昧さが導入されてしまう。たとえば、女性が子育てのために自分のキャリアを犠牲にしなければならないということが、多くの国々で、結婚の非公式なルールになっている。しかし、この非公式のルールがぐらついている国もあり、結婚を構成するルールの束の正確な組み合わせが何なのかということが不明瞭になっているほどである。「結婚」の意味は部分的に不明確であるかもしれないし、その概念は異なる集団で異なる仕方で解釈されるかもしれない。(この論点は本書の最後で取り扱うことにしよう。)

現実の制度のもう一つの重要な特徴は、それが権利と義務に関わっていることである。たとえば経済学者は、財産は「権利の束」であると言う。結婚も同様に、配偶者と子供に対する権利と義務に関わっている。権利と義務は、これまでに分析された財産*という単純な制度には見られない新たな要素——規範的な力あるいは義務論的な力——を導入する。これからみるように、制度に規範的な力を課すことの主要なポイントは、ある行動をより高くつくものにし、そうすることで、あるクラスのゲームにおいて利用可能な均衡を修正することである。制度のこのような規範的側面は、サールや他の哲学者の理論において重要な役割を果たしているので、その詳細な議論が不可欠となるだろう。次章において、この問題に取り組む。

第6章

規範性

Normativity

これまで提示してきた議論は、構成的ルールの理論が、何も失うことなく、均衡したルールの理論の言語に翻訳できることを示すためのものである。前章では、範例としてのヌアー族とディンカ族のゲームに焦点を当てつつ、この翻訳のための基礎を築いたのだった。とはいえ、そのような単純なモデルの使用によって提起されたのは、等価テーゼが受け容れ可能になるために、その前段階で、いくつかの懸念が一掃されなければならないということである。第一に、この翻訳が再記述に多くを依存していることは明白である。XY公式を統整的ルール（XYZ公式）によって再構築することは、財産*のような制度にとっては、十分よく機能する。しかし、財産*は現実の私有財産ではない。それは私有財産という制度の簡略版であって、現実世界の私有財産制度よりもずっと単純である。このことからいくつかの疑問が生じる。あらゆる現実の制度の特徴は、どれも統整的ルールの観点から説明できるのか。翻訳は機能するのだろうか。私たちは本当にコストをかけずに、理論語、ひいては構成的ルールを用いずに済ますことができるのだろうか。あるいは、その途中で、制度のいくつかの重要な要素を見逃すことになるのだろうか。本章では特に次の二つのことに焦点を当て、これらの問いに取り組む。制度の**機能的性質**と制度の**規範的な力**である。

制度の機能的性質　構成的ルール（CならばXはYである）が、対象に対して新たな地位機能を割り当てることこそ、サールの理論の拠り所である。

Y項は、対象がX項を満たしているというだけでは有していなかったような新たな地位を割り当てなければならない。そして、X項によって指し示されている事物にその地位を課す際にも、その地位に伴う機能に関しても、集合的合意（collective agreement）あるいは少なくとも受容がなければならない。(Searle 1995: 44)

Y項と結び付いている機能が「新しい」というのは、制度以前的な対象（X）はその機能を、制度以前的な性質によっては、果たすことができないという意味においてである。貨幣について考えてみよう。紙の手形は、もし中央銀行によって発行されているならば、貨幣とみなされる。Xが貨幣であると述べることは、Xが貨幣の典型的な機能を遂行する――交換手段、価値貯蔵、会計単位として機能する――と述べることである。しかし、紙の手形がこれらすべての機能を果たすことを保証するには、その物理的性質それだけでは不十分である。なぜなら、物理的に同一の紙の手形でも、これらの機能を満たさないものが存在するからだ（たとえば、偽札であったり、もはや流通していない通貨である）。その上、こうした物理的性質は不要でもある。非常に異なる物理的形状をもっていたとしても、貨幣である他のものが存在するからである（貝殻やコイン、電子のバイト数のように）。

だとすると、Y項は非本質的で、原理的に消去可能とみなす理論によって、制度の機能的性質はどのように説明されるのだろうか。ヒンドリクスの見解によれば、Y項は、私たちが制度に名前を付けるために用いる理論語、すなわち、関連する一連のゲームにおいて私たちの相互作用を統治する統整的ルールの束である。したがって、Y項が機能を指し示しているのであれば、その機能は、統整的ルールによって何らかの仕方で果たされなければならない。機能という概念は目的と目標に密接にかかわっているので、先の問いは次のように言い直すことができる。統整的ルールの目的とは何か。統整的ルールは、どんな目標を達成する助けとなるのだろうか。

この答えは単純明快だ。交通ルール、私有財産のルール、貨幣のルールのような統整的ルールは、コーディネーションを促進する。コーディネーションを達成すること――しかも、あまり努力せずに高い信頼性でもって――が制度の主な機能である。

コーディネーション均衡と機能の間には密接な関係がある。均衡は行為のプロファイルであり、行為はルールとして定式化できるということを思い起こそう。だから、ある行為の組み合わせが、関連

	赤なら止まる、青なら進む	赤なら進む、青なら止まる
赤なら止まる、青なら進む	1, 1	0, 0
赤なら進む、青なら止まる	0, 0	1, 1

図6.1　信号機ゲーム

する他の組み合わせのときよりも良い結果を導くときはいつでも、その行為を指示するルールが機能――私たちの状況をよくするという機能――を有していると述べることは自然だろう。（ここで「機能」と言っているときには、目標が誰かの心のなかで意図されたり表象されたりすることは仮定されていない。これは、生物学者が機能という語を使う仕方に似ている。ただし、ルールが適応的だとか、自然選択の過程を生き残ってきたとかと仮定する必要はない。）

図6・1の信号機ゲームを検討しよう。「信号が赤なら止まる、それが青なら進む」というルールは、交通の流れをスムーズにして事故も防ぐことで、私たちの状況を改善する。このケースにおける、関連する他の状況は、コーディネーションの欠落だ（行列の左下と右上に位置している）。同じことは、定義によって、あらゆるコーディネーション・ゲームについて成立する。コーディネーション・ゲームでは、どの均衡も関連する均衡外の結果より良いものだからだ。制度はコーディネーション・ゲームの条件付き戦略であり、この条件付き戦略は統整

的ルールだから、統整的ルールは機能を有していることになる。コーディネーション・ゲームの均衡プロファイルは、機能の実現と密接に関連しているのである。

サールの理論において、機能は対象または事態（X）に割り当てられるのに対して、統一理論においては、機能がルールの集合と結びつけられていると指摘する人もいるかもしれない。しかし、これは表面的な違いにすぎない。ルールが機能を持っているので、コーディネーション装置（信号機）もまた機能を有するのである。このことは、サールの公式における真理の核をなすものだ。明らかに、赤信号と青信号が入れ替わること、それだけでは何の機能も持ちえないだろう。信号機が機能を獲得するのは、コーディネーション・ゲームの行動を相関させるために使われるときである。しかし、制度の創造には物理的対象への機能の割り当てが含まれると述べることは、言葉を端折りすぎており、そのメカニズムの最も重要な部分を不明確にしてしまう。制度の創造は、何よりもまず、別の結果と比べて私たちの状況をより良くする**ルール**の創造と履行とを含むものである。もしルールが私たちの行動を外的事象に条件づけるならば、その事象（あるいは相関装置）がその機能を実現する助けとなるのである。

したがって、Y項が消去可能であるという事実は、なんの害も及ぼしていない。機能が制度によって実現されつづけることは、制度が理論語を用いて明示的に名付けられるかどうかには関係がない。そして、統整的ルールに基づく理論――統一理論のような――は、制度の機能的性質を完璧に説明することができるのである。

制度の規範的な力　財産＊というプロト制度に欠けているように思われる重要な特徴の二つ目は、**規範的な力**である。サールはその著作の中で、制度の機能的役割と制度の義務論的特徴の間の親密な関係を描写している。

制度的事実の創造は、地位を課して、それとともに機能を課すという問題であるので、一般的に言って、地位機能の創造は何らかの新たな**力**を賦与するという問題である（…）最も単純なケースでは、Y項は、X項がそのXの構造によるだけでは持つことのない力に対して、名を与えるのである。（Searle 1995: 95）

ある現象ないし事実がまさしく制度的であるかどうかをテストする最も簡単な方法は、以下のことを問うことである。その存在は、義務論的な力、つまり権利、義務（duty）・責務（obligation）・要求（requirement）・権限付与（authorization）のような力を含意するか。（Searle 2010: 91）

「義務論的（deontic）」はギリシャ語の「deon」（責務、必然性）から派生したテクニカル・タームであり、哲学者はこの用語を使って規範性に言及する。サールの主張は、Y項の導入は、それまで存在しなかった新たな規範的な力を生み出す効果があるというものだ。一部のコメンテーターは、どのようにして義務論的性質が機能の概念から導出できるのかがまったく明らかでないことに注目してきた。何か（たとえばルール）が、それに同調するための規範的理由がなかったとしても——純粋な道具的な理由のことは脇において考えている——、機能を有することは完全にありえることのように思われる。たとえば、葬儀に黒を着用することには悲しみを伝えるという機能があるかもしれない。しかし、悲しみを伝えることを望まないならば、制度的ルールが何と言っていたとしても、黒を着用する義務(obligation)はないように思われる。

哲学者の一部には、すべてのルールに内在的な規範的側面があるのは、それがルールであるという単なる事実のためだと主張する人もいる。この主張を突き詰めていくとたいてい、言明が指示を出すために用いられるときには(「葬儀では黒を着ること!」)、一連の行為は二つのカテゴリに仕分けされるという観察に行きつく——ルールに同調する行為とそうでない行為である。このように、ルールを解釈するには、標準の定義、すなわちルールの正しい適用と正しくない適用を区別するための基準の定義が必要とされる。しかし、規範性に関するこの自明な意味は、現在問題となっていることではない。制度の義務論的な力の問題とは、そもそも人々はそのルールに同調すべきかどうかという問題である。葬儀の例を再度使おう。ジーンズを履くことは葬儀の伝統的なドレスコードに対する違反を構成することに私は同意するかもしれないが、それと同時に、そのような時にジーンズを履くべきでない理由はないとも強く信じているかもしれない。ルールは破られうるのだと述べることと、ルールは遵守されるべきだと述べることはまったく異なる事柄なのだ。

義務論的な力は不要か　これらの予備的な論点を取り除いて地ならししたうえで、本章で取り組まねばならない問題は、Y項がなくてもいいと主張することで、統一理論は、しばしばY項と結びついている義務論的な力をもなしで済ませてしまうのかどうかである。制度的用語と義務論的な力が概念的にリンクしていることを証明できないとしても、実際のところ、経験的観点からは、それらはしばしば相関するということは疑う余地がない。たとえば、私有財産のような現実の制度は、権利と義務(duty)の帰属を包含している。このことは、私たちが使用する言語そのものが証明していることである。ヌアー族が実際に放牧しないとしても、土地の一部はヌアー族の財産であるかもしれない。その土地がヌアー族の財産であることの要所は、彼らがもし望むならば放牧できることだ。彼らが放牧するか否かは、環境のさまざまな状況に左右される。たとえば、ヌアー族は、草を生い茂ったままにすること、土地を耕すこと、はたまた石油会社に貸し出すことを選好すると決定してもよい。もしその土地がヌアー族の財産であれば、彼らはこれらすべてのことをすることが許されている一方、ディンカ族がそうすることは許されない。

簡単化のため、そしてヌアー族が彼らの土地に関してできるすべてのことを指し示すために、「使用する」という汎用的な用語を採用すると融通が利いてよいだろう。すると、ソバト渓谷の均衡は、次のような規範的ルールによって定式化されるはずである。

[R′] 土地区画が川の北側にあるなら、ヌアー族はそれを使用できる。

この言明は義務論的な用語で表現されている。**許可**(〜できる、〜してもよい、〜することを許される)のための様相演算子を使っているからだ。許可は義務論理の三つの基本的な演算子のうちの一つである。残り二つは**義務**（〜すべきである、〜しなければならない、〜する義務を負っている）と**禁止**（〜できない、〜してはならない、〜は禁じられている）である。三つの演算子はお互いにお互いを定義することができる。つまり、どんな義務論的な言明でも、他の演算子の一つと否定を使えば表現できる。例を挙げよう。

あなたはAをしなければならない ＝ あなたはAをしないこと（not-A）はできない。

あなたはAをすることができる ＝ あなたはAをしないこと（not-A）をする必要はない。

これは単に文法的／論理的な興味をそそるだけのものではない。このことは、義務論的形式で表現されるどんな制度的ルールも、行動に対して何らかの制約を課したり、解除したりすることを意味している。その上、制度的ルールが通常相互的な制約を創出していることも、制度的ルールの興味深い事実だ。私の権利はあなたの責務（obligation）であり、逆もまたしかりである。

具体的には、もし「学生は講義によって割り当てられた評点に不服を申し立ててもよい」と述べるならば、それは、学生は不服申し立てを控える必要はないことを意味する。翻って、これは何ぴとも（とりわけ大学の講師）、学生の不服申し立てを妨げることが許されないことを意味する。前に見た例では、「R′」は実際、「R″」と等価である。

［R″］　土地区画が川の北側にあるならば、ディンカ族はそれを使用できない。

ジャックがXすることができることは、ジャックにXをしないこと（not-X）をすることを強制できる人は誰もいないということを意味する。簡単化のために、コンヴェンションが、プレーヤーたちの行動に追加的な制約を課す義務論的な力によって拡張されるとき、それを**規範**と呼ぶことにしよう。だが、そもそも規範とは何だろうか。義務論的な力はどこからやってくるのだろうか。哲学者が、ルールには規範的な力があると主張するとき、一般に意味されるのは、人々はルールに従う理由があることだ。しかしながら、理由の概念は非常に広く、直観的には、私たちはもう少し特定的であろうと試みるべきだろう。この流れで、サールは、義務論的ルールが特別なタイプの行為理由を提供すると主張している。

義務論的な力には独特な特質がある（…）私が考えるに、それは動物界では普遍的なことでなく、おそらく確認されていないことでもある。ひとたび義務論的な力が認識されるならば、それは私たちに、傾向性と欲求から独立した、行為のための理由を与えてくれる。（Searle 2010: 9）

とはいえ、この特定の見解は論争の余地が大きい。デイヴィド・ヒュームにまで遡る伝統によると、人間の行為はすべて――規範を遵守するために遂行される行為を含め――欲求によって駆動されている。ヒューム主義者とその敵対者の論争は、行為に関する哲学における未解決問題の中心的なものの一つである。それは深遠で重要な哲学的問題を提起するけれども、規範性の問題をこの論点にかかわらせることは誤りであろう。人間行為が常に欲求によって駆動されているのか否かということに、制度の本性が依存するはずだ、というのはかなり奇妙に思える。したがって、この論点に裁定を下す試みをするのではなく、ヒュームのテーゼに関して中立的な規範的な力の定義を用いて議論することの方が望ましい。

できるだけ一般性を持つように、規範は、何らかの欲求から独立した、行為の理由を提供すると言うことにしよう。正確にどの欲求なのかを特定化する必要はないだろう。実際問題として、ほとんどの道徳と社会規範は、私たちの個人的ニーズと欲望から独立した行動、あるいはニーズと欲望と対立しさえするような行動を指令するものである。これらの個人的ニーズと欲望は、たとえば身内や友人の厚生も含めて広く自己利益を解釈しようとするならば、自己利益に根ざした欲求と言ってもよい。原理的には、さらに他のタイプの欲求に反する規範も存在するかもしれない（そのような例は極めて稀ではないかと私は思っているのだが）。

この定式化はヒューム的見解と両立する。ルールに従う欲求をたまたま持つようになる人がいるかもしれない。しかし、いずれにしても重要なのは、仮に彼女にそのような欲求がないときでも、彼女がルールに従う理由を持っているということである。さらに、彼女がそれと相反する欲求を持っていたとしても、彼女はルールに従う理由を持っているのである。次の問いは、どのようにして、均衡したルールの理論にこの理由を組み込めるのかというものである。ゲーム理論においては、個人の動機と目標は利得構造によって要約的に表現されていたことを思い出そう。この表現は、帰結主義へのコミットメントを含意するように思われる。帰結主義とは、人々が、結果がどのようにして実現されるのかではなく、自分自身の行為の結果だけを気にかけているという見解であり、この理由から帰結主義を嫌う哲学者もいる。しかし、利得関数に組み込まれる動機に関して厳格でなければ、このモデル化戦略によって、均衡の枠組みの内部で義務論的な力を表現することが可能になる。

ここで次のことに留意してもらいたい。この戦略に従うことで、統一理論は、規範性を表現するフォーマルな道具しか提供しないことになるが、規範性の性質についてや、規範性はどこから生じるかということについては中立的な立場にとどまるということだ。そして、私はまさにそうあるべきと考える。規範性は現代哲学における至極厄介な問題の一つであり、制度の理論をそれに関する特定の説明に依存させることは馬鹿げているだろう。哲学者と社会科学者のなかには、規範性は、相互の期待や、私たちの期待が裏切られたときに経験する憤慨の感情の観点から分析できると信じる学者がいる。他の学者たちは、規範性は集合的合意あるいは共同意図というような、より強い概念を必要とすると考えている。また、規範性は情動に依存すると主張する哲学者と社会科学者もいるし、さらには、規範性は合理的論証によって行為を正当化する可能性にかかわると信じている学者もいる。

これらの説明のどれかが満足できる仕方で規範性を説明することができるか否かは、明確な回答のない論点であり、私はここでそれを解決しようとは思っていない。実際、色々な説明の中から一つを選択することは、あまり賢明でないかもしれない。もし規範性が制度にとって重要ならば、規範性が異なる形態をとることはありうる話だ。アナロジーとして、生命体が生存にとって重要な目標を実現しようと試みるさまざまな仕方のことを考えてみよう。獲物の存在を知覚することが捕食者にとって重要であれば、捕食者はその課題を達成するのに二つ以上のやり方を持っている可能性が高い（たとえば、視覚・聴覚・嗅覚だ）。同様に、規範性にはおそらく、さまざまな源泉があり、かつ多面性があるのだろう。このことは、二つ以上の説明が正しい可能性が高いということを意味している。

だから、規範性とは何かを問う代わりに、規範性がなすこととは何か、すなわち規範性の機能は何かを問うことにしたい。これは、本書の底流にある、広い意味での機能主義的な制度の概念化と軌を一にするけれども、この戦略を採ることで、一部の読者は否応なく不満を抱くことになるだろう。理由の一つは、このアプローチが、いかなる実質的かつ規範的な制度評価も可能にしないからである。たとえば、独裁制と民主制、資本主義と社会主義、単婚制と複婚制といったように、悪い制度から良い制度を見わけることを可能にしない。私自身の見解は、この類の判断は社会的存在論よりもむしろ倫理の領域に属するもので、これら二つの研究を分けたままにするのに好都合であるというものだ。これに同意してくれない哲学者がいて、より頑健な制度の理論を構築しようと努めているが、私の見解では結果は入り交じっている。ここでは、この点に関しては、読者諸賢の判断にゆだねることにしよう（巻末に読書案内を挙げた）。

費用としての規範遵守

ここで主題に戻ろう。規範性は、統一理論の枠組みのなかでどのように表現されるのだろうか。規範によって導入された制約をモデル化する際の簡便な仕方は、費用の観点によるものである。費用が十分に広義に理解されるかぎり、規範の遵守は費用がかかる一方で、非規範的ルールやコンヴェンション（たとえばルール・オブ・サム）に従うことには費用がかからない。たとえば、ポイ捨てをしてはいけないという規範には、ごみ箱を探すという費用がかかるし、浮気に対する規範には、浮気をしないことの機会費用がかかる等々。こうした費用は、乗り越えるために補償（反対の理由）を求める。そして、反対の理由は、規範侵害を抑止する負のインセンティブ――実際には他の諸費用――として表現される。

費用を用いた表現は、様々な実効化メカニズムと両立可能である。社会科学者は内部費用と外部費用を区別する。これらはだいたい「内面化された規範」と「外的制裁による規範」に対応している。前者のタイプの規範は、タルコット・パーソンズの業績にまで遡るもので、社会学の伝統の中心に位置し続けている。この解釈によると、社会規範は人々が従う内面化された指示であって、従う理由は部分的には習慣から、部分的には気まずく感じたくないということによる。ここでの費用は、罪悪感というかたちをとった、自己に科した罰の一形態とみることができる。これと対照的に、同じくらい影響力のある伝統では、社会規範が外的な罰によって支えられていると考えている。この場合には、費用は、社会の他の成員によって科されることになる。実効化の専門家（裁判官、警察官）か、たまたま逸脱を目撃した一般市民のどちらかである。ゴシップ・糾弾・非難といったものはすべて、非公式の規範によって統治される共同体における標準的な実効化装置である。また、書かれていないルールであっても、その制裁が一般的に知られ、それが期待されるならば、法的力を持つことになるだろう。

クロフォードとオストロムは、規範を破ることにまつわる費用を捉えるために、デルタというパラメータを導入している（Crawford and Ostrom 1995）。外的制裁による規範の場合、侵害の費用は共同体の成員に一般的に知られているし、それはたいていい客観的に定量化できる。たとえば、百年前には、一夜限りの関係を持ったシチリア人の女性と結婚することを拒否する費用は、死の期待価値と等しかった。シンガポールで床にポイ捨てすることの費用は、３００ドルに罰金を科せられる確率をかけたものとなる。もちろん、費用が内部化されているときには、デルタの計測はより困難となる。しかし、規範が抑えこむはずの欲求についての十分な情報が私たちの手元にあるならば、計測は不可能ではない。ここでカギとなるのは、規範がなかったときに、人々は何をすることを選好したのだろうかということの知識である。家の前の舗道の除雪を定期的に行っている、規範に忠実な市民は、彼女が規範を内面化していなければ異なる仕方で過ごすことができた貴重な時間（たとえば暖かいリビングでテレビを見る）を投資しているのだ。

規範的な力をデルタというパラメータ（費用）によって表現することで、コーディネーション・ゲームの域を超えて統一理論を拡張することが容易になる。多くの社会理論家たちは、社会的に最適なルールから逸脱する個人的インセンティブが存在するゲームにおいて、制度がプレーヤーのパフォーマンスを改善することを指摘してきた。古典的な例は、囚人のジレンマ・ゲームである（図６・２）。これまで説明してきたコーディネーション・ゲームとは違って、一回限りの囚人のジレンマには複数均衡はなく、ただ一つだけ均衡が存在する（ＤＤ）。このとき、条件付き戦略によってゲームを拡張することは助けにならないから、外的相関装置を用いて、囚人のジレンマを解決する仕方は存在しない。裏切りはルールに従うことを強く支配するのである。しかし、適当に大きなデルタを用いることで、ジレンマをＣＣとＤＤという二つの均衡があるゲームに変換することができる。こうして、規範的ルールは協力問題をコーディネーション問題へと変化させることができる。つまり、規範が人々がプ

	C	D
C	2, 2	0, 3
D	3, 0	1, 1

図6.2　囚人のジレンマ

レーするゲームを変えるのである。そしてもちろん、規範は出現したばかりのコーディネーション・ゲームにおけるコーディネーション装置（振付師）としても作動する。

個体群のなかに、「相手プレーヤーが協力するならば、あなたは協力すべきであり、さもなければ裏切れ」というルールがあり、このルールには規範的な力があるとしよう。このことは、図6・3のように、追加的な費用（デルタ）が利得から差し引かれなければならないことを意味している。これら二つのゲームの利得は、様々な仕方で解釈できるだろう。一つの可能性は、もとのゲーム（図6・2）の数値を規範以前的な欲求の表現と考えることである。新しいゲーム（図6・3）においては、利得の値は、規範遵守に対する内面化された欲求が考慮された後の、個々人の目標を表現しているのかもしれない。別の可能性として、図6・3の修正後の利得は、プレーヤーたちに利用可能になった新たな情報を組み込んでいるのかもしれないと考えることもできる。たとえば、プレーヤーたちが、ルールに違反する人に対処するために、

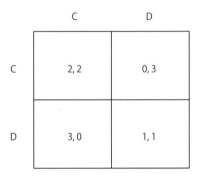

	C	D
C	2, 2	0, 3−δ
D	3−δ, 0	1, 1

図6.3　デルタ・パラメータによって修正された囚人のジレンマ

罰のシステムが設けられていることを発見したときを考えればよい。いずれにしても、デルタは、所与の（規範以前の）ゲームをベンチマークとして、規範的ルールの力を表現している。

　ルールの力によっては、二つ目のゲームは、一つ目のゲームときわめて大きく異なることになるかもしれない。デルタが少なくとも利得1単位と同じぐらい大きければ、囚人のジレンマはDDとCCの両方ともが均衡となるような、別の単純なゲームにかたちを変える。たとえば、デルタが3と等しければ、図6・4のハイ&ロウ・ゲームが得られる。

　このとき、規範が、協力のジレンマを独特な意味でしか「解決」していないことに注意してほしい。一度限りの囚人のジレンマのようなゲームは、きちんと解決することはできないのだ。なぜなら、ゲームのルールを変えなければ、プレーヤーたちは裏切るべきだという穏やかならぬ結論を免れる方法がないからである。唯一の「解決」策はゲームそれ自体を変えることだが、これはまさ

	C	D
C	2, 2	0, 0
D	0, 0	1, 1

図6.4　デルタが3のときの修正済み囚人のジレンマ

しく規範的な力を備えた制度がなせる技である。制度は、少なくとも利得のある範囲内において、裏切りを魅力的でないものにする費用を導入することで、新たな均衡を生み出すのだ。

しかし、これは規範の唯一の機能ではない。義務論的な力は、コーディネーション・ゲームにおいてもまた有用である。コーディネーション・ゲームでは、プレーヤーたちにはコーディネーションの均衡から逸脱する理由は何もないから、こういうと奇妙に思われるかもしれない。相反する欲求が衝突していないならば、義務論的な力を加えることは必要ない。しかし、義務論的な力が不必要となるのは、プレーヤーたちが完全な情報を持っていて、かつ彼らが決して過ちを犯さないときに限ってのことである。残念ながら、現実の生活では、人々はミスをしたり、振付師が発したシグナルを誤解したりするといった傾向があり、ときにはゲームの利得をよく分かっていないこともある。そのようなケースにおいて、ルール遵守の実効化を手助けする追加的メカニズムを持つことが有益となる。遵守しない場合には追加的費用を支払うことになると知っているならば、人々は自分たちが受け取るシグナルとゲームの構造により注意を払うだろう。よくよく考えてみると、多くのコンヴェンションが規範に転じる傾向を持つということは、驚くようなことではない。

規範の二つの役割　こうして規範は、ノース（North 1990）によって強調された、制度の二つの重要な機能の実現に役立つ。制度は行動を安定させ、不確実性の状況下における行動の予測可能性を高める。しかし、サールによって指摘されているように、制度は、ゲームの利得を変えることで、それまで存在しなかった行動も生み出す。こうして、規範は制度の持続性、つまり制度が逸脱のインセンティブに直面したときに、いかにして効力を保持することができるかを説明するのに役立つだけではない。規範が新たに導入されるときには、新たな均衡の**創発**をも説明するのに役立つのである。政府や認められたリーダーといった集権的権威は、囚人のジレンマに代表される「悪い」均衡のゲームの形をつくり変えて、ハイ&ロウ・ゲームのようなより良いゲームへと転じることができる。新しいルールは、布告によって導入されるかもしれない。年配者たちが平原の真ん中で会合し、今後は、ディンカ族が目立った場所の南で、ヌアー族がその北で放牧すべきだと宣言したとしよう。そして、その布告が信憑性ある、公式・非公式の制裁によって支えられているとしよう。そのとき、プレーヤーたちはゲームが変化していること、新たな均衡が創出されたことを認識するだろう。布告があるだけで、罰のメカニズムは、今までの均衡よりも新たな均衡をより顕著にするであろう。したがって、規範性の機能は、コーディネーション・ゲームの均衡の収束を説明するために用いてきたのと同じ枠組みのなかで説明できるのだ。

それでも、行動を変化させ、新たな規則性を創出するルールが**統整的**ルールであることを強調しておくことが重要である。それらは特定の環境下の行為を記述し、指示するルールである。このことは、権利という言葉がかかわることで、いささか曖昧にされる。権利は、標準的な「Xをせよ」や「もしXならばYをせよ」という形式の言明を含意しないように思われるからだ。しかし、権利と義務は相互依存的でどちらからも相互に定義可能である。ヌアー族がある土地を使用する権利を有しているという主張は、ディンカ族がその部分を使用するのを控えなければならないということを含意する。だから結局は、権利の割り当てが均衡を識別するのである。そこでは、ヌアー族は川の南にある土地を使うインセンティブを持たず、ディンカ族は川の北の土地を使うインセンティブを持たない。この均衡を達成して紛争を避けることこそ、まさに、（機能主義的意味において）財産権の導入の目的なのである。

それゆえ、構成的ルールの統整的ルールへの翻訳は、全体としてなんらの理論的欠落をも引き起こさない。統一理論には、機能や義務論的な力が入りこむ余地がある。ある意味では、そうでなければならないことは明らかである。新たな項を導入しただけで、構成的ルールはどうやって人々の行動を変えるのだろうか。サールは「義務論的な力を有していることのポイントは人々の間の関係を統整することである」(Searle 1995: 100) と認めている。であるならば、行動を変化させるには、新しいY項は、プレーヤーたちが遂行すべき、あるいは遂行すべきでない諸行為を指示していなければならない。これらのルールは、「Xをせよ」ないし「もしXならばYをせよ」という古典的な統整的形式に、義務論的演算子が付加された形（「あなたはXをしなければならない」あるいは「XならばYをしなければならない」）をとらなければならない。だからY項に隠された、いくつかの統整的ルールがあるに違いないし、統一理論の助けを借りれば、それらを明示的にできるのである。均衡したルールのアプローチは、どのような仕方で、ルールの義務論的な力が、人々がプレーするゲームを変えるのかを示すのである。制度は新たなタイプの行動を可能にするというサールの洞察は、この説明において立証されるのである。

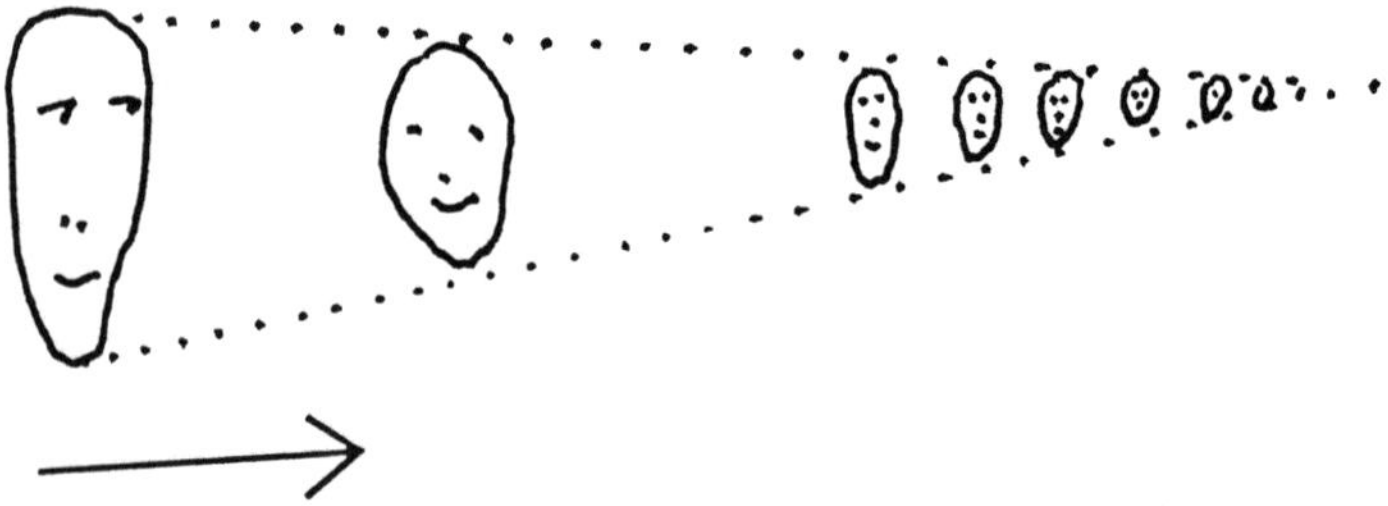

幕間

第7章

読心

Mindreading

人間はコーディネーション問題を解決できる唯一の生物ではない。たとえば、林に生息する斑点のある蝶のキマダラジャノメは、性をめぐる競争ゲームにおいてブルジョワ戦略〔第4章の説明（86頁）を参照〕をプレーするよう遺伝的にプログラムされている。しかし、この蝶はただそれらの戦略をプレーすることができるだけであり、個々の蝶の一生の間に、他の社会的取り決めは創発しそうにない。人間はもっと融通が利いていて多才だ。私たちは異なる均衡にコーディネートでき、新しい相関装置を発明することで新しい均衡を創出することができる。

これはとんでもなく大きな利点をもたらしてくれるのだが、それと同時に、蝶ならば無視できるような困難を生み出してしまう。蝶は、進化によって選択されてきた均衡における役割を競争相手が実行することを確信する必要がない。蝶の行動レパートリーは、限られているからである。他のプレーヤーがするかもしれないことに考えをめぐらし、それに応じて行動を調整する必要はない。自然がコーディネーションを引き受けてくれるから、蝶は考える必要がないのだ。これとは対照的に人間は、互いの動きを予測することが決定的に不可欠である。コーディネーションが成功するには、全員が同じ行動ルールに従うことだけでなく、全員がそれぞれの役割を果たすことを信じ、さらに全員が同じことを信じていることも必要とされる。心的状態の帰属は、ルール遵守において中心的な役割を果たすので、それをコーディネーションのための**読心問題**（problem of mindreading）と呼ぶことにする。

フォーカル・ポイントによる解決　複数均衡があるゲームでは、他のプレーヤーたちの最適行為は私たちの行為から独立していない。他のプレーヤーにとっての最善手は私たちがすることに依存し、私たちにとっての最善手は彼らがすることに依存している。洗練された主体であれば、この相互依存に気づくはずだ。ジルはジャックが考えていることを特定するまで意思決定ができず、ジャックの方もジルが考えていることを特定するまで意思決定できず、といった具合に延々とこれが続く。したがって、洗練された推論は、厄介の種をもたらし、コーディネーションに必要な信念の形成を妨げるかもしれないのである。

それにもかかわらず、人間は頻繁にかつ信頼できる仕方でコーディネートする。では、どうやっているのだろうか。これまで見てきた通り、シェリングとルイスは、フォーカル・ポイントが問題解決

	L	R
L	1, 1	0, 0
R	0, 0	**1, 1**

図7.1　顕著さを備えたコーディネーション・ゲーム

の助けとなると主張している。例として、図7・1のゲームを考えてみよう。たいていの人々は行列を見るだけで、結果の一つが顕著であることに気づく。利得が太字で印字されているという、論理的には関連性のない細部のおかげで、RRが「抜きん出ている」。こうして、意思決定をする際、多くのプレーヤーはRを選択することが自然だと思うのだ。彼らがその戦略を選択する理由は、そうすることでコーディネーションが成功する確率が高まると考えるからだ。それはその通りで、彼らは正しい。Rをプレーすることで、彼らは成功するチャンスを著しく向上させるだろう。

　この物語は一般化できる。たとえば放牧ゲームにおいては、ディンカ族とヌアー族は古い河川の場所を相関装置として利用する。それが現在に至るまでずっと問題を解決してきたやり方だからである。この場合のメカニズムは、図7・1のゲームを解く助けとなるメカニズムと本質的に異なっていない。プレーの歴史もやはり顕著さの源泉だからだ。ある戦略プロファイルがこれまでずっと選択されてきたという事実が、フォーカル・ポイントを創り出す。そして人々は、他者も同じことをするだろうという（正しい）期待の下で、そのフォーカル・ポイントに収束することを（正しく）意思決定するのである。

とはいえ、フォーカル・ポイントは読心問題をどのように解決することができるのだろうか。すべてのプレーヤーが同じ解に収束するためには、コーディネーションの相互期待が存在しなければならない。理論的には、プレーヤーたちは相互連結的な信念の複雑な体系を形成するはずである。コーディネーション・ゲームにおいて、あなたがXを選択する（均衡におけるあなたの役割を果たす）ことを私が期待するとき、私がXを選択することを、あなたが期待するということを、私が信じなければならない。しかし、このときには、あなたがXを選択することを、私が期待するということを、あなたが信じているということを、私もまた信じなければならない。そして、私がXを選択することを、あなたが期待することを、私が信じていることを、あなたは信じる等々ということが、信念のすべての階層について成立しなければならない。

共通信念と公的事象　二人の個人のケースが図7・2に表わされている。このように信念が入れ子状になっているとき、Xについての**共通信念**が存在するということにしよう。この概念を導入したルイスは、それは推論プロセスや生起する心理状態を記述することを意図したものではないと明確に述べている。信念の階層は、必ずしも誰かの心のどこかに表現されているわけではない。入れ子状の構造は、共通信念という考え方の概念的分析を提供するだけである。コーディネーションに求められるのは

- 私は、Xであることを信じる
- 私は、あなたがXであることを信じることを信じる
- 私は、私はXであることを信じることをあなたが信じることを信じる
- 私は、あなたがXであることを信じることを私が信じることをあなたが信じることを信じる

等々

- あなたは、Xであることを信じる
- あなたは、私がXであることを信じることを信じる
- あなたは、あなたはXであることを信じることを私が信じることを信じる
- あなたは、私がXであることを信じることをあなたが信じることを私が信じることを信じる

等々

図7.2　Xについての共通信念

「直感的に感じとられた相互予測以外のなにものでもない」(Schelling 1960: 71［邦訳76頁］) から、直観は概して暗黙のものに留まるかもしれない。

例として、私たちが二人とも同じテーブルに座って、目の前にワインのボトルがある状況を想像しよう。私は直観的に、ボトルがあること、そのことをあなたが信じていることだけでなく、私がそう信じているとあなたが信じていること等々を信じているが、この信念構造全体を明示的に表象してはいない。人々が多くの階層の相互期待を明示的に抱いていると想像することは、もちろん非現実的である。少なくとも普段の状況では。

しかし、共通信念はどこからやってくるのだろうか。フォーカル・ポイントはどのようにして「直感的に感じとられた相互予測」を生み出すのだろうか。この問いに挑むためには、いくつかの一般的な用語を用いることが有用である。ある個体群のなかで、ルールR（もしXならばYをせよ）が定められていて、全員がそれに従うだろうことが、共通信念になっていると仮定しよう。さらに、この共通信

念は**公的事象**Pに基づいており、それはRを指示する《インディケート》（P→R）と仮定しよう。この公的事象は、目の前にあるワイン・ボトルのようなものだ。ソバト渓谷の放牧に関するコンヴェンションのケースでは、公的事象は行動の規則性である。ディンカ族とヌアー族が現在に至るまでずっとそのような仕方で振る舞ってきたという事実は、その規則性を将来にも投影するルールを指示している。その他の場合には、公的事象は公的言明であったり、儀礼であったり、シグナルであったりするかもしれない。ある人が、「もしXならばYをせよ」と公に述べ、それがRを指示するかもしれない。いずれにしても、公的事象がある戦略プロファイルを顕著にしている。

Pは、Rに対する共通信念の**基礎**と呼ばれており、ここでの指示の関係は何らかの帰納的推論を含んでいなければならない。ルイスによれば、もしPがRを指示するならば、Rに対する共通信念が存在する。指示の関係とPが公的であることとが、Rに関する共通信念を生成するのである。

ルイスの理論は数多くの通常の事例を説明するが、それでもまだ十分に一般的だとは言えない。問題なのは、たとえば交通のコンヴェンションのように、たとえ観察可能な事象に根拠づけられているように見えないとしても、完全に頑健な制度が存在することである。ルイスの理論は、多くを求めすぎているように思われるのだ。共通信念の仮定を声高に批判するケン・ビンモアは、このことを次のように言っている。

私たちは、お互いに何かを観察しているところを、観察する機会をどれほど頻繁に持つだろうか。大多数の人々にとっては「まったくない」というのが回答だろうと、私は推測する。そうすると、コンヴェンションが社会における共通知識である必要があるとするならば、どのようにして言語はコンヴェンションになることができるのだろうか。金《きん》に価値があることは、どのようにしてコンヴェンションになりうるのだろうか。さらに、右側通行はどのようにしてコンヴェンションになりうるのだろうか。私たちがこれらの問いに対する答えを知らなければ、そもそもどのようにして、温暖化のようなものをコントロールしているこの惑星の上で、私たちがプレーする生のゲームの均衡への道を見つけられるのだろうか。このことは、コンヴェンションを利用するとき、私たちがあたかもコンヴェンションが共通知識であるように振る舞うことを否定するわけではない。しかし、非常に限定された環境を除いて、ルイスの定義は、コンヴェンションが始まることを不可能にしているように思われる。(Binmore 2008: 23)

信念帰属の問題　ビンモアのような進化ゲーム理論家は、信念をまったく使わずに事を進めることを選好する。彼らは、最小限の認知能力があっても、信念を持たないプレーヤーたちのモデルを使用すべきだと主張する。しかし、認知能力が高いプレーヤーのモデルを用いて研究することを選好する人々でさえ、この論点が十分に理解可能だと認めている。共通信念の形成のための基礎を構成する公的事象がないならば、指示は、知らない人とのコーディネーションの土台にはなりえない。

もう一つの心配の種は、指示それ自体の概念に関係する。ルイスは注意深く、指示が働くためには、主体が同じ「合理性、帰納的標準、背景情報」(Lewis 1969: 53) を適用しなければならないと述べている。RがPに根拠をおくことができるのは、プレーヤーたちが**対称的推論者**であるときに限る。つまり、彼らはPからRへの同じ推論をしなければならず、かつ他者も同じことをする信頼がなければならない。しかし、なぜ彼らは、みんなが対称的に推論することを信じるべきなのだろうか。おそらく、PがRを指示することを保証するための、ある種の土台がなければならない。では、何が土台となりうるのか。おそらく私たちに必要なのは、PがRを指示することを指示する別の公的事象P′を必要とする（P′→（P→R））。だが、何がその事象になれるのだろうか。

したがって、解決すべき問題は二つある。一つ目は、必ずしも公的事象の観察を含むことのないような、共通信念の創造に関する物語が必要であること、二つ目は、指示の関係が何に依存しているのかを説明しなければならないことである。以降、これら二つの論点をまとめて、共通信念の**根拠づけ問題**（grounding problem）と述べることにする。

根拠づけ問題の二つ目を解く手がかりは、すでにルイスの文章のなかに見受けられる。ルイスは著書のなかで、後退を含まずに、共感的理解の過程に依拠するような信念帰属の説明を与えている。他のプレーヤーがするのと同じ仕方で考えるよう努めることで、私たちは他のプレーヤーが何を信じているのかを見いだそうと試みるかもしれない。

私たちは、お互いの行為に関する一致した期待に基づいて行為することで、コーディネーションを達成するかもしれない。そして、そのような期待を獲得したり、私たちがすでに抱いている期待を修正し、あるいは支持するのは、他の同胞の立場を考えることによってである。あなたの代替的な諸行為がもたらすだろう効果を決定する事実問題に関するあなたの信念の内容を私が知っているならば、かつ、起こりうる結果に対するあなたの選好を私が知っていて、あなたにある程度の実践的合理性があることを私が知っているならば、私はあなたの実践的推論を複製して、あなたが多分するだろうことを想像することができ、私は適切に行為できるだろう。（Lewis 1969: 27）

引用文中の傍点は私が付け加えたものである。自分を誰かの立場に置いて考えることと、複製という二つの重要な概念を強調するためである。自分を誰かの立場に置いて考えることは、たとえば、彼女の目標を支持し、彼女が見るように世界を表象することによって、彼女の視点を採用することである。誰かの推論を複製することは、結論に到達する／意思決定するために彼女が用いているのと同じ手順に従うことである。それは、誰かほかの人の思考の**シミュレーション**を行うことを含んでいる。

理論理論　私はこのパラグラフを使って、ルイスに従いながら、指示が理論的推論でないことを示唆したい。コーディネーションに必要な相互期待は、ある事象Pが他の人々の信念に与えるであろう効果に関わる理論的仮定の集合から導出されるのではなく、彼らが信念を形成するために用いるのと同じ手続きを経ること、つまり、対称的推論によって得られるのである。理論的推論とシミュレーションの区別は、ルイスのテキストにおいては、ほとんど明示的になっていないが、このことは驚くべきことではない。というのも、この区別はようやく20年後に哲学文献において明確に出現することになったからである。これら二つのアプローチは今日、読心に関する「理論理論」（theory-theory）と「シミュレーション理論」と呼ばれている。

ゲーム理論のいくつかのバージョンは、暗黙のうちに、読心に関する理論理論を採択している。すなわち、各人は他のプレーヤーの行動に関する信念を形成しなければならず、そうする際に、彼女の行動を説明するためにゲーム理論家が用いるのと同じ手順を、彼女が踏むことになっている。各プレーヤーは他の主体の選好と信念が何であるかを考え、彼らの行動を予測するために合理的選択理論を用い、そして、期待される彼らの行動を所与として、彼女自身の利得を最大化する行為を選択するのである。その根底にある前提は、科学者が物理的対象の運動を予想するのと同じ仕方で、人々が他者の行動を予想するということだ。物理学の場合、法則と自由変数がある理論（$f=ma$）から始めて、いくつかのパラメータ（質量、力）を固定し、予想（加速度）を導き出す。人間行動の場合には、自由変数は選好と信念で、理論は典型的には、選好と信念とをシステマティックな仕方で選択に結びつける合理性の理論である。たとえば、ジルがBよりもAを選好することと、Xをすることが A をもたらし、そうしないことがBを導くと彼女が信じていることを私が知っているならば、私は彼女がXをするだろうと予想する。

通常、選好の帰属は、コーディネーション・ゲームにおいては問題とならないと考えられている。私たちはみな、可能な均衡が何かを知っている。しかし、理論理論の観点からは、私たちは、信念を帰属させるために、他のプレーヤーがその状況についてどのような情報を持っているのかを考えようとしなければならない。そしてその後に、通常の推論能力を仮定して、彼らの行動を推論しようとすることができる。問題となるのは、コーディネーション・ゲームにおいて、各主体の行為が他の主体の行為に関する信念に依存しており、その逆もまたしかりだ、ということである。したがって、他のすべての変数を固定するまで、一つの変数を固定することができない。

過去の行動の観察から信念を推論することも、うまくいかないだろう。私たちが過去の行為を将来的にも継続するだろうと他のプレーヤーたちが正当に期待できるのは、私たちが他のプレーヤーも同じことをすることを期待していると、他のプレーヤーが考えるときに限られる。とはいえ、私たちが何を考えるべきかを知っていないならば、彼らはどうしてこのことを信じられるのだろうか。観察に基づくどのような推測も正当化されないであろう。別の言い方をすれば、ゲーム理論のモデルは利用可能なデータによって過小決定されてしまうことになるので、読心に関する理論理論に基づく限り、ゲーム理論は正確な予測をだすことができない。

シミュレーション　しかし、人々はコーディネーション・ゲームを確かに解決している。だから、彼らは別の仕方でお互いの行動を予測しているに違いない。読心に関する**シミュレーション理論**によれば、心的状態を他の主体に帰属させるとき、私たちは、選好と信念を主たる変数として用いる理論的枠組みを適用していない。読心は、理論化することにかかわる問題ではなく、行うことにかかわる問題、とりわけ他の主体の推論を複製するという問題になる。

シミュレーションはどのようにして指示の問題を解決し、共通信念の形成を説明することができるのだろうか。ルイスは、推論を複製するには二つの入力が必要とされると言っている。第一に、私があなたの選好を知らなければならないこと、第二に、「あなたの代替的な諸行為がもたらすだろう効果を決定する事実問題に関するあなたの信念の内容」を、私が知らなければならないことである。自分たちがコーディネーション・ゲームをプレーしていることを私たちが知っているならば、一つ目の仮定は問題とならない。だが二つ目の仮定はそうではない。あなたの行為の効果を決定する事実問題のなかには、極めて重大なものとして、私の行為が入っている。だからルイスは、私の行為についてあなたが信じていることを私が知っていることを要請するわけであるが、私はそれをいかにして知ることができるのだろうか。信念帰属は、私たちがもともと解決しようとしていた問題だった!

シミュレーション理論の先駆者の一人に挙げられるアダム・モートンは、コーディネーション・ゲームにおいて、読心に関する簡潔な説明を提案している。そのアイディアは、二人の人間が共通の目標を持っているときには、モートンが**解決思考**(solution thinking)と呼ぶ手続きによって、彼らがお互いの行為を予想し、お互いの信念を解釈するというものだ。各主体は次のような問いを立てる。この問題に取り掛かるのに最も簡単な方法あるいは最も自然な方法は何か。自明な解決策は何か。もし明らかな答えが存在するならば、デフォルトで同じ推論を他のプレーヤーに帰属させる。

人は最初に、次の二つの条件を満たす結果について考える。第一に、他の人(々)が達成したいだろうと想像でき、第二に、自分が達成しようとしていると他の人(々)が信じていることを想像できるような結果である。その後、それを導くことになるような、関係する人全員による行為の例を考え出す。最後に、この列から自分の責任部分となる行為を推敲し(…)対応する行為を他者がすることを期待する。(Moton2003, 120)

様々なステップを詳細に検討しよう。一人のプレーヤーの視点からは、解決思考は次のように再構築される。

1．Sはコーディネーション問題の自明な解である。
2．あなたもまた、Sはコーディネーション問題の自明な解であると考えている。
3．Sを達成するために、私はXを、あなたはYをしなければならない。
4．あなたもまた、私がXを、あなたがYをしなければならないと考えている。

シミュレーションが発生するのは、2番目と4番目のステップにおいてである。ステップ1で、私は問題を見て、フォーカル・ポイント（「自明な解」）を同定する。ステップ2では、他のプレーヤーの手続きを複製している。彼女も私とまったく同じなので、彼女も同じフォーカル・ポイントを同定する。ひとたび解が同定されると、私は単純な道具的推論で、私自身の行為と他のプレーヤーの行為を導出することができる（ステップ3）。最後に、同じ手順を踏んで（「彼女は同じ仕方で推論する」）、彼女がしようとすることと、私がするだろうと彼女が信じていることを私は予測する。

「解決思考」はシミュレーションである。まず第一に、それは他者の理解を結果としてもたらす。他者が何をするかに関する観念をあなたは持ち、あなたは何故彼らがそうするかもしれないのかの説明をまとめ上げるための素材をもっているということである。そして、その理解は、彼らの思考を

表象するよりもむしろ再生産することによって得られるのである。（Morton 2003: 120）

解決思考は、ルイスが前提とした対称的推論の原理を満たしている。しかし、根拠づけの後退は生じない。私の行為に関するあなたの信念は、シミュレーションによって導出される。このことが指示の関係を根拠づけるという問題を解決する。私たちは、ＰからＲへの推論を理論的に正当化する必要がない。指示はそもそも理論的推論ではないからだ。それはシミュレーションの手続きであって、更なる正当化は必要とされないのである。問題は、それがうまく働くかどうかであって、堅牢な理論的仮定に基づいているかどうかではない。

公的事象が存在しない場合　しかし、シミュレーションは根拠づけ問題の残り半分もまた解決する。なぜなら、シミュレーションは必ずしも、公的事象から生じるのではないからである。シェリングの『戦略の紛争』で議論された顕著さの古典的例の一つを考えてみよう。シェリングは、インフォーマルな実験のなかで、以下のようなシナリオをよく提示したものだった。

あなたはニューヨーク市でだれかと会うことになっています。しかし、あなたはどこで会うかに関して、指示を受けていません。また、どこで会うべきかに関連して、その人について事前に理解していることもありません。さらに、お互いにコミュニケーションをとることはできません。あなたは、どこで会うべきかを推測しなければならないことを告げられ、彼もまた同じように言われていることが告げられます。そして、あなたたちの推測を一致させるようにしなければならないだろうと言われます。(Schelling 1960: 55)〔訳書では60頁に当たる部分だが、グァラが参照した版と表現が異なるため、ここでは独自に訳出した。〕

あなたならば、何時にどこに行くだろうか。最も一般的な回答は、正午にグランド・セントラル駅というものであった。明らかに、この回答は、ある人が信じていると他の人が信じることができるようなことと等々を考えようとして、得られたものではなかった。そのような手続きは、やはり後退をもたらすことになるだろう。シェリングの実験の被験者たちは、彼ら自身がグランド・セントラル駅こそ向かうべき場所であるという信念を形成したのと同じ仕方で、他の個々人に対して、彼らがグランド・セントラル駅に向かうだろうという信念を帰属させたのである。この問題には数えきれないほど多くの解があるなかで、グランド・セントラル駅が最も自然で自明な解——最初に思い浮かんだもの——として、彼らの心に浮かんだのだ。そして、共通信念はその洞察だけから導出されたのだった。

　ここでは、共通信念を根拠づける公的事象Pが存在しないことに注意しよう。実際、基礎となるのは公的事象とは正反対のものである。すなわち、基礎となっているのは、グランド・セントラル駅が自明な解であるという極めて私的な感覚なのである。あなたがXを信じると私が信じる等々なのは、Xが私にとって自明であり、あなたも私とまったく同じだからである。

　モートンは解決思考を用いて、読心に関する一般的な哲学的主張をしている。彼は、信念の帰属というのはしばしば、私たちのコーディネートしたいという欲求の結果であると主張する。多くの状況において、私たちは同じ信念を有しているからコーディネートするのではなく、コーディネートしたいと思うから私たちは同じ信念を持つ（私たちはお互いに、同じ心的表象を帰属させる）のである。鍵となっているのは、他のプレーヤーたちが私たちと同じようなものだと暗に仮定し、共通の目的から他者の信念を推論することである。すると、信念は収束するだろう。彼女が自分自身に帰属させるのと同じ信念を、全員が他者に帰属させることになる。

もちろん、この手続きを利用することが適切か否か、それが信頼できる結果を生み出す可能性が高いのかを問うことができる。これに対する回答は、常にではないが、通常の状況において、シミュレーションすることはコーディネーション問題を解く際の極めて有効な方策である、というものだ。私たちは他者をシミュレートし、彼らも私たちをシミュレートする。これで通常はうまくいく。

しかし、「通常」とは何を意味しているのだろうか。それは、主体たち（シミュレートする人たち）が、互いの思考の波長に合わせていなければならないことを意味する。彼らは、生物学的傾向性、文化的背景、事実に関する情報、教育、そして推論能力の点で、多くのことを共有しているに違いない。しかしこのことが、彼らがシミュレートをし始める前に成立していると信じる必要はない。主体たちは、この主張を帰結の一つとして含意するような理論を支持する必要はないのである。主体たちはたいてい、対称的推論を初期条件として受け取る。対称性が成り立っていないかもしれないと信じる理由があるときにかぎって、シミュレートする傾向性が減退する。彼らはシミュレートすることをやめて理論化し始め、他者の信念と欲求に関する、洗練されてはいるものの扱いにくい問いを立てるだろう。

あなたがたとえばフランスの道路にいて、右側通行から逸脱し左側通行をしている自動車を見ている状況を想像してほしい。あなたはその車のナンバープレートを見るなり、その車がイギリスで登録されたものだと気が付く。このケースは異常であり、シミュレーションは停止されることになる。あなたがすべきことは他のドライバーがすることに依存し、他のドライバーがすることはあなたが考えることに依存することをあなたは分かっているだろうが、あなたにはそれが何なのかを突き止める手立てはない（「彼女は自分が間違った車道にいることを知っているのだろうか。それとも私が間違った車道にいると考えているのだろうか」）。明らかに、こうした状況において、コーディネーションにはリスクがつきまとう。なぜなら、あなたはゲーム理論家のように考えなければならないからだ。読心（シミュレーション）の最短経路は阻まれ、あなたは思考という不自然な習慣に従事することになる。これは異常であるだけでなく、非常に難しいことでもあることに注意されたい。私たちがゲーム理論を教えるとき、学生に普通とは違う考え方をするよう強いるのだが、学生にとってはこの考え方はとっつきにくい。それには、きちんとした理由がある。より高次の信念について考えることは、しばしばコーディネーションを促進するよりも、むしろ阻害することになるのである。

したがって、本章の主張は、シミュレーションが読心に関する唯一の真なる説明だということではない。読心には多くのやり方があり、いくつかの場面では、私たちは他者の信念についての理論的推論に従事する。しかし、多くの状況——しかもそれらは重要で日常茶飯事の状況である——においては、私たちはシミュレーションに基づく異なる方式の予測を採用する。そして、この方式の予測は、コーディネーション問題を解決する助けとなる。

第8章 集合性

Collectivity

解決思考は個人主義的モードの推論だ。心的表象は個々のプレーヤーに帰属させられ、「私は信じる」、「あなたは信じる」、「彼女は信じる」といった古典的形式で表現される。この点において、モートンの説明は、集合的モードで表現される心的状態（「私たちは信じる」、「私たちは選好する」等々）の役割を強調する社会的存在論の諸理論と異なっている。近年はそのような理論がますます影響力を持つようになってきており、一般的には**集合的志向性**（collective intentionality）の理論として知られている（「共有された」志向性や「共同」志向性のような他の表現もまた、文献において一般的に用いられているが、本書ではこれらを同義のものとして扱う）。

志向性にまつわる議論　志向性は哲学で用いられる専門用語であり、何かについてのものである、あるいは何かに向けられているものであるという心的状態の性質を指している。たとえば、もし私がジョンのズボンが大きすぎると信じているならば、私の心的状態は彼のズボンのサイズに関するものである。私がエスプレッソを飲みたいという場合は、私の心的状態（この例では欲求）は、一杯のコーヒーを飲むことについてである。志向性を有する心的状態のなかには、普段の意味での意図もまた存在する。これは、行為を方向づけ、引き起こす際に特定の役割を果たす心的状態のことである（この理由から、そして志向性のより一般的な概念との混同を避けるために、哲学者は意図を「稼働中の意図（intentions in action）」と呼ぶことがある）。稼働中の意図は何かをするという目的であり、大雑把にいうと、行動を誘導する計画だ。たとえば、今週末までに本章を書き終える決意のようなものである。

志向性の概念は、難しいことで悪名高く、激しく議論が交わされるトピックだが、幸いにも、私たちの目的にとってはラフな定義で事足りる。集合的志向性に関する議論は、志向的状態が個人主義的形式でも集合的形式でも表現できるという観察から始まる。たとえば、私たちはギリシャで休日を過ごしたいと述べることは、文法的な観点からは完全に筋が通っていて、欲求は、妻・子ども・私によって構成される集合体に帰属している。また、私たちが、近年の教育予算の削減は教育の質に影響すると信じるときには、その信念は大学教員に帰属している。

とはいえ、集合的志向的状態を措定することで、興味深い難問がいくつか浮き彫りになる。これらの難問は、ここ数年、ますます多くの哲学者や認知科学者の注目を集めてきた。誰または何が集合的心的状態の持ち手となるのか。独力ではおそらく実行できない行為を個人が意図することは合理的なのだろうか。集合的志向的状態は、別個のタイプの認知的状態を構成しているのか、それとも個人の心的状態に還元可能なのか。

これらの謎のほとんどは、間接的にしか社会科学の哲学に関係していないように見えることに注意しよう。標準的な社会科学は集合的意図の存在を仮定していないし、このことは、大多数の現象が集合的意図を持ち出さなくても説明できることを示唆しているように思われる。それにもかかわらず、集合的志向性の問題は、社会的存在論で繰り広げられる多くの議論において、中心的で基礎的なトピックになっている。多くの哲学者たちは、集合的意図を無視している現状が社会科学的な説明に限界を課しており、哲学者がこうした現状を正すことに貢献できると考えている。その結果として、彼らは、制度理解の最善のアプローチは、集合的志向性の分析から始め、そしてその上に社会的存在論を築くことだと主張したり、暗に仮定したりしてきた。

これらの哲学者たちの典型的な主張は、集合的意図は社会性の不可欠な要素であるというものだ。たとえばライモ・トゥオメラによると、「私たち‐モードによる集合的受容は制度的存在物とその実践を創出するとともに、それらに必要でもある」(Tuomela 2002a: 183)。すなわち、「集合的・集団的責任のみならず、協力・社会的制度・制度進化といった中心的な社会的概念は、根底概念として完全な私たち‐視点を要請している」(Tuomela 2002a: viii)。ジョン・サールもまた、社会的事実と非社会的事実を区別する基準として、集合的志向性を用いている。「集合的志向性を含むいかなる事実も社会的事実である。したがって、たとえば、ライオンを追うハイエナと法令を可決する議会は、どちらも社会的事実の事例である。制度的事実は(…)社会的事実の特殊な下位集合である」(Searle 1995: 38)。このような哲学者の考えでは、非社会的現象から社会的現象を区別するものは、主体の心的状態の特徴である。このことはさらに、社会的存在論における進歩が心の哲学における様々な難題の解決に依存していることを含意する。心の哲学の難題は、現在も白熱した議論の対象であるが、目下のところ、経験的研究の影響を受けていないようにみえる。

これが妥当なアプローチなのかどうか、首を傾げる人もいるだろう。直観的には、集合的志向性のような侃々諤々の概念にはできるだけ依拠せずに、社会性と社会的制度の説明を最初にすませておくことが賢明であるように思われる。次に、私たちの存在論の主たる特徴のアウトラインが描けたならば、それに続けて、どんな種類の心理学が、制度の存在のために必要とされるのかを問う方向に進めるかもしれない。集合的な心的状態が必要でないことが判明したとしても、もちろん、この「超越論的」手続きは、集合的心的状態が存在しないことを決定的には立証しないだろう。（事実、これから見ていくように、集合的心的状態は社会性を可能にする重要な条件であると信じるに足るいくつかの十分な理由がある。）しかし、この戦略は、私たちの理論を集合的な心的状態の存在に依存させないようにする助けとなるだろう。議論の余地がより大きいとは言えないにしても、同じ程度に議論の余地がある、哲学の別の分野で起こっている論争に対する人質を回避できるのである。

集合的志向性の存在理由　では、なぜ集合的志向性は社会性にとって不可欠な特徴だと信じるべきなのだろうか。そう信じることの古典的な動機は、参加主体に個人主義的意図を帰属させる限り、説明できない社会的現象あるいは制度的現象の特徴があるということであった。たとえばサールは、有名な思考実験――「ビジネス・スクール」の例――を案出し、どんなに相互連結されていようと、個人的意図ではコーディネートされた行為のある形式を説明できないことを示した。この思考実験は、アダム・スミスの見えざる手の理論、すなわち自身の利己的利益を追求するだけで人類に利益をもたらすことができるという仮説を信奉するよう教えこまれた大学院生の集団の話から始まる。そこで、ビジネス・スクールの各学生は、個々人で同じ目標（人類の助けとなること）を追求することに決める。彼らは、他の誰とも協力はしないけれども、他の学生全員が同じことをすることを知っていて、さらに彼ら全員がそのことを知っていることを知っている。

サールによると、これは、私‐モードで表現される標準的な信念と欲求の集合に訴えることで説明できる、範例的な社会的現象である。しかし、物語をほんの少し修正するだけで、同じ説明は不適当になる。

この例は、ビジネス・スクールの学生全員が卒業の日に集い、彼らが共に世の中に出て、それぞれが個々の利己的利益を追求する仕方で人類の助けとなるという旨の協定を結ぶ例と区別されなければならない。後者は集合的志向性の例であるのに対して前者はそうではないからである。(Searle 1990: 405)

一体、これら二つの物語の差異は何なのだろうか。サールの主張はこうだ。

集合的志向性に属する私たち‐意図の概念は、**協力**の概念を含意する。しかし、ただ単に私‐意図が存在し、たまたま集団の他のメンバーの目標と同じだと信じられている目標を成し遂げようとするということであれば、その目標を達成するために協力する意図の存在は随伴しない。（Searle 1990: 406）

規範性の位置づけ　残念なことに、協力の概念は集合的行為の概念よりずっと明白というわけではないのだが、この引用文や他のところで、サールは協力と「協定」の概念――共通の目標を達成する合意ないしコミットメント――の強い結びつきを描いている。この概念は集合的志向性の理論の別バージョンでも中心的である。たとえばマーガレット・ギルバートによると、集合行為に従事する人々からなる集団は、目的を達成するコミットメント（彼女流にいうと「準合意」）によって接合（joint）される（Gilbert 1989）。この共同コミットメント（joint commitment）は、習慣から伝統、コンヴェンション、共同体の法律にいたるまで、いかなる社会性の構造化された形式にも、なくてはならない特徴である。

私たちの社会的コンヴェンションの捉え方は、義務判断を基礎づけるものと一般的にみなされている準合意の捉え方であり、そこでは、そうであるということが人口における共通知識である。（Gilbert 1989: 369）

ギルバートの画期的な著作『社会的事実について（*On Social Facts*）』の大部分は、ルイスのコンヴェンションの理論の批判にあてられている。ギルバートは、ルイスのような個人主義的理論は、通常理解されているような社会的コンヴェンションの主な特徴を説明できないと言う。ギルバートのテキストにおいて際立っている特徴は、社会的コンヴェンションの持つ内発的規範性だ。これは、関連する集団のメンバーたちが共同コミットメントによって、コンヴェンションに従うようになるという事実のことである。ギルバートはさらに「このリンクは概念的なものである。規範的態度の社会的コンヴェンションに対する関係は、女性であること（femaleness）の姉妹の間柄（sisterhood）に対する関係と同じである」（Gilbert 1989: 350）と言いさえする。

規範性を強調することは、集合的志向性の理論に共通して見られる特徴である。一般に現代の研究の先駆者とみなされているウィルフリド・セラーズの論文は、本質的に道徳性に関するものだ。そして、同じような規範性に対する関心は、トゥオメラや他の研究者の研究にも見られる。これらに共通しているアイディアは、諸個人がある行動にコミットするのは、彼らが私たち－モードの意図をもっている事実のおかげだというものである。集合的志向性が必要とされるのは、通常の私－モードの意図は、それがどんなに相互連結されていようと、そのようなコミットメントを生成するのに十分でないからである。

この立場に議論の余地があることはすでに述べた。（有名なところではマイケル・ブラットマンのような）何人かの哲学者は、規範性を強調せず、かつ個人の志向的状態と集合的な志向的状態の間に楔を打ち込まないような集合的行為の説明を提出している。しかし、そうだとしても、私たちはこの問題に関して立場を明確にする必要はない。議論の便宜上、社会的制度の規範的要素が個人主義的な心的状態を措定することでは説明できないと想定してみよう。仮にこれが真だとしても、集合的意図の必要性というテーゼは、別のより深刻な理由によって破綻するだろう。集合的な心的状態と個人の心的状態の区別が、制度的現象と非制度的現象の区別、あるいは社会的現象と非社会的現象の区別すらも反映しないからである。集合的意図に基づく分類法は、社会的世界を、切り分けるべきところで切り分けないのである。

なぜそうなのかを理解するには、多くの社会的制度が、共同意図によって生成されると考えられているような、強力な規範的コミットメントに依存していないことを指摘すれば十分である。例として、多くのヨーロッパ諸国、アメリカ大陸の国々、アフリカ諸国で比較的最近に至るまで一般的であったような人種差別的な制度を考えてみよう。そのような制度は多くのルールによって構成されているが、あるものは法体系のなかに公式に書き込まれ、他のものはその他の手段によって実効化されてきた。具体例を示すと、南アフリカでは、黒人は別の公共交通機関を利用したり、隔離された居住区に住むことが期待され、白人は、様々な「人種」やエスニック集団がどの土地を使用できるのかを決めることができた。非公式のコンヴェンションもまた、アパルトヘイト・システムの重要な部分であった。ネルソン・マンデラは、自叙伝『自由への長い道』で、ティー・タイムのときに、彼が働いていた企業の黒人弁護士たちには、白人の従業員が使用するのと同じカップを使わないことが期待されていたことを回想している。

今となっては、これらのルールが集合的合意に基づいていたと述べることはずいぶん奇妙なことのように思われる。ルールは確かに義務論的な力を持っていた。同調することを拒否した黒人は規範を破っていたのである。これに対して、同調した人々がそうするのは、そうすることを期待されていたからであり、逸脱者に科される罰を恐れて、こうした期待に反するようなことを敢えてしなかったからである。しかし、規範は集合的合意や集団的意図には依拠していなかった。アパルトヘイトの核心は、実際のところ、黒人と白人が同じ共同体に属しているという考えを土台から覆すことであった。

根底にあるのは、規範性の概念が多義的であるという問題だ。ある解釈によると、規範的行動とは、共同体で期待され、制裁されるような行動にすぎない。これは標準的な社会科学の解釈であり、私が第6章で利用した解釈である。別の解釈によれば、規範的行動は、協定または約束のような、より強い拘束関係があるために、強制的になっている行動である。これらの拘束関係は、共同体において形成されてきたものである。このケースでの規範的な力は、期待に基づいているだけではなく、制裁の正当性を提供する根底的な契約に基づいている。

先の例に戻ると、南アフリカの人種差別的制度には、後者の意味ではなく前者の意味における規範的な力が賦与されていたことは明らかなように思える。そうはいっても、それらは確かに正真正銘の制度だった。だがそうすると、共同コミットメントの意味での規範性が、制度になくてはならない特徴ではないということを認めざるをえなくなる。集合的意図が社会的行為に関わるか否かは状況依存的な問題だから、社会的存在論はこの疑わしい前提の上に構築しない方が良いだろう。

集合的志向性の修正　集合的志向性の理論家のなかには、この問題を認識し、何年もかけて自身の立場を適宜修正してきた人もいる。たとえばサールの主張は今では、制度が必要とするものを、ルールの集合的受容の代わりに、ルールの集合的「承認」だけだと主張している。このことが意味するのは、アパルトヘイトのように、コミットメントに縛られず、ルールを正当とみなさない人がいたとしても、存在する制度があるということだ。「制度が悪いものだと考えているケースでも、人々はその制度を承認し、制度の内部で行為することができる」(Searle 2010: 57)。しかしコミットメントだけでなく、集合的志向性もまた除去されなければならない。

これは大事なポイントである。なぜなら、それは私-志向性プラス相互信念に還元可能な集合的志向性の諸形式があることを示すからである。何かを貨幣として集合的に承認しているとき、その集合的承認は、各人が貨幣を承認しており、彼らが貨幣を承認しているという相互知識が当事者間に存在するという事実によって構成されうる。(Searle 2010: 58)

こうした議論の運びは、もし正しいならば、集合的志向性が制度一般の存在にとって不可欠ではないことを証明している。しかしながら、この議論は、集合的志向性が存在しないことを論証するものではない。先に指摘したように、何かが不必要であることを証明することと、何かが無用であることを証明することには大きな違いがある。実際、集合的モードでの推論はコーディネーションにとって有用であり、したがって、制度の存在や復元力にとっても有用であると信じるに足る十分な根拠があると私は考えている。

この理由を理解するためには、シミュレーションと解決思考に立ち返らなければならない。シミュレーションは、直観的に言うならば、シミュレートする人の心的状態とシミュレートされる人に帰属される心的状態の隔たりを削減することによって、コーディネーション問題を解決するものだ。コーディネーション問題は、いわば二つの心を「融合すること」、あるいは、片方の心を用いて、もう一方の心で生じていることを想像することで解決される。このように言うならば、シミュレーションと集合的推論には目覚ましい類似性が存在している。事実、解決思考ができるどんな生き物も集合主義的な仕方で考えることができるのではないかと私は思う。これら二つの推論モードの距離は、比較的小さなものだからだ。

解決思考とチーム推論　特に、モートンの解決思考と**チーム推論**には強い家族的類似性がある。チーム推論は、マイケル・バカラック、ロバート・サグデン、ナタリー・ゴールドの手によって発展してきたコーディネーションの理論である。ゴールドとサグデンによれば、チーム推論の理論は

各人が別々に「私は何をすべきか」と自問する標準的なゲーム理論を、諸個人からなるチームが主体とみなされ、プレーヤーたちが「私たちは何をすべきか」と問うことができるように拡張しようとするものである。ここから導かれるのはチーム推論である。それはチームの成員によって利用される別個の推論モードであり、協力的行為をもたらすかもしれない。(Gold and Sugden 2007a: 110–111)

したがって、チーム推論と集合的志向性の理論の重要な違いは、前者においては、行為する意図の形成へと導くプロセスに焦点が当てられていることにあり、後者においてはそうではないということである。したがって、チーム推論のアプローチは、何が集合的意図を心的状態として際立ったものにするのかという問いは、ひとまず脇に置いておかれる。そして、私たち－モードにおいて定式化される心的状態がどのようにして、個人主義的枠組みでは満足できる仕方で解決できないコーディネーション問題の解決を容易にするのかに焦点を当てるのである。

ハイ&ロウ・ゲームの難題を例に取ろう（図8・1の左側）。ハイ&ロウ・ゲームは、相互期待を形成するという問題も含めて、コーディネーション・ゲームのすべての通常の問題を提起している。私たちのどちらもがＨＨにコーディネートすることを選好していたとしても、あなたがＨを選択すると私が信じるときにかぎって、私はＨを選択すべきだ。しかし、私がＨを選択するとあなたが信じるときにかぎって、あなたはＨを選択すべきだ。私たちの決定と信念は相互依存的なので、私たちのどちらも、相手はＨを選択するということを信頼できないのである。それにもかかわらず、ほとんどの人々は、ハイ&ロウ・ゲームが完全に自明なものであると思う。明らかに、正しい選択はＨだ。

これに対しチーム推論の理論家たちは、このゲームが自明に見えるのは、それが戦略的相互作用の問題として認識されているのではなく、単一の主体、すなわち二人のプレーヤーによって構成されるチームにとってのパラメータ問題として認識されるからだと主張する。こうして、この問題を解くはじめの一歩は、単一の主体、すなわちチームの観点からゲームを見ることなのだ。最も単純な方法で要点を述べるために、チームの利得が、二人のプレーヤーの利得を単純合計して得られると想定しよ

	H	L
H	2, 2	0, 0
L	0, 0	1, 1

解決思考

- 私は2ドルを稼ぎたい
- 彼女は2ドルを稼ぎたい
- 2ドルを稼ぐ唯一の方法はHを選択することである
- 私はHを選択するつもりである
- 彼女はHを選択するつもりである

	H	L
H	4	0
L	0	2

チーム推論

- 私たちは4ドルを稼ぎたい
- 4ドルを稼ぐ唯一の方法はHを選択することである
- 私たちはHを選択するつもりである

図8.1　シミュレーション（解決思考）vs.チーム推論

う。チームのパースペクティブからは、ハイ&ロウ・ゲームは図8・1の右側の転換された行列のように見えることになる。

それぞれの行列の下に、「自明な」解へと導く可能性のある推論を付記した。左側の推論は解決思考に基づく推論モードで、右側はチーム推論に基づくものである。解決思考においては、各プレーヤーは、自分自身をモデルとして使うことで他のプレーヤーの推論を複製し、あたかも信念の相互依存という問題が存在しなかったかのように推論を進める。自明にみえる解（HH）は、戦略を同定するために自動的に利用され、その後、相手プレーヤーの行動を予想するために利用される。このケースにおける前提は、標準的な個人主義的目標だ（「私はＨＨを実現したい」）。

これとは対照的に、チーム推論の出発点は私たち－モードで定式化される前提である（「私たちはＨＨを欲する」）。ハイ＆ロウ・ゲームでは、二人のプレーヤーの利得は完全に揃っているので、チーム推論は解決思考と同じ結果をもたらす。しかし、違う推論モードで同じ結果になるのは偶然の一致ではない。というのは、これら二つの推論戦略が非常に似た性質を有しているからである。どちらのケースでも、コーディネーション問題は他の主体のパースペクティブを採用することで解かれている。どちらのケースでも、ほかの人の推論をシミュレートするために自分自身を使うことで、解が同定される。どちらのケースでも、ある解から後ろ向きに進み、その解を達成するのに役立つ戦略へと行き着く。さらに、どちらのケースでも、ゲームはパラメータの意思決定に転換されている。

とはいえ、チーム推論と解決思考にはいくつかの相違点がある。第一の違いは、チーム推論においては、ＨＨがチームにとって最善だから、ＨＨが自明な解であることだ。合理的な解がフォーカル・ポイントである。これとは対照的に、解決思考では、ＨＨは私にとって最善の結果であり、かつあなたにとっても最善の結果であるという理由によって、ＨＨがフォーカルになる。私たちの両方が同じ仕方で考えるので、ＨＨが自明ななすべきことになるのである。

解決思考の長所は、すべてのフォーカル・ポイントに適用可能であるということにある。図８・２のように、非常に非対称な均衡が二つあるコーディネーション問題を例にとろう。プレーヤーたちがチームとして考えるというアイディアは、ア・プリオリにはやや説得的でないように思われるし、経

	白人優先	黒人優先
白人優先	6, 3	0, 0
黒人優先	0, 0	3, 6

図8.2　均衡が不平等なコーディネーション問題

験的データは、不平等な利得がこのようなゲームのコーディネーションを突き崩してしまう傾向にあることを示している。しかしながら、歴史を通じて、二つの均衡のうちの一つが顕著になってきたと想定してみよう。その理由としては、たとえば、プレーヤーの片方が、道徳性・権力・特権の記号として何世紀にもわたって使用されてきた生物学的マーカー（性や人種）によって同定されているといったことが考えられる。この場合には、プレーヤーたちがフォーカル・ポイントの解へと円滑にコーディネートしたとしても、驚くようなことではない。

この例は、現実離れしたものではない。事実それは、性差別や人種差別において通常生じていることである。前章で見たように、解決思考はこの種類のコーディネーションを説明することができる。解決思考はチーム推論より一般的である。その理由は、解決思考が、（ハイ&ロウ・ゲームのように）一つの結果だけが社会的に最適で、プレーヤーたちの間で利益相反がない状況だけでなく、フォーカル・ポイント効果すべてに適用可能であることにある。

解決思考とチーム推論が、コーディネーションの失敗についても異なる説明をすることにも注意しておこう。一つの説明は、私が見ているのと同じ解を相手が見ていることに対して、私が自信を持てないために、コーディネーションが失敗するかもしれない、というものである（これはシミュレーションの失敗である）。他方の説明は、集合的主体に「自我の融合」が存在しないために、コーディネーションに失敗するかもしれない、というものである。しかし、二つのプロセスは補完的かもしれず、状況の求めに応じて、同じ個人に使い分けられているかもしれない。チーム推論の場合には、主体はプレーヤーがそれと同一化する第三者、つまりチームであり、チームの推論は私たち-モードでシミュレートされる。対照的に、解決思考では、すべての思考が私-モードで実行される。プレーヤーたちは互いに他と同一化するとともに、彼らの信念は、結果から戦略プロファイルへと後ろ向きに推論することで導出される。ここでは対称的推論の原則が、いくつかの重要な前提を生み出すために用いられている。すなわち、「正しい」均衡解を同定することと、均衡において互いに自分の役割を果たすという期待を、プレーヤーの双方に保証することである。しかし、私を使ってあなたをシミュレートすることと、私を使って私とあなたを含む存在をシミュレートすることに大きな差はない。どのつまり、推論のスタイルがコーディネーションにとって真に重要なことではないかと私は考えている。私たちが「私」から始めるか「私たち」から始めるかは、たぶん二次的で細かいことなのだろう。

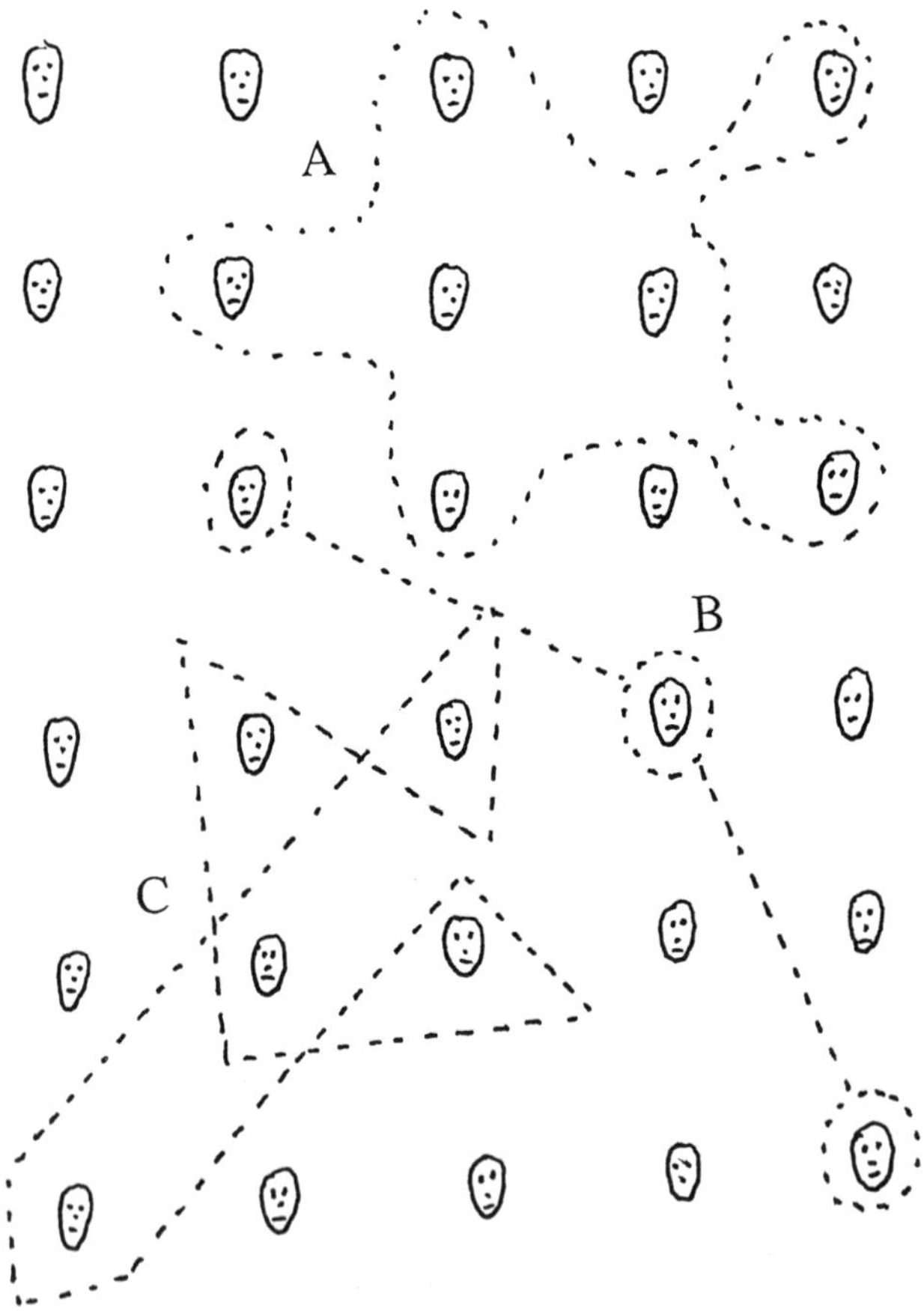
A
B
C

第Ⅱ部

応用

第9章

再帰性

Reflexivity

制度は、私たちの世界の見方を変える。制度が私たちの世界の見方を変える仕方は多様である。なんといっても、制度は他の人々の行動について私たちが抱く信念を変える。イギリスの交通ルールでは左側通行が定められているので、私たちはドライバーが左側を走り続けることを期待する。私の家の裏庭は私有財産なので、隣人が自分たちのＢＢＱパーティーをするためにその土地を使用することを、私は期待しない。そのような信念はさらに、規範的な色彩を帯びている。もし隣人が許可なく家の庭を占有したなら私は仰天し、受け容れられないことだと思い、おそらくこの不当行為を是正しようとするだろう。

しかし、制度はそこまで直接的ではない仕方で、私たちの世界観をも変える。構成的ルールによって導入される理論語は、人や物事の新しい分類方法を創出する。制度的用語は人々をラベル付けするために使われている。たとえば、日常的な相互作用におけるコーディネーションに役立つ役割を割り当てるときだ（夫と妻、警察と泥棒、首相と国王）。そして、制度的用語は物事をラベル付けするためにも使われる。私たちがプレーするゲームの相関装置としてそのような物事が利用されるときである。ラベル付けによって、石は二塁になるし、正方形はペナルティー・ボックスになったりする。紙切れはドル紙幣になるし、建物は教会になる。

本書の前半で述べたように、これら二つのメカニズムは関連している。制度的存在物を名付けるために私たちが用いる言葉は、究極的にはルールの集合に関連していて、そのようなものとして、規範的な色彩を帯びもする。裁判官としてはできないが、警察官としてはできることがある。教会では極めて不適切だが、家の中では許される行動がある。国王に向かって言うのはお門違いだけれど、子どもになら言えることがある。物事が分類される仕方は人々の行動の仕方に影響するので、名付けることには、物事を生じさせる——それ以前には存在していなかった現実を創出する——独特な力が宿っているように思われる。

この力は、コーディネーションの仕組みを考察すると、そこまで神秘的でないことが分かる。制度的用語は統整的ルールの集合に関わっているので、名付けそれ自体は、戦略的道具として理解されなければならないのだ。名称は究極的には行動に関わると同時に、その名称が記述している行動を変えるかもしれない。

学者たちがこの現象について語るときに最もよく使われる用語は**再帰性**（reflexivity）である。その核となる意味は数学に由来している。再帰的関係（たとえば「〜は…と等しい」）は、集合の各要素をそれ自体へと関連付ける（数学では通常「反射性」と訳されているが原語は同じである）。しかし社会理論においては、再帰性は、論理学的／数学的関係よりもむしろ因果の文脈で主に使われてきた。再帰的な社会関係においては、各事象／各変数は、他の事象／変数の原因でもあり結果でもある（XはYを引き起こし、YはXを引き起こす）。"to reflect on"という句動詞との親和性も存在している。これは、あるトピックについて「慎重に考える」ことを意味するものである。だから、アンソニー・ギデンスのような社会学者が「再帰的近代」について語るときに言及しているのは、私たちが社会組織をかつてないようなレベルで意識していることが、近代社会にどのような影響を及ぼしているのかということだ。社会現象が再帰的な理由の一部は、人々がこの意味で再帰的なことにある。

マートンの議論　再帰性についての議論は、この言葉が使われるようになる前から存在している。最も影響力を持ったものを一つあげるとしたら、ロバート・K・マートンの論文「自己成就的予言」（Merton 1948）である。ここではまだ「再帰性」という表現は現れすらしない。マートンの論文は洞察と示唆に富んでいて、いろいろな学者が別々に展開してきた。示唆の一つは、自然科学と社会科学の線引きに関わっている。マートンは、自己成就的予言が自然の領域と社会の領域の間の重要な区別の表徴であると主張する（自己成就的予言は「自然の世界についての予測には見受けられない」）。哲学者たちはすぐさまこの主張に応戦した。アドルフ・グリュンバウムは、似たような現象は物理学的・生物学的領域でも見つけられる、と主張した（Grünbaum 1956）。そこでの主たる例は、ミサイル制御システムのフィードバック・メカニズムだった。コンピュータが、動く標的に向かって飛ぶロケットの軌道をモニターしており、ロケットに対して予測（フィードバック）を絶えず送っている状況を考えてみよう。ロケットが標的に当たりそうにないときはいつでも、制御システムが警告を発し、ロケットはその軌道を調節する。しかし、ロケットが標的に当たるとコンピュータが予想する限り、ロケットは現在の経路のまま進むだろう。ロケットは標的に当たるだろうが、その理由は（部分的にしても）それが標的に当たるだろうと言われていることによる。

グリュンバウムの例は説得的で、1960年代の新《ネオ》実証主義的な研究文献の古典になった。エルネスト・ナーゲルの強い影響力をもった教科書『科学の構造』（Nagel 1961）にも再帰性の議論があるが、それはグリュンバウムと概ね同じ議論だ。そして、マートンも『社会理論と社会構造』（Merton 1968）の第三版において、新実証主義の立場を支持した。だから1970年代までには、再帰性は科学哲学に完全に吸収されたように思われたのだった。

ハッキングの議論　しかし、再帰性の議論は1990年代に、別の名の下で再び盛り上がることになった。イアン・ハッキングは新たな用語を導入し、「人間の種類に関するループ効果」について語ったのである。ループ効果は、フィードバック・メカニズムによって引き起こされる。これはグリュンバウムのスタイルに従っている。しかし、ハッキングはある形式の線引き主義を支持した。これは、マートンのスタイルに従うものだ。フィードバック・ループが人間科学と自然科学を区別するのである。

理解してもらう／変えてもらうという試みに対する人間の反応は、物事の反応とは異なる。このありふれた事実は、自然科学と人間科学にある一つの差異の核心に位置しており、それは種類のレベルで働く。人々の分類の導入に関わって、ループ効果／フィードバック効果が存在している。新たな仕分けと理論化は、自己概念化の変化と分類された人々の行動の変化を誘発する。これらの変化は、分類、理論、因果連関、期待の改定を要求することになる。種類は修正され、改定された分類が形成され、再び、分類されたものが変化する。これが何度も何度もループする。(Hacking 1995: 370)

ハッキングの言葉遣いは議論の転換を反映している。予測よりもむしろ分類が議論の主な焦点になっているのだ。方法論よりもむしろ存在論が前面にでてくる。ハッキングは、「動的唯名論」と呼ばれる立場を擁護しようとする。これは、社会的世界のなかの人々と対象は、固定した種類へと仕分けされないというアイディアである。社会科学者が分類する存在物は絶えず変化する。そして、それらが変化するのは、部分的には、それらが分類される仕方のせいである。

フィードバック・ループの上に構築された線引きは、西洋の文化にとって重要な意味を持つ分割を反映している――自然界と人間界の境界である。それが示唆しているのは、人間性について知ることができること、私たちがそれを知ることができる方法が、私たちが自然界について集めることができる知識と、かなり異なっているということである。線引きが存在するという深い確信は、哲学的議論のなかで再帰性の人気が高く、このトピックが何度も立ち上がってくるのはなぜなのかを説明するのに、大いに役立つものである。自然界と人間界の差異は非常に明白であって、存在するに違いないから、再帰性の問題は、異なる装いと異なる名の下で復活し続けるのだ。だから、分類ループがどのような含意を持っているのかを慎重に検討することが重要になってくる。この問題は数章の紙幅を割くのに十分なほど入り組んだものだ。そこには、次のような問題が含まれている。社会科学における予測の可能性、社会現象の社会理論からの独立性、制度の素朴理論や制度の科学理論の可謬性、社会的な種類の実在性《リアリティ》だ。私たちは少しずつ歩を進めて、まずは最も単純な問いに取り掛からなければならない。本章では、フィードバック・ループの概念の解明だけに留めたい。すなわち、制度的用語がどのようにして行動を記述すると同時に、変化させもするのかということである。社会的な種類は第10章の主要なトピックとし、実在論と可謬主義は第11章と12章で議論することにしたい。

ピグマリオン効果　再帰性の仕組みは極めて単純である。私たちがXをYとして表象し、その結果として、XはタイプYの存在物のように振る舞い始めるということである。XをYとして分類することは、それがYになることに寄与するのだ。心理学の文献には、この種のループの有名な例がいくつかある。いわゆるピグマリオン効果だ。たとえば、学生をラベル付けすることが、彼らの学業成績に影響を及ぼすのである。特に、できの良い学生としてラベル付けされた学生の成績は、平均的学生あるいはできの悪い学生としてラベル付けされた学生の成績よりも良くなる。これは、現実の能力にかかわらない。このケースにおける因果ループは分類から成績へと向いており、自己成就的予言のかたちをしているメカニズムの細部は、ケースによって異なるかもしれない。分類をパフォーマンスに繋げる中間の因果プロセスによるからである。それらは、たとえば、(1)教師が「できの良い」学生の指導により多くの労力を費やすかもしれないこと、(2)教師が学生を評価するときに、バイアスがかかるかもしれないこと、(3)学生たちが、教師の分類と期待に応じるために、目標を調節し、努力の度合いを変えるかもしれないことなど。ピグマリオン効果はこれらどのケースにおいても自己成就的予言なのだが、三つの間には著しい差異がある。ラベルが学生の成績に直接影響しているのは、(3)のケースだけだということに注意しよう。(1)のケース(教師の努力)と(2)のケース(バイアスがかかった評価)においては、ラベルは教師に影響を及ぼし、教師はそれをうけて成績または評価に影響を及ぼす。後ほど異なるタイプの再帰性と相互作用について議論する時まで、この指摘を頭の片隅に入れておいてほしい。

ピグマリオン効果は憂慮の種となる。子どもの成績が真の能力と努力よりもむしろ、教師の期待を反映するとしたら、一体どうなるのだろうか。私たちの教育に対する見方、そして私たちが学生の成績を評価する方法は、劇的に改定されなければならなくなるだろう。そのような憂慮は、再帰性の議論によく見られるものである。大半の議論、とりわけ草創期における再帰性の議論は物議を醸すものだった。たとえば、マートンは、再帰性は社会的領域に普通に存在していると同時に、害をもたらすものでもあると主張している。彼があげた例の一つは、人種差別に関係するものだ。少数派グループに属するメンバー(マートンの時代遅れの書き方では「ニグロの労働者」)は、機会主義的なスト破りだという評判がたっている。その結果、彼らは労働組合から排除される。しかし、組合からはじき出されることで、彼らが職を見つける機会はますます少なくなる。雇い主がスト中に労働者を見つけるときには、少数派グループのメンバーには雇用の申し出を辞退する余裕がない。だからスト破りとしての彼らの評判が確証されることになる。彼らはスト破りだと信じられているからスト破りであり、スト破りであるからスト破りと信じられるのだ。

ゲーム理論による分析　自己成就的予言は均衡である。ナッシュ均衡におけるプレーヤーたちの信念は、常に整合的で正しいことを思い起こそう。だから、行動の観察はプレーヤーたちの期待を確証し、期待はその期待と整合的な行動を誘発する。均衡は因果的フィードバック・ループによって支えられている。

図９・１は、プレーヤーたちのインセンティブを表現したものである。行プレーヤーは組合の（白人）メンバーを表わす。彼らはいかなる状況でもストを継続すると仮定して、彼らに与えられた選択肢は、アフリカ系アメリカ人労働者を取り込む（Ｉ）か、組合から除外する（Ｅ）のどちらかであるとしよう。列プレーヤーはアフリカ系アメリカ人を表わす。彼らができるのはストに参加する（Ｊ）かスト破りになる（Ｂ）かのいずれかである。このとき均衡になる可能性がある戦略の組み合わせは二つだ。原理上、すべての労働者が手を携えストを継続するならば、労働者全員の利得は高くなる（ＩＪ）。だが、列プレーヤー（アフリカ系アメリカ人）はスト破りだと評判が立っているならば、行プレーヤー（白人）の合理的反応は除外すること（Ｅ）だ。反対に、列プレーヤー（アフリカ系アメリカ人）が自分は除外されるだろうと信じるならば、スト破りになることで利得が高くなる。このときの結果ＥＢは均衡

		アフリカ系アメリカ人	
		J	B
白人	I	2, 2	0, 0
	E	0, 0	1, 1

図9.1　均衡としてのスト破り

だ。スト破りというラベルは自己成就的予言であり、スト破りは「ニグロの労働者」の属性になる。

信念への依存は「悪い」予言に特有の特徴ではないことに注意しよう。行列を見てみると、良い均衡と悪い均衡はちょうど対称的であることが分かる。ＩＪという結果もまた、信念に依存しており、信念と行動は均衡において互いに支え合っている。これはマートンの例に限った特徴ではない。複数均衡は社会生活に遍在するのである。再帰性が特異で有害であるという印象は、数多くのケースで、プレーヤーがはまり込んでいる均衡よりも利得が高くかつ実現可能な別の均衡があるという事実に由来している。

とはいえ、多くの均衡が存在するという事実は、どの均衡も同じ程度に起こりやすいことを含意しない。それはさまざまな要因に依存している。たとえば、個々人の選好と信念の構成、個体群内でのそれらの分布、人々がどのように新たな情報に反応したり、行動の小さな変化に反応したりするかといったことである。

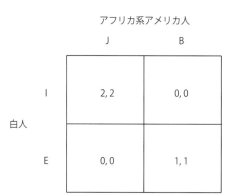

残念ながら、「ニグロの労働者」の例は静的であり、これらの諸要素がどのように相互作用するのかを示すのには使えない。フィードバック・ループの動的側面を捉えるためには、もっと複雑な動的モデルが必要とされる。

フィードバック・ループのダイナミクスは、マートンの2番目に有名な、そしてニグロの労働者と同じぐらい陰鬱な例で強調される。物語は、日常のビジネスのために豊富な流動性資産を保有している健全な銀行から始まる。突如として、尋常でない数の利用客が銀行の窓口に殺到して預金を引き出そうとする。この不測の事態を理解するために、他の若干名の利用客は銀行がトラブルに見舞われていると推測し、彼らも念のためにお金をおろすことに決める。これがさらに行列を長くすることになり、引き出しをますます助長する。あっという間に噂は真実になる。銀行は支払い不能に陥り、倒産するのだ。

シェリング・ダイアグラム　この話の根底にあるメカニズムは、信念変化の単純なモデルを使って表現することができる（図9・2）。各預金者は、二つの行為のうち一つだけを選択することができると仮定しよう。選択肢は、お金を銀行に預けたままにするか、お金を引き出すかである。横軸の0から1の目盛りで表わされているのは、お金を引き出すと期待される預金者の割合である。簡単化のために、このパラメータを預金者全員の信念を集計した関数として解釈しよう。個体群における、引き出しの期待の平均のようなものである。縦軸に（同じく0から1の目盛りで）表わされているのは、実際にお金を引き出す人の割合である。対角線が示すのは、お金を引き出すと期待される人の数と実際に引き出

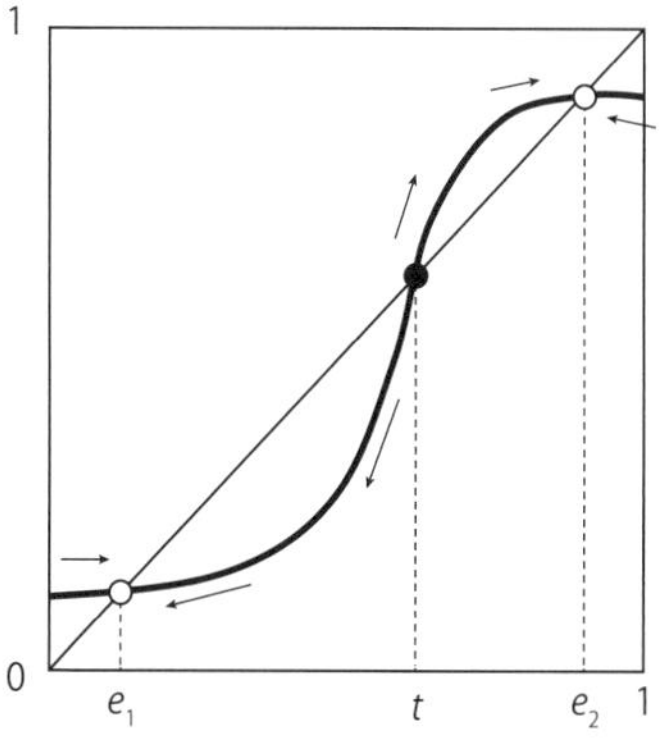

図9.2　3つの均衡があるシェリング・ダイアグラム

す人の数が等しいすべての点、すなわち可能性のある、すべての正しい信念の集合だ。

図中のS字曲線は、引き出す人の割合についての信念を前提にして、どれぐらいの人が実際に引き出すかを表現する**伝播関数**である。利用客が互いの行動をリアルタイムで観察すると想定するならば、「シェリング・ダイアグラム」として知られている動的モデルが得られる。図9・2の伝播関数はe_1、e_2、tの三つの点で対角線と交わっている。これらの点が自己成就的予言である。引き出しに関する人々の信念（銀行の健全性に対する信念）が正しいからである。これらの点はゲーム理論的な意味での均衡でもある。選好と信念を所与にして、誰もが一方的に自分の行動を変えるインセンティブを持たないからだ。

このようなモデルを用いて、諸個人がより多くの情報を収集して信念を更新するなかで、自分の行動を調節するように導いている力を分析することができる。この分析によって、いくつかの結果がより生じやすいことが示される。マートンが指摘したように、ある種の自己成就的予言は非常に予測しやすいのだ。事実、それらは、外的権威や不測の事態が介在しないかぎり、止めることができないように思われる。

S字曲線の左下の先端から始めよう。ここには、何が起きていようとお金を引き出すつもりの預金者たちがいる。これらの利用客は、金融部門のいかなる混乱とも無関係に、計画していた支出のためにお金を必要とする人々であると想像できる。この人たちは、ほかに引き出す人がいなくてもお金を引き出す。これに対して、ほかのすべての預金者たちは、自身の選択を、引き出しの割合に関する期待に条件付ける。伝播関数が対角線の上方にあるときには、期待される（横軸）よりも多くの人々がお金を引き出している（縦軸）。解消されなければならない信念と行動の矛盾があるわけだ。順番待ちの行列が銀行の前にできると、預金者たちはこの新たな情報を処理し、それに応じて自分の信念を改定する。これは図中の右シフトに対応する〔図のS字曲線に沿った矢印〕。すなわち、少数の人たちがさらに万が一に備えてお金をおろすことになる。そして、この動きは期待される行動と実際の行動のギャップを埋める傾向を持つだろう。伝播関数が対角線の上方に位置するかぎり、観察、信念の改定、引き出しという一連の同じ流れが続き、伝播関数が45度線に交わることになる。

反応関数〔伝播関数のこと〕館数のことが対角線の下方にあるときには、逆方向への調節が行われる。自分のお金をおろす人は期待されるよりも少ない。ここでもまた、利用客は新たな情報を処理してそれに準じて信念を改定する。これによって左シフトが生じる。これら二つのダイナミクスを組み合わせることで得られる含意は、調節プロセスがe_1かe_2へ向かう傾向があるということだ〔図中の矢印を見よ〕。信念と行動は対角線上ならどこでも一致しているから、点tもまた均衡であることに注意しよう。

しかし、その点からの小さな逸脱が、システムを元の状態に戻すプロセスの引き金を引くという意味でe_1とe_2は頑健である。対照的に、点tはとても脆弱だ。それは「転換点」である。これは、どんな小さな逸脱であってもシステムをe_1かe_2へと収束させるダイナミクスを起動することを意味する。

通常の条件では、システムは頑健な均衡の一つのまわりに引き寄せられがちであるが、特異な状況では転換点をよぎることになるかもしれない。もしこのことが起きるならば、信念と行動がすぐに反対方向に調節されることになるので、均衡の激変が起きるだろう。社会科学者たちは、これらのダイナミクスを**情報カスケード**と呼び、これを使用して、政治革命や金融部門の破綻のような突発的な制度変化を説明する。転換点をよぎるときには、強力な権威（政府、あるいは中央銀行）が当該機関の信用回復のために介入しないかぎり、銀行の運命は誰にもわからないことになる。

二つのケース・スタディ　このようなことは、どれくらい起こりうることなのだろうか。銀行の取り付け騒ぎを引き起こすのは何か。ある事象が信念を転換点の向こうへと押し出さなければならない。システムが普通にe_1のまわりに引きつけられる傾向を持っているとすれば、突発的な変化を引き起こせるのは外的ショックしかない。外的ショックは新たな情報かもしれない。たとえば、銀行が会計を偽っていることを記した、格付け機関の報告書のようなものである。（注意：報告書は真である必要はなく、真であると信じられれば十分だ。）しかし、宣戦布告や突然の政治危機もまた同じ効果を持つかもしれない。そのような事象に共通している特徴は、かつて直面したことのない異常な状況において、全員が他者の行動についての新しい信念を速やかに形成しなければならないことである。そうした状況では不確実性が高く、人々は最も安全だと思われる選択肢——たとえば預金の引き出し——を選ぶかもしれないし、単純に他者の行動を真似るかもしれない。こうしたパニック状況においては、システム全体はすぐ瓦解するかもしれず、手遅れになる前に介入するのは難しいかもしれない。

複数均衡の存在は、政治家や政策立案者にもよく知られている。たとえば、革命の指導者にとって最も困難な仕事は、同胞たちに対して、レジーム変化が生じようとしていることを納得させることである。ソ連では、国会前で戦車の上に立つボリス・エリツィンの姿が期せずして国営テレビに映ったせいで、1991年8月の軍事クーデターの試み〔ソ連8月クーデター〕は失敗した。〔守旧派の〕将軍が権力の掌握に失敗したと人々が信じるやいなや、彼らの〔ヤナーエフたちの〕権力は永遠に失われたのである。

では、最近あった金融危機の最中の欧州中央銀行の行動はどうだろうか。この危機がEUの解体を導くかもしれないということは、2011年ごろの大きな関心事であった。問題の根源は、金融的なものでもあるし、政治的なものでもあった。公債の払い戻しがユーロ・システムからの退出の後に、価値が低下した新通貨でなされると投資家が信じていたならば、スペイン、イタリア、ポルトガル、ギリシャのような国々の公債の償還費用はうなぎ登りに上昇したことだろう。それと同時に、何があろうと、債務はEUによって引き受けられることを他のEU諸国の指導者が約束することは政治的に高くついただろう。欧州中央銀行の新総裁マリオ・ドラギが、欧州中央銀行はユーロを守るために「どんなことでも」する覚悟がある（「そして、私を信じてください。それで十分だから」）と公的に言明するまでには、数ヵ月にわたる困難な政治的交渉を要したのである。今から振り返るならば、ただそう発言するだけで良かったように思われる。

これらの例のそれぞれにおいて、良い均衡と悪い均衡が存在している。たとえば、点e_1は良い均衡で、銀行は強く健全だ。点e_2は多くの利用客に預金が引き出され、銀行は存続が困難になるから悪い均衡だ。だから重要なのは、再帰性に関して本質的に有害なものは存在しないことである。自己成就的予言は、私たちが好む均衡を導くのと同様に、好まない均衡も導くかもしれない（良い、悪いは私たちの選好に依存している。たとえば、ソ連にノスタルジーを感じる人であれば、1991年のクーデターが成功することの方を望んだだろう）。しかし、ループ／自己成就的予言がなければ、私たちが慈しんで敬う、多数の重要な制度は確かに存在しなかっただろう。確実に銀行はなかっただろうし、政治的指導者、宗教的儀式、フットボールのチームもまた存在しなかっただろう。

私たちが最も大切にしている諸制度が均衡における信念によって構成されているというアイディアは、心配のもとになる。マートンが二つの理由から、自己成就的予言を不条理なものと考えていたことは明らかである。第一に、私たちが好む均衡が容易に破壊されうるから、第二に、イデオロギー的プロパガンダあるいはイデオロギー的洗脳だけで、新たな「悪い」均衡がもたらされうるからである。脆弱性は明らかに懸念すべきことであり、私たちはしばしば、再帰性から注意を逸らす理論を発明することで、脆弱性を隠蔽しようと試みる（「EUは歴史的に必然である」、「アフリカ系アメリカ人は生まれつき信頼できない」）。だが、制度の頑健性よりもむしろ脆弱性を強調することは、水が半分入っているコップに、水が半分しか入っていないと見るようなものだ。良い均衡の脆弱性は恐ろしいけれど、均衡が悪いものであれば、同じ脆弱性が機会を開くことになる。ベストセラーとなった『ゲーデル、エッシャー、バッハ――あるいは不思議の環』のなかで、ダグラス・ホフスタッターが称賛したように、ループは褒め称えられてよい。ループには、創造的で創発的な力があるかもしれない。それらは、新しい種類や新しい現象を生み出すかもしれない。そして、ハッキングやミシェル・フーコーのような哲学者たちが指摘してきたように、新しい生き方、つまり人間の新しいアイデンティティさえもたらすかもしれないのである。

この単純な真実が社会科学者と哲学者に評価されるまでに、長い時間を要した。社会的制度に関する均衡パースペクティブは、他の目的のために独立に開発されたものではあるが、私たちの再帰性の理解を促してくれる。健全な銀行とは何か。均衡において、私は自分のお金を引き出さない。なぜならば、あなたがお金を引き出さないと私は信じ、私がお金を引き出すことはないとあなたが信じているると私が信じ、あなたがお金を引き出さないと私が信じていることをあなたが信じていることを私が信じている等々からである。社会的現実は均衡における信念についての信念によって構成されている。

第10章

相互作用

Interaction

多くの哲学者と社会科学者は**方法論的多元主義者**である。多元主義者は、社会科学者が自然科学とは異なる探究の方法に従わなければならないと考える。方法論的多元主義者たちは、それ以前に存在論的な多元主義者であることがしばしばだ。彼らは、方法の差異は主題の差異によって正当化されると信じている。社会的実在は自然的実在と根本的に異なるので、私たちの探究手法は、調査の領域に応じて変わらなければならない。

多元主義者にも多様なあり方があり、そのうちのいくつかは再帰性を駆使する。基本となるアイディアは単純だ。社会科学の諸理論は再帰的ループに関与しているので、自然科学の諸理論にはありえないような仕方で、それらが研究対象に影響を与える。再帰性が社会科学を自然科学から線引きしている。

「種類」の系譜　このアイディアには長い歴史がある。すでに述べたように、マートンは１９４０年代には線引きを信じたのだが、１９６０年代になるとそれを捨て去った。科学哲学において線引き主義を復興させようとする近年の企ての立役者は、新たな用語と新しい概念的道具を導入したイアン・ハッキングだ。ハッキングは再帰性や自己成就的予言については語らない。彼の線引きは**相互作用する種類**と**無反応な種類**に関わるものである。人間の種類は相互作用的だが、自然科学の種類は無反応である。ハッキングが相互作用する種類という概念をどのように描いているかを見てみよう。

　われわれは特に次のような分類に関心がある。つまり、ある分類は、人に知られると、あるいはその分類に関わりをもつ人に知られると、制度の中で作用し始め、その人自身が何者であるかについての個人の経験を変え、そしてその人自身がそこに分類されているという理由もあって、その人自身の感情や行動を変化させるかもしれない。私はこうした分類に関心をいだいている。（人間のそして人間の行動に関する）このような種類こそが相互作用する種類である。(Hacking 1999: 104［邦訳２３８頁］)

「種類（kind）」は古くからある哲学用語である。それはもともと、属（genòs）というアリストテレスの概念を翻訳するために、ジョン・ロックによって使用されたものである。数世紀後にも、それはまだ形而上学と科学哲学において使用されているが、その意味合いは異なっている。一般的に言って、それは実在論的傾向を伴いつつ使用される。世界は、私たちがそれを見る前に、すでに種類へと仕分けられて出現する。種類という言語の典型的な使われ方は、物事の集合、クラス、族といった言語の対照として使われる。後者は、偶発的理由でたまたまグループ分けされるものである。

ジョン・スチュアート・ミルによって初めて明確に述べられた有力な概念化は、種類を科学的な推論や性質と関連付ける（Mill 1843）。あらゆる白いものの集合を考えてみよう。定義によって、そのような存在物は、白いという性質だけを共有している。それらが白いということに注目するだけでは、それらについての他の多くのこと、つまり他の性質を推論することができない。（もちろん何かは推論できる。たとえば、白いものは光を反射し太陽のもとで温かくならない。しかし、それ以上はあまり多くのことを言えない。）これとは対照的に、たくさんの帰納的推論を支えることになるので、もっと興味深い他の集合がある。メンバーがいくつかの性質を共有しているという事実から（彼らは同じ種類に属している）、他の多くの性質を推論できる。ネコを例にとろう。ネコには爪、4本の脚、肝臓があって、ネズミを食べる。ネコは水を嫌い、毎日、体重1ポンドあたり20～30カロリーを消費する。ネコの平均寿命は15年である。ミッシーをネコとして分類することで多くの情報が得られる。というのも、ミッシーがイエネコ類に属することから、多くの性質が推論できるからだ。

ミル的概念化の改訂版の一つは、リチャード・ボイドによって展開されたものだ（Boyd 1991）。ボイドは種類を**恒常的性質クラスタ**（homeostatic property clusters）として定義する。それらが「クラスタ」

なのは、種類の諸性質がパッケージ化される傾向にあるからだ。種類の諸性質は強く相関するのである。ある性質を有することは、他の性質も生じる可能性を非常に高める。それらが「恒常的(homeostatic)」であることには二つの意味がある。(1) 諸性質は偶然によってクラスタ化されているのではない。なぜ諸性質が相関しているのかを説明する因果メカニズムが存在するのである。(2) 相関は比較的安定している。「恒常的」という用語はサイバネティクスから借用したもので、相対的に小さな摂動があっても、システムが通常の状態へ戻ろうとする傾向のことを意味している。システムを普通の状態へ戻そうとするメカニズムを指すために、サイバネティクスで用いられる用語は「フィードバック・ループ」である（これらの用語が繰り返し登場していることに注意しよう。もちろん偶然ではない）。恒常的性質クラスタの古典的な例は生物学的種《しゅ》であり、このケースで恒常性を確かなものにするメカニズムは自然選択である。新たな形質や性質が突然変異によって発現するときはいつでも、（それが適応度を下げるものならば）消える傾向があるか、（適応度を上げるものならば）個体群に広まって、新たなクラスタを生み出す傾向があるかのどちらかである。

ミルに従って、そのような性質があるクラスを**実在的な種類**と呼ぶことにしよう。実在的な種類が科学にとって重要なのは、それらが帰納的推論と一般化を支えるからだ。それらは**投射可能**である。種類の性質とメカニズムは科学によって研究され、科学的知識は予測を可能にする。私たちはいくつか性質を知れば、他の性質を推論できる。「電子」、「ウラン」、「競争価格」のような科学カテゴリは投射可能な種類と実在的な種類にかかわる。

この概念化によると、実在的な種類は重複するかもしれないことに気をつけよう。同じ存在物であっても異なる種類に属する可能性はある。これらの種類のいくつかは「自然科学によって研究される」という意味では自然的かもしれず、他の種類は「社会科学によって研究される」という意味では社会的かもしれない。たとえば、私は二足歩行の霊長類という種類に属するだけでなく、男性、父、夫、ユベントスのファンという種類にも属する。これらの種類はすべて、帰納的推論と一般化を支えているかもしれない。だから、原理上、自然的な種類についても社会的な種類についても実在論者の立場をとれるように見えるのだ。

社会的な種類と自然的な種類の線引き　けれども、ハッキングによると、社会的な種類は自然的な種類と正確に同等なものではない。これらの種類には相違点があるのだ。相違点は、種類へと分類されることに私たちがどう反応するかと関係がある。自然的存在物が無反応である一方で、社会的な種類のメンバーはそうではない。社会的な種類は分類と相互作用する。社会的な種類は相互作用する種類なのだ。

「クォーク」という分類は、クォークをクォークと呼んでも反応せずに何の違いも生まないという意味で無反応なのである。（Hacking 1999: 105［邦訳２４０頁］）

伝統的な自然科学と社会科学との主な違いは、自然科学で使われる分類が無反応な種類であるのに対し、社会科学で使われる分類がたいていは相互作用する種類だということであると示唆しておこう。自然科学の標的は動かないのに対し、社会科学の標的はループ効果のため動く。(Hacking 1999: 108 [邦訳245頁])

ハッキングはこのようにして自然科学と社会科学の線引き基準を提案する。この基準には存在論的な基盤がある。それは、いくつかの哲学的帰結を伴うことになる異なる特徴をもった二つのクラス(種類の種類)の区別を反映している。これらの帰結がどんなものになるかは後述することにしよう。さしあたり明らかなのは、相互作用性が再帰性と関連していることだ。社会的な種類は再帰的だが、自然的な種類はそうではない。

ハッキングの線引き基準は順風満帆とはいかない。問題は、自然の領域においてさえ、相互作用する種類が極めてありふれていることだ。このことを初めて指摘したメアリ・ダグラスは微生物に言及している(Douglas 1986)。ある存在物をブドウ球菌と呼ぶことは、その未来の生存(existence)に対して実在的《リアル》な帰結をもたらすかもしれない(たとえば、それがどのように繁殖したり、死滅したりするのか。あるいは、私たちがブドウ球菌を根絶やしにしようとする試みの結果として、それが別の何かに変異するのかどうか)。ブドウ球菌の性質は、その名付けのされ方次第で劇的に変わるかもしれない。同じ指摘は他の批判者によっても繰り返しなされていて、そこでは特に動物と植物の繁殖が強調されている。大麻、犬、家畜はどれも相互作用的だ。それらは、私たちのカテゴリが変わるにつれて行動を変える。

これらの反例をかわして、ハッキングの線引き基準を擁護することはできない、というのがコンセンサスになっている。相互作用的かどうかという基準は自然科学と社会科学の線引きをするものではないが、種類の二つの種類の実在的な差異は捉えている。強い意味で相互作用しない自然的な種類と社会的な種類は数多くある。しかし、強い意味で相互作用する種類もまた多数ある。これだけで、この基準を興味深いものにするには十分である。結局のところ（経営難の銀行から、差別されるマイノリティにいたる）かなりの範囲の現象において、社会科学は相互作用する種類を取り扱っているのである。

相互作用性はそれ自身でも独特で興味深いものにみえるのだが、それには一体どんな意義深い含意があるのだろうか。たとえば、相互作用する種類は標準的な科学的手法の応用を妨げるものなのだろうか。相互作用する種類はミル的な意味で実在的《リアル》でないのだろうか。ハッキングは、相互作用性が**動的唯名論**を含意すると主張する。この見解は、「世界は唯一の仕方で前もって構造化されているわけではない」（Hacking 1999: 60［邦訳138頁］）というものである。アクセントの位置は「動的」にある。自然的な種類とは違って、社会的な種類は「流転する」。社会的な種類は経時的に変化するが、そうなるのは（部分的には）分類のせいである。だが、この動態の意味は何か。認識論的・存在論的視座から、それが問題になるのはなぜか。

ある解釈によれば、相互作用性は科学的推論を難しくする。投射可能性（帰納的推論を支える能力）には安定性が求められるが、相互作用する種類は変化する。投射可能性は実在的な種類の一線を画する特徴だから、相互作用する種類はミル－ボイドの意味での実在的な種類になりえない。しかし、この議論は、相互作用性が不安定性を含意するときにかぎりうまくいく。しかし、前章で述べたように、これは疑わしい。実際、いくつかの再帰的均衡は極めて安定しているからだ。では、何が相互作用性の問題になる可能性があるのだろうか。

ハッキングは1999年の『何が社会的に構成されるのか』において、相互作用する種類について広範に論じている。相互作用する種類が重要な役割を果たすのは、いわゆる社会構成主義のなかから、哲学的に興味深く擁護可能なテーゼを抽出しようとするハッキングの企てにおいてである。手短にいえば、ハッキングは、構成主義者たちによって議論される多くのケースはフィードバック・ループを含んでおり、これらのループに依存する社会的な種類（相互作用する種類）は状況依存的であると主張する。それらは安定性というよりも**必然性**に欠けているのである。

社会構成主義の議論　社会構成主義は、複雑で多様なアイディアの集合ということで悪名高い。『スタンフォード哲学百科事典』において、ロン・マロンはその核心部を次のように同定する。

もし社会構成主義の核となるなんらかのアイディアがあるならば、そのアイディアは、ある一つの対象ないし複数の対象が、自然的要因よりもむしろ社会的／文化的要因によって引き起こされたり、コントロールされたりしているということである。もしそのような研究に何か核となる動機があるとすれば、それは、そのような対象が私たちのコントロール下にあること、あるいはあったということを示すという目的である。でなければ、対象が私たちのコントロール下に置けるかもしれないこと、あるいは、あったかもしれないことを示すという目的である。（Mallon 2013: 1）

このように、社会構成主義の第一の統一的原理は、社会的な種類を自然主義的に説明することの拒絶である。自然主義的説明の拒絶は、その説明対象に応じて、非常に興味深いものになったり、そうでなくなったりするし、議論をより白熱させたり、そうでなくしたりする。イタリア（国民）あるいはイタリア人のアイデンティティ（イタリア国民あるいはイタリア文化に属しているという意識的な感情）を取り上げよう。これらが、社会的転換の長く骨の折れる過程の産物であることを否定する歴史学者や科学者はほとんどいないだろう。ダンテ・アリギエーリの詩篇からジュゼッペ・マッツィーニの政治プロパガンダに至るまで、半島に住む人々に、自分たちが単一の共同体に属すること、文化によって統合されていること、さらには同じ言語で話すべきであるということを説得するのに、数世紀の年月を要したのである。イタリア人らしさというのが何らかの生物学的形質の集合に基づいているという代替的なアイディアは、この地域のことを考えると見当違いだ。イタリア半島は、数百年のあいだに、少し例をあげるだけでも、ギリシャ人・ローマ人・ゴート族・モンゴル人・アラブ人・ノルマン人・スペイン人・フランス人・オーストリア人によって侵入されている領土で、ここの居住者は100年前までずっとお互いに理解不能な方言を話していたからである。

イタリア人のケースが自明に思えても、他のケースはそうでない。社会構成主義が論争を招くのは、それが社会的領域と自然的領域の境界に位置する種類に適用されるときである。古典的なケースが二つある。人種とジェンダーだ。これらが議論を巻き起こす理由は、人種とジェンダーは生物学的に決定されると広く信じられていると同時に、それらが具体的な社会的・経済的役割と結びついているからである。たとえば、多くの社会において女性は子育てをして夫の要求に応えることを期待されている。アフリカ系アメリカ人はスポーツと音楽の面では秀でているけれど、哲学や数学は不得手であると期待されている。これらの社会的な種類が社会的に構成されていると述べることは、よく物議を醸すように、それらが自然的（生物学的）形質に基づいていないと述べることである。

多くの人にとって、これは直観に反するように思われるかもしれない。女性が子育てをすべきなのは、女性が生まれながらにして子育てに向いているからだ――女性は生まれながら子どもと結びついていて、より面倒見がよく、子どものために犠牲を払う傾向性を持っているという直観である。アフリカ系アメリカ人がスポーツに秀でているのは、白色人種よりも運動神経が発達し、背が高く、強いからである。これらの直観は、部分的には経験的証拠に基づいている。伝統社会に住んでいるならば、たとえば、大抵の女性が大抵の男性よりも、子どもの面倒をみるのが上手であることを確実に観察するだろう。たとえその理由が、男性はどう世話をすればいいのかを一度も教わったことがないことだったにしても。だが、直観は生物学的説明が社会的説明よりも満足できるように感じるという心理的傾向に基づいてもいる。この現象を研究している心理学者たちは、この現象を**心理的本質主義**と呼んでいる。

心理的本質主義は、ある種類のなかの全構成要素に共有される不可欠な性質（本質）の存在を措定しようとする傾向において明白に示される。たとえばＸＸ染色体をもつことは、女性性の本質にとっての良い候補になる。本質主義はまた、個人が同時に二つ以上の社会的カテゴリに属しうることを見えにくくする（男性か女性のどちらか、黒人か白人のどちらか、ドイツ人かフランス人のどちらかに属さなければならない）。それは、諸個人からなる集団における表面的な連想のパターンを探し求めることを促す。そしてこれらのパターンを「グループらしさ」の証左として解釈する。そして最後に、本質主義は、種類とその境界が実際よりも硬直的で、歴史的持続性を持つことを示唆するのだ。

本質主義と社会的な種類を自然化する傾向については、明白な機能的説明がある。再帰性に関するマートンの議論と、再帰性に関して警告を発するような研究について思い起こそう。これらは、私たちの最も重要な制度が均衡したルールだというアイディアが懸念材料だと考えている。このアイディアは、均衡が覆る可能性や、新たな制度がゼロから生み出される可能性を示唆するものである。だから、大事な制度を守る一つのやり方は、代替的な制度を目につかなくすることだ。男性は生まれつき子どもの面倒を見る才能がないので、女性だけが子どもの面倒をみることができる。黒人の少年がバスケットボールをし、白人の少年がチェスをしなければならないのは、彼らが心身ともにそうした活動に適しているからである、という具合に。

社会構成主義の重要な目標の一つは、社会的役割の自然的説明がしばしば事実無根であることを証明することによって、これらの制度に挑むことである。社会構成主義者のなかのある人たちは、更に踏み込んで、科学的説明というアイディアそのものを問いただし、潜在的には味方になったかもしれない多くの人々を遠ざけるような相対主義の諸形態を採用してきた。この戦略は誤りであった。代わりに別の科学的説明が提示されるならば、疑似的説明はより簡単に置き換えられるからだ。結局のところ、自然科学は科学全体ではない。社会的役割の社会的説明が生物学的説明よりもより強く支持されることもしばしばである。

非自然主義的説明の成否はケースによって異なり、本書はこれに関して包括的評価を下す場ではない。本書の目標にとっては、均衡したルールとしての制度の理論が、構成主義、再帰性、相互作用する種類の間の繋がりのより明快な理解を可能にすることを示せればよい。制度が複数均衡のあるゲームのコーディネーションを促しているのであれば、それで実現した均衡は必然ではない——通常は、現在実現している均衡とは別の均衡への調整が存在しているのである。このことが意味しているのは、制度が潜在的に批判と改革に対して開かれているということだ。

二つの反応関数の場合　相互作用する種類は制度的な種類なので、必然的ではない。そして制度は、複数均衡があるコーディネーション問題を解決している。どの取り決めも、状況依存的歴史の状況依存的結果なのである。私たちの社会は、ほかの仕方で組織化された可能性があるのだ。例として図10・1の複数均衡を考察しよう。要点をより鮮明にするために、新たなラベル、予想、相互作用する種類という観点から、これらの均衡を解釈できる。同性愛は、ハッキングが提示した相互作用の範例の一つなので、性別の分類と同性愛の解放の架空の物語をシェリングのモデルを使って語ることにしよう。

このモデルはいつものように、ある行為を選択する個体群内での割合を縦軸にとっている。このケースにおける行為とは、公的に自分の性的アイデンティティを宣言する「カミング・アウト」である。自分のセクシュアリティを公言する人々の割合についての信念が横軸に表わされている。S字の曲線は伝播関数である。右側〔正しくは左側だと思われる〕の点線の関数には「恒常的な」均衡が二つある。e_1ではごく少数の人だけが、e_2ではほぼ全員がセクシュアリティを公表する。告白の選好は告白すると期待される人の数に条件づけられているので、あるグループはe_1にはまってしまうかもしれない。ここでは、人々の大半が告白することを選好していたとしても、彼らは、告白をすると期待される人

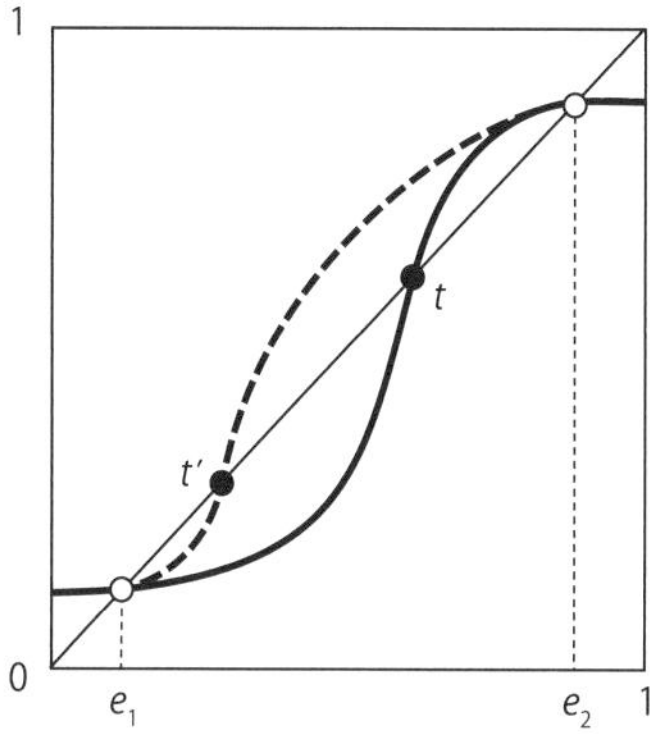

図10.1　2つの反応関数があるシェリング・ダイアグラム

の数が十分でないという理由で告白をしないのである。その上、e_1からのどんな僅かな逸脱であっても、システムを劣位の均衡へと連れ戻す、信念と行動の改定プロセスの引き金を引いてしまう。

しばしば人々は、ある行為を遂行することの社会的帰結によって、その行為――告白のような――を遂行する気を削がれてしまう。たとえば、今問題にしている性的アイデンティティが一般的に、心の病、猥褻、不道徳と結びつけられていると仮定しよう。そのようなアイデンティティ（「同性愛」）を表わすために伝統的に使われている言葉がネガティブな意味合いを持っているならば、その言葉の使用は、たいていの場合、自分のアイデンティティを明言することをためらわせるだろう。だから均衡e_1は非常に安定しているが、必然とはいえない。何人かは――ひょっとしたら全員が――この偶発性に気づき、全員が自分のセクシュアリティをおおっぴらにするという異なる均衡を思い描くかもしれない。問題は、陥穽からの抜け出し方、つまり情報カスケードの引き金を引くような転換点横断の仕方である。

そのための一つのやり方は、告白する気を削いでいる制裁（フーコー的に表現すると、同性愛を規律づける「規範装置」）を操作することによって、人々のインセンティブを変えることである。もちろん、この課題は手のかかるもので、物語は複雑だが、定型化された説明がある。同じ性的指向を新たに概念化することを表現するため、新しい言葉（「ゲイ」）が導入されると想定しよう。そして、社会のなかで目立つ役割に就いている多くの人々（アーティスト、デザイナー、ミュージシャン）が、ゲイとして自己同一化し始めると想定しよう。もし「ゲイ」が道徳的欠陥や医学的条件よりむしろ、ポジティブで、正当で、面白い生活様式を示唆するならば、人々の選好と伝播関数は著しく変わるかもしれない。図10・1でいうと、伝播曲線の左上シフトである。結果として、転換点もまた左シフトする（t'）。このことは、いまやe_1からの小さな逸脱が情報カスケードを引き起こすかもしれないことを意味する。たとえば、少数の活動家たちが転換点を横断して、他者を説得して従わせる可能性が出てくる。告白する人が増えるにつれ、システムはe_2へと収束する。新しいラベルが分類される人々についての信念を変え、信念が行動を変える等々となり、新しいアイデンティティが優位均衡において安定する。

この物語は様式化されたものだとはいえ、一般的なメカニズムを捉えている。要点は、必然性のないままに、均衡においては、ラベルとそれが記述する行動が極端に安定しているかもしれないということだ。「ゲイ」として分類される人は、自分自身をゲイとみなすことが一因となって、多くの予測可能な活動に携わるかもしれず、それと相関する多様な行動上の特質を有するかもしれない。ゲイの人はある政党に票を投じ、あるジャンルの音楽を聴き、ある服装をするかもしれない。これらの相関のすべてが予測のために使用されるかもしれない。実際それらは、ある一定のラベルを付される人々の行動を予測するために、世論調査会社、社会科学者、マーケティングの専門家によって日常的に用いられている。

ある意味で、このことは驚くべきことではない。分類の重要な機能の一つは、行動を安定化させ、均衡への収束を促進し、行動の規則性を生成することだからだ。だからこそ、通常のラベルと素朴な分類は、社会科学者に、帰納的推論を支える一般化を思い付く機会を提供しているのである。制度的用語が行動性向に関わっているのは、部分的には、行為者自身が制度的用語をコーディネーション装置として利用することによる。均衡アプローチは、なぜ社会的カテゴリや社会的制度が状況依存的（その均衡は生じうる均衡のうちの一つだから）であるのと同時に、安定的（それは均衡だから）でもあるのかを説明するのである。

社会構成主義者たちはこの分析を歓迎すべきだ。この分析は、なぜ彼らの研究プロジェクトが正当で実現可能性（成功を収めることができるということ）を持つのか、なぜ日々の分類に挑戦することが構成主義的課題の重要な部分なのかを説明してくれる。それはまた、成功することが非常に難しいのはなぜなのかという理由、ある分類が他の分類よりも定着していて手強いこと（その均衡が頑健であること）の理由も説明してくれる。しかしながらそれはまた、伝統的な構成主義の文献の多くに見られる反科学的態度が見当違いであることも示すことになる。科学的説明に挑戦する仕方に限らず、社会的役割の生物学的説明に異議を唱えることは可能なのである。

通常、均衡間の移行を予想することが難しいというのは本当である。伝播関数が観察不可能だからである。しかし、このことで再帰性のダイナミクスを科学的見地から説明できなくなるわけではない。移行が規範的期待の変化によって引き起こされるという事実を説明しなければ、適切な説明にならないことがあるというのもまた真である。第5章ではこの側面を強調してきた。行動ルールに規範的な力を負わせることで、個々人のインセンティブを変化させ、それまで存在しなかった新たな均衡を生み出すことは可能なのである。

ポール・グリフィスは**規範的な種類**という用語を使うことを提案している。所与の共同体において、記述的探究のテーマであると同時に、道徳評価のテーマでもあるような存在物、性質、現象を指し示すためである（Griffiths 2004）。典型例は情動、性的指向、心の病である。これらの種類が記述される仕方は、認識論的考察に対しても、規範的考察に対しても敏感である。

規範的な種類は閉じたものではない。認識論的研究も規範的研究も、その外延と内包を変える動機を与えるからである。たとえば、あるカテゴリが帰納的な力のために変更されるのとまったく同じように、あるカテゴリは社会改革の計画の一部として変えられる可能性がある。（Griffiths 2004: 908）

「ゲイ」の人々の性的アイデンティティを表わすために異なる用語を導入することは、好例をなしている。グリフィスは、そのような道徳的に繊細な種類は、科学的に研究可能である（認識論的研究）と同時に、政治的批判の標的となりうる（規範的研究）ことを適切に指摘している。認識論的研究と規範的研究が問題なく平行して進むときもあれば、反対に進むときもある。影響は双方向的である。規範的関心によって促された分類の変化が、記述的分類の変化に影響を及ぼすかもしれないし、逆もまたしかりである。この複雑な動態の例は、同性婚の例を検討する際に後述する。

さしあたり、本章を世界教会主義《エキメニズム》的な雰囲気で締めくくることにしよう。状況依存的な社会的な種類は社会改革の機会を提供する。社会改革は通常は、規範的な関心によって突き動かされるものである。しかしそれは同時に、再帰的メカニズムに対しても意識的でなければならない。この再帰的メカニズムが、現在の分類を、操作に抵抗する復元力を持ったものにし、頑健なものにするからである。だからこそ、規範的プロジェクトと認識論的プロジェクトは手を取り合って進むのである。そして、規範的な種類が他の科学的な種類に劣らず実在的であることを私たちが受け入れるべき理由もここにある。

第11章

依存性

Dependence

リアル（形容詞）

1．物事として実際に存在している、または事実の上で発生している。想像されるのでも、想定されるのでもない

2．（物事について）模倣や人工でない。正真正銘の。

（*Oxford English Dictionary*）

「リアル」という言葉は、多義的である。私たちが**実在的な種類**のことを語るとき、そこには少なくとも二つの異なることが含まれているかもしれない。（1）実在的な種類が、私たちの理論、信念、表象から独立して存在するということ、あるいは、（2）実在的な種類が正真正銘の種類（genuine kinds）であるということ。たとえば、ヒッポグリフ〔馬の身体に鷲の翼と頭を持つ架空の動物〕が実在的《リアル》でないというとき、私たちは一つ目の意味でこの言葉を使用している。これとは対照的に二つ目の意味でこの言葉が使われるのは、タイガー・ウッズのことを正真正銘《リアルな》のチャンピオンというときだ。ジョン・

スチュアート・ミルにまで遡る伝統においては、「実在的な種類」という表現は二つ目の意味で解釈されている。また前章で中心的役割を果たしたのも、この意味であった。正真正銘の種類は帰納的推論と一般化を後押しするが、正真正銘でない種類はこれらの支えとならない。正真正銘でない種類というのは、私たちがあれやこれやの理由でひとまとめにする物事の集まりであって、相関する性質があるという理由でまとめられるのではない。

因果的依存性と非因果的依存性　とはいえ「リアル」がもつ二つの意味は関連している。多くの社会的カテゴリの重要で独特な特徴は、それらが再帰的ループに関わっていることだ。その結果、社会的な種類は、私たちの思考や表象から独立して存在することができないように思われる。それらは、心に依存しない（mind-independent）という意味でのリアルにはなれないのである。実際、実在論の哲学的定式化のほとんどは、心からの独立性（mind-independence）を本質的要件として含んでいる。たとえばリチャード・ボイドによると、科学的実在論の教義は「科学理論が記述する実在《リアリティ》が、私たちの思考あるいは理論的コミットメントから概ね独立している」（Boyd 1983: 45）ことであると主張している。

しかし、実在的な種類が私たちの表象から独立していなければならないと述べることは何を意味するのだろうか。二通りの解釈が可能である。一つ目は、**因果的**独立という要請としてそれを解釈するもので、二つ目は、**構成的**独立あるいは**存在論的**独立としてそれを解釈するものだ。ハッキングは時折、「あるタイプの存在として構成されている人格」（Hacking 2002: 24）について語っているが、彼の理論の依存性の例のほとんどは、紛れもなく因果的特色を有している。ハッキングに構成的な解釈を帰属させるためには、想像力をたくましくすることが必要となるだろう。実際、第9章で与えた再帰性の定義は、因果ループの考え方（XはYを引き起こし、YはXを引き起こす）に基づいていて、ゲーム理論の均衡もまたこの種のループによって支えられる。具体的に言うと、信念と行動が互いに支えあうことを確実にする因果メカニズムが存在するのである。小さな逸脱は、システムを均衡状態へと引き戻す「恒常的」メカニズムを発動する。

第10章の主張は、表象への因果的依存性は、社会的な種類の実在性を覆さないということであった。再帰的関係は、科学者たちがしていることを社会科学者がするのを妨げないのである。とりわけマートンやハッキング流のフィードバック・ループのせいで、説明と予測ができなくなるわけではない。確かに再帰的ループは自己破壊的予言のかたちをとり、推論を頓挫させてしまうことがある。しかし、自己成就的予言のケースのように、再帰的ループはしばしば推論を促す。だから、表象への因果的依存は、実在的な社会的な種類の存在に対する本質的な障害ではない。

では非因果的な依存についてはどうだろうか。依存には多種多様なかたちがある。しかし、本章の目的に照らせば、私たちに必要なのは、哲学者が「実存的」、「存在論的」、「構成的」依存性などとさまざまに呼んできた関係のラフな定義だけである。標準的な特徴付けによると、これは次の形式をとる。

XはYに存在論的に依存する＝必然的に、X → Y

たとえば、もしフランチェスコ〔著者のファースト・ネーム〕の存在がフランチェスコの身体の存在に依存するならば、必然的に、私が存在するときにはいつでも私の身体も存在する。このラフな定義に対しては微妙な反例があるので、この定義を一次近似にすぎないものとして解釈しよう。とはいえ、社会的存在物が心的状態にどのように存在論的に依存しているのかを明確化するためにこの定義を使えるならば、このラフな定義は有用な近似である。まず、存在論的依存関係は非対称的である。これは、（存在物のそれ自体への依存のような）特殊ケースは別として、通常、XのYへの依存性はYのXへの依存性を含意しないと仮定できるという意味である。（先の例を使うならば、私の身体の存在は、必然的には私の存在に依存しない。）その上、存在論的依存と構成的依存は互いに逆である。もしXがYを構成しているならば、YはXに存在論的に依存している。

私たちにとって興味のある依存性は、社会的対象の心的状態への依存である。これは意味によっては、定義によって真であるかもしれない。つまり、信念や欲求のような心的状態はしばしば、人間の行為を他のタイプの行動（たとえば無意識的行動）から区別するために使用されているので、どんな社会的行為／集合行為も、この意味において、心的状態に依存しているかもしれない。しかしながら、存在論的依存性テーゼは通常、このような意味で解釈されているわけではない。存在論的依存性テーゼの考えは、社会的対象の存在が、その対象それ自体が表象される仕方に依存するということである。たとえば、心的状態が、信念や期待のような命題的態度であると想定しよう。さらに、心的状態が共同体において共有されているとしよう。それらは**集合的態度**（collective attitude：CA）である。このとき、依存性テーゼの言明は次のようになる。

必然的に、XはKである　→　CA（XはKである）

これを言い換えると、もしトークン存在物Xが社会的な種類Kに属しているならば、必然的に、その社会集団の諸個人は、XがKであると集合的に信じていなければならないということである。たとえば、紙片が貨幣であるためには、紙片が当該の共同体において貨幣であると表象されることが必要だろうという意味において、貨幣の実存は心的状態に依存するだろう。

社会的存在物は表象だけではないことに注意しよう。ドル紙幣は紙片であり、国会議事堂は建物であり、私が勤めている大学の学長は50歳の医学教授だ。重要な点——これらの存在物を社会的にする特徴——は、これらの存在物に関して、多くの人々が一定の信念を持つという事実である。紙片はドル紙幣であると信じられ、建物は国会議事堂であると信じられる等々。形而上学者たちによって広範に議論されてきた類似の例は、彫像と芸術作品である。ミケランジェロによって彫られた大理石は、それが彫像であると信じる人々（芸術家、芸術愛好者、批評家、歴史家）がいなければ、ダビデ像とはならなかっただろう。ダビデ像は、大理石およびこうした態度によって構成されている。だから、社会的存在物と芸術作品は、物質的にも存在すると同時に、私たちの表象にも依存すると主張することが可能である。（私はこれが芸術の正しい理論であると述べているのではない。私が述べているのは、これが擁護されてきた見解であり、社会的存在物に関連するかもしれない依存の関係を明確化するのに役立つ見解だということである。）

このようにして社会的存在物を表象に依存させると、興味深い哲学的含意をいくつか引き出すことができる。まず、それはミル的な意味での反実在論を含意するように思われる。実際、依存性が非因果的な仕方で理解されるならば、存在論的に依存的な種類がどのようにして、実在的な種類が有すると思われている諸性質を持てるのかは定かでない。ミルの見解によると、実在的な種類は何よりもまず、帰納的推論を支えなければならないということを思い出そう。だが、推論と一般化を可能にしている諸性質間の相関は、偶発的な事実のおかげで成立している。特に、ボイドのいうところの、性質クラスタの「恒常的」安定性を確実にする因果メカニズムのおかげである（Boyd, 1991）。

実在論を諦めた場合　依存性テーゼの見解が因果的に解釈されるならば、行動の規則性の創出と維持が人間の表象に依存する仕方について説得的に論じることができる。しかし、非因果的解釈ないし存在論的解釈の下では、これらの相関が表象によってどのように保証されるのかは明確でない。こうして依存性の見解は、社会的な種類性の基準（表象への依存性）とミル－ボイドの意味での実在的な種類性の基準（投射可能性）との間に楔を打ちこむのである。社会的な種類は実在的な種類でないという結論が説得力を持つようになる。つまり、社会的な種類は、諸性質の共起を保証する因果メカニズムよりもむしろ、私たちの分類によって概念的に統合されているのである。社会的な種類が投射可能である可能性はなさそうだし、科学的目的のために使えない。

　この結論はある単純なテーゼの採択から導かれる。ここではボイドに従って、そのテーゼを**表象の形而上学的無垢の原理**（principle of the metaphysical innocence of representation）と呼ぶことにしよう。

諸理論や分類原理は**形而上学的に無垢**である。すなわち、それらは媒介的な因果メカニズムの作動を通じてのみ、世界の因果構造に影響する。このメカニズムは、様々な特別科学《スペシャル・サイエンス》〔一部の科学哲学者によって物理学に還元可能と考えられている科学の分野〕によって研究されている因果構造に随伴して生じるものであって、概念分析を実践する哲学者たちだけが研究しているような付加的な仕方で生じるのではない（Boyd 1991: 144-45）

私は、この原理が明示的な弁護を必要としないというボイドの意見に同意する。「それは、確立された科学のすべてに共通する因果関係の根本的概念化によって裏書きされているように思われる」（Boyd 1991: 145）からである。立証責任は、表象の形而上学的無垢を否定しようと意図する陣営の側にある。そのような哲学者たちは最低限、状況依存的性質と因果関係が、私たちの表象によって、どのようにして、非因果的な仕方で固定されるのかを説明する義務がある。私の知る限りでは、そのような説明を試みている人はいない。依存性テーゼの非因果的バージョンを支持する哲学者の大半は、形而上学的無垢の原理を保持し、社会的な種類についての実在論を諦める傾向がある。

だが驚くべきことに、実在論を諦めると、違った面でいくらかの利点があるかもしれない。認識論的観点からは、心に依存する存在物は、心から独立した存在物よりも何らかの仕方で透過的であり、アクセスしやすいように思われる。たとえば、もしある大理石が彫像であるならば、芸術の世界（批評家、歴史家、収集家）は、それが彫像であると必然的に気づいていなければならないと言えるだろう。芸術作品であることは、部分的には、芸術の世界があるものを芸術作品であると信じることによって構成されるからである。同じことが銀行券にもあてはまる。貨幣が、部分的に、ある存在物が貨幣であるという人々の信念によって構成されているのなら、人々が紙片が貨幣であることを見誤ることはない。このタイプの考察は、私が以下で**社会的な種類についての不可謬主義**と呼ぶような、一般的な哲学的テーゼの定式化を導くことになる。すなわち、私たちは、表象に存在論的に依存する社会的な種類の本性について間違えることができない、というテーゼである。

実在論の原理　不可謬主義と反実在論が手を携えて進むのは、これらと反対の立場にある実在論と可謬主義が緊密に関係しているからである。もし私たちが表象する対象が私たちの表象から独立しているならば（実在論）、それらは誤って表象されかねない（可謬主義）。もし、それらが表象に依存しているのであれば（反実在論）、それらは誤って表象されることはない（不可謬主義）。エイミー・トマソンはこの関係を明示的にし、三つの原理を用いて実在論を明確化している。

外延性原理：自然な境界を備えた種類がある。この境界は、この種類に関するいかなる人の（諸）概念からも独立に、この用語の外延を決定している。

誤解原理：これらの境界は、その境界についての人間の信念によって決定されていないので、Kに属している諸要素の本性に関するどんな信念（または受容された原理）も大きく間違っていることが判明しうる。

無知原理：種類Kの本性を決定するすべての条件に対して、これらが誰にも知られないままに残る可能性がある。（Thomasson 2003: 583）

トマソンによると、これらの原理のどれ一つとして社会的な種類のケースでは成り立たない。外延性原理は、社会的存在物が私たちの表象に対して存在論的に依存しているというアイディアに反する。誤解原理と無知原理の侵犯については、ごく自然に帰結する。デイヴィド＝ヒレル・ルーベンは次のように述べる。

実在論の本質的な点は（…）私たちの理論が誤りである可能性が常にあることである。誤解とミスは常に生じうる。理論と理論化された実在の間にこのような区別があるところでは、私たちの理論、もっと一般的に言えばその実在についての信念は、それらが何であるのかについての適切な把握や理解をし損っているかもしれない。（Ruben 1989: 60）

これとは対照的に、社会的領域においては、「社会的な種類*s*という物事が存在するという、広く流布した一般的な分類の信念だけで、社会的な種類*s*という物事が存在するには十分である」。その結果、「社会についての一般的な分類の信念に関する、整合的で広く流布した誤解は、実在と区別不可能である」（Ruben 1989: 74）。ルーベンもトマソンも、社会的な種類についての不可謬主義を擁護する。表象への存在論的依存が外延性原理の否定を含意し、かつ、外延性原理の否定が不可謬主義を含意するならば、社会的な種類についての不可謬主義は依存性テーゼによって含意される。

反実在論と不可謬主義

このようにして、存在論的依存性は、良い知らせも悪い知らせも運んでくる。悪い知らせの方は存在論に関するものだ。社会的な種類は実在的な種類ではありえないからである。良い知らせは認識論に関するものである。私たちは、社会的世界に対する直接的な認識的アクセスを持つことになるからだ。反実在論と不可謬主義というカップルは変則的なものであるにもかかわらず、哲学者たちはこの奇妙な教義を躊躇うことなく擁護してきた。事実、この変則的なカップルは長年、多くの追従者を引きつけてきたのである。多くの哲学者たちは、良い知らせ（不可謬主義）も悪い知らせ（反実在論）も額面通りに受け取っている。彼らは次の二つのテーゼを同時に主張している。（1）社会的世界の知識は、誤解のリスクをおかすことなく、直接獲得できること、（2）この知識は、自然科学のような推論をするためには利用できないこと、の二つである。反実在論と不可謬主義は、理解と解釈学の伝統のいたるところに見られる。この伝統はヴィルヘルム・ディルタイから始まり、ゲオルク・ガダマー、ポール・リクール、そしてチャールズ・テイラーへと受け継がれている。しかし、反実在論と不可謬主義は、ヴィトゲンシュタイン的伝統にも共通している。たとえば、社会科学の自然主義的見せかけに対するピーター・ウィンチの有力な批判や、マイケル・ダメットの数学の哲学である。上のテーゼ（1）の通常のバージョンは、共通の文化（共通言語と共通実践）を共有する人々は、社会カテゴリに対して、直接的・直観的な理解を有するというものである。この理解は、関連する社会実践――生活様式――の修得に由来し、部外者は締め出される。テーゼ（2）は通常、内部者の直観的理解が、社会科学において達成可能な唯一の理解の形式であることを述べている。社会現象を、私たちの思考から独立した実在として経験的に研究することはできない。実際、経験主義的な社会科学者たちが試みているように、対象を突き放した部外者の視点に立つことは、決して理解に到達しないことを保証するのである。たとえばテイラーによると、予測精度のような古典的な科学的基準は社会理論の良いテストにはならない。

> 私たちはそのような科学を、検証という科学の要請に照らして測ることができない。つまり、私たちは科学を予測能力によって判断することができないということである。そのような科学が、全員が共有しているのではない直観のうえに築かれていること、そしてさらに悪いことに、こうした直観が私たちの根本的な選択肢と密接に結び付けられていることを私たちは受け容れなければならない。（Taylor 1971: 51）

このような主張をどう受け取るべきだろうか。不可謬主義と反実在論は存在論的依存性のテーゼから得られるものだが、これまでのところ、私たちは後者を受け入れる十分な理由付けを与えられていない。私たちの知る限りの依存性テーゼはおそらく偽であろう。いずれ私は、それが偽であることと、幸いにして私たちは、社会的な種類について実在論者かつ可謬主義者になれることを主張するだろう。しかし、この結論を確実なものとするためには、少々の準備作業が求められる。それは主に、不可謬主義と反実在論を容易に反論されないような形で定式化することである。すでにルーベンとトマソンがこの仕事のほとんどを終わらせてくれているので、本章の残りのページでは、彼らに従って進むことにしよう。核心的な部分は次章まで待たなければならない。

不可謬主義の擁護　まずは、取るに足らない反例を取り除かなければならない。明らかに、不可謬主義はすべての社会的な種類に対しては成立しない。ルーベンが指摘するように、社会的存在物のなかには、その現存が共同体メンバーの明示的な承認を必要としないものがある。「搾取、疎外、その他の多くの社会現象は、探知されることがなくても存在しうる」(Ruben 1989: 4)。同様に、トマソン(Thomason 2003: 606)によれば、不可謬主義は、一連の行為の意図せざる帰結として起こる現象については成立しない。また、社会的存在物/種類の間で成り立つ因果関係についても成立しない。

ルーベンとトマソンの不可謬主義が、伝統的(経験主義的)社会科学に対して、多くのなすべき仕事を残していることに注意しよう。とはいえ、不可謬主義のテーゼは社会的事実のかなりの部分集合については真であり続けるだろうし、これらの事実に関する知識は、経験主義的なタイプの標準的な科学的知識とは異なる認識論的基礎に基づいているだろう。

この時点でおそらく有用なのは、その存在にとって集合的信念(表象)が必要かつ十分であるような、存在物のクラスを同定する一般的基準を設けることである。そうすることで伝統的実在論が失敗してしまうような、物事のクラスのより正確な特徴付けができるようになる。トマソンは、サールの構成的ルールの理論を一つの基準として使用する。『社会的現実の構成(*The Construction of Social Reality*)』において、サールは、制度的事実と単なる社会的事実とを区別している。この区別は、構成的ルールの受容という観点から導くことができる。つまり、制度的事実の存在には、何か（X）がある文脈において制度的存在物（Y）であるということの集合的承認が必要とされる。これとは対照的に、社会的事実は、行為に関する共有された信念を含むことだけが必要とされる。たとえば、コルレオーネ家のメンバー全員が共同して、プロヴェンツァーノ家の一員が殺されるべきであると信じ、かつ望んでいるとしよう。その際には、コルレオーネ家が殺害計画を練って、その計画を実行するとき、彼らは社会的行為を遂行しているし、これに続くことになる抗争は社会的事実である。社会的な種類（とそこから派生した事実）の存在は、そのような社会的な種類と事実の創出と維持という人間活動に依存している。表象（信念・目標・意図）はこの活動の一部であるが、それは因果的な仕方においてのみ活動の一部となるのである。この例では、コルレオーネ家とプロヴェンツァーノ家が、抗争として殺人を表象するという事実のために、殺人が不和の一部となっているわけではないのだ。

次に、制度的事実という特殊なクラスについて考えてみよう。サールによれば、制度的事実が存在するのは「もしCならば、XはYである」という形式の構成的ルールが一つ以上あることによる。ここでのXは制度以前的存在物、Yは制度的用語、CはXがYであるために満たさなければならない条件の集合である。たとえば、ヴィトー・コルレオーネが受刑者となるのは、公正な裁判の末、陪審員団によって禁錮10年の判決がくだされているからである。ここでは、ヴィトー・コルレオーネが受刑者であるための構成的ルールを誰かが表象しなければならないことは、疑う余地がないように思われる。裁判官によって有罪判決を宣告された人は受刑者であると信じる人がいなければ、受刑者は存在しない。

このことは、私が先に取り上げた存在論的依存性のいくつかの例と一致する。ミケランジェロの「ダビデ像」には、それを彫像であると考える人がいなければ、彫像ではなかっただろうという意味が存在している。同様に、デュシャンの「泉」も、それを芸術作品だと考える人がいなければ、ただの小便器に過ぎなかっただろう。芸術家と芸術愛好者の表象が、小便器を芸術作品として構成しているならば、彼らがデュシャンの「泉」を芸術作品として同定するときに間違うことはない。なぜなら、彼らの判断こそが小便器を芸術作品にするものだからである。

外延性原理を諦めることは、構成的ルールの理論の直接的帰結であるように思われる。制度的な種類の境界は、そもそもそれが制度的な種類であるという構成的ルールを、人々が受容することに依存していなければならない。ひとたびこの筋道を踏んでいくならば、それほど問題含みにならずに、誤解原理と無知原理の拒絶に行きつくように思われる。

条件の集合CをKであるための十分条件として私たちが受容することが、どんな条件がKであることの十分条件となるかを構成している。したがって、どういう条件があるかは、私たちがどの条件を受容するかによって構成されている。その結果、私たちが間違えていることは判明しないだろう。条件の集合Cの受容は、Kであるための、以前から存在する独立な条件を記述する試みというよりもむしろ、Kであるための条件を宣言として確立するのである。したがって、誤解原理は成立しない。Kの現存のための十分条件として私たちが受容する条件は、どれも誤解から自由でなければならない。(Thomasson 2003: 588-89)

実在論に対する不可謬主義者の挑戦は、もし成功するならば、社会的存在論の適切な研究方法に関して深淵な含意をもつことになるだろう。もし不可謬主義が正しいとすれば、社会的実在に関するいくつかの一般的事実はア・プリオリに知ることができることになる。共同体の有能なメンバーが、何かがKであることの意味を知るためには、自身の信念と言語実践を検討するだけでいいのだ。有能なメンバーの判断は不可謬である。そしてこのことが、社会的世界の（いくつかの）探究を自然的実在の探究から鋭く区別することになるだろう。自然的世界に関する一般的知識を生み出すために、経験的研究が常に不可欠となる一方、社会的なものの領域においては、安楽椅子に座ったままでの概念的分析が重要な役割を維持することになるだろう。

議論を明快にするために、不可謬主義を、社会的分類の**特定の実例**について私たちが誤ることはないという（誤った）主張から区別することが重要である。不可謬主義者たちは、公式（もしCならば、XはKの一例である）における条件Cの充足が経験的な問題であると認識しており、したがって、個々の分類行為が様々な仕方で誤りうることを認めている。それゆえ制度的分類の特定の問題は、ア・プリオリには解決できない。トークンXがKとみなされるか否かは状況依存的な事実である。Cという性質を持っていることそれ自体は、経験的に確立されるべき事実の問題だからである。しかしながら不可謬主義者は、「もしXが性質Cを有するならば、XはKである」という命題はア・プリオリに真であると主張する。イングランド銀行によって発行されているという事実によって、紙片が正真正銘の貨幣とみなされるということは、水がH_2Oであるという事実と同じような仕方での経験的研究を必要としないのである。この命題は、当該共同体の成員による単なる規定（あるいは集合的合意）によって成立するのだ。不可謬主義は、社会的な種類の本性に関する一般的事実を私たちが知っているというテーゼである。このテーゼは、それが何であるかに関する私たちの知識、ないしは、何かがタイプKという物事であることは何を意味するのかという知識に関わるものである。しかし、トークン存在物をKという物事として同定する際の誤りを排除するものではない。

不可謬主義を救い出す　重要な但し書きがもう一つある。不可謬主義が、社会集団のすべての成員が、Xをの一例にする条件Cを明示的に受容することを要請することはもちろん不可能だ。これが現実的でないのは自明だろう。たとえば、一般の人々は、ある個人（エリザベス・メリー・ウィンザー）がイングランドの女王であるために、どのような条件が満たされなければならないのかを正確には知らない。ほとんどの人々が、このケースにおいて、関連する諸条件が正確に何であるかを知らないということだけではない。彼らはしばしば、このことについて誤った信念を持つのである。（たとえば、彼らは「高貴な」血統や、それと似たような特徴を十分条件とみなす傾向がある。実際にはそれらのどれもが十分条件とはいえないのだが。）

もう一つの関連した問題は、通常、制度に関する信念はある個体群のなかで多様だということである。特に、個体群が大きければなおさらだ。認知科学者と人類学者たちは、表象の文化的伝達が通常は不正確で、原型に忠実でないことに注目してきた。その結果として、集団の成員全員によって集合的に受容される単一の概念または表象が存在することは滅多にない。同じ内容の信念を共有する人々からなる集団のメタファー（「私たちは、エリザベスが、非カトリック教徒であり、ジョージ国王の正統な子孫であること等々によって女王であると信じている」）は、良くても誤解を招く観念であり、私たちはこのメタファーを額面通りに受け取るべきではない。

では一体どうすれば、いくつかの社会的事実をア・プリオリに知ることができるという不可謬主義テーゼを救い出せるだろうか。一つの選択肢は、単にグループの規模、もっと正確に言えば、集団を代表して知る権利を有する成員の数を小さくすることである。この目的のためにライモ・トゥオメラは、社会集団の「稼働的（operative）」成員と「非稼働的」成員の区別を導入した。

> 発展した社会のケースでは、集合的受容に関する分業もまた存在していることが強調されなければならない。したがって、共同体の成員全員が細部のすべてを実際に知っている必要はなく、「その制度が存在するという」問題におけるその［制度］を耳にしたことすらないかもしれない。（Tuomela 2002a: 200）

> そのような集合体においては、たとえば、何が貨幣であるかを決めるのは、決定のための稼働的成員である。この現実的なケースにおいては、他の非稼働的成員たちは、稼働的成員が決定したことを暗黙裡に受容するだけでよい。（Tuomela 2002b: 427）

このように区別を設けることは、概念の正しい適用と正しくない適用（あるいは、ある種類のメンバーへと正しく帰属させることと誤って帰属させること）との間にある原則的な区別を保存している。たとえば、正統な君主と正統でない君主の区別は、このケースに適用される制度的条件Cに関する一般の人々の信念から独立しているかもしれない。一般人は、そのような問題を解決するための手続きが存在しており、専門家たちがその解決策を知っているということだけを、（暗黙裡に）合意するだけでよい。ひとたびこのことが合意されるならば、この基礎的な集合的受容の「存在論的帰結」は、言うなれば、そこから論理的に導けるものすべてへと波及するのである。

　このような例においては、制度的な種類に関する知識は、「社会的知識」あるいは「専門知識」として解釈されるべきである。すなわち、社会のどこかに貯蔵されており、ごく少数の専門家だけがすぐにアクセスできるような知識である。これは、こじつけで言っているわけではない。大多数のイギリス国民が原子爆弾の製造法を知らないとしても、「イギリスは原子爆弾の製造法を知っている」と述べるとき、私たちはこのような意味で、知識について語っているのである。あるいは、フェルマーの定理の証明を理解し再現できる人はきっとほんの一握りだろうが、「21世紀の数学者はフェルマーの定理の証明法を知っている」というときも同じである。この解釈の下では、ある個人が信じることは（大多数の人々が信じることでさえ）、まったく無関係であり、彼らが体系的に間違う可能性があるにもかかわらず、不可謬主義が真であるかもしれない。一社会として、私たちは制度的な種類について間違うことがあり得ないからである。

　しかし、専門家たちの受容でさえも常に額面通りに受け取るべきではない。私たちが日常生活のなかで、ほとんどの目的に対して、社会的存在物の本性にそれほど注意を払わないことは確かである。私たちはあまり考えもしないで、社会的な種類を取り扱いがちであり、ほんの時折、省察してみて、社会的実在のコンヴェンション的性質を認識する。この事実を説明するために、集合的受容の理論家のほとんどは、集合的受容が絶えず稼働的でなければならないという要請を放棄している。サールが「背景」という概念を導入したことは、よく知られていることだ。この概念が指しているのは、社会的実践の論理的諸前提に対する十全な認知的関与を要請することなしに、無意識的かつ自動的に社会的実践を支えている一連のメカニズムと性向のことである。同様に、トゥオメラは、仮に攪乱的要因が社会的実践の規則性を乱すようであれば、諸個人の行動を境界内に引き戻すであろう「仮想」メカニズムの存在を措定する。

私たち-態度は、制度のなかで行われている様々な制度的活動において尊重される必要がある。しかし、それらは傾向性のような状態として、正常な状況においては、生起させられたり、反省されたりする必要がない。そうなるのは、制度が破綻するとき（あるいはそれに似た状況のとき）だけである。

(Tuomela 2002b: 426)

このような「性向的」見解は、不可謬主義的立場の中心的支柱である誤解原理の否定に対して、空虚とならない意味を保持している。条件Cを満たすならばXはKであると、関連する行為者たちがずっと考えていないとしても、彼らは適切な状況においては、そのような思考を回復することができるのである。

以上が、たやすい反例から不可謬主義テーゼを守るために必要とされる最後の但し書きである。ここで再び、二つの注意事項を確認しておこう。第一は、不可謬主義の領域が著しく縮小していることである。そして第二に、この精緻化された不可謬主義テーゼは、解釈学やヴィトゲンシュタイン主義者、方法論的多元主義者の一部の人々が大切にしている強い主張を弁護するためは使えないことである。とりわけ、この不可謬主義テーゼは、社会科学一般が自然科学と異なる方法に従うべきだということの論証まで導くものではない。なぜなら、まだ多様な社会現象が経験的に研究されなければならないだろうからである。そうはいっても、この改訂は、不可謬主義を取るに足らないものにするほど強いものではない。つまり、空虚ではない不可謬主義テーゼは保存されているのである。Cを有しているおかげでXはKである、ということを集団の成員全員が知っていなくても、彼らのうちの何人か――「専門家」――がそのことを知っている。そして、常にその制度的特徴に意識的に気づいている人が誰もいないとしても、必要なときには、K-性を決定・承認する責任を負う人々が適切な心的状態を形成することができる。今や私たちは、このバージョンの不可謬主義に挑戦する準備が整っている。それは、このバージョンの不可謬主義が依拠している存在論的依存性のテーゼが偽であることを証明することによってなしとげられる。次章はこの作業に徹底的に取り組もう。

第12章 実在論

Realism

依存性テーゼによると、制度的存在物はその存在を表象に依存している。この依存性が因果的に解釈されるとき、依存性テーゼは制度的な種類の実在性の脅威とならない。これとは対照的に、依存性テーゼが非因果的に解釈されるとき、依存性テーゼは反実在論と不可謬主義を含意するように思われる。多くの哲学者たちがこの奇妙な組み合わせを擁護してきたことは、これまで見てきた通りである。しかし、反実在論と不可謬主義は依存性テーゼに依存している。だから、もし依存性テーゼが挫折するならば、反実在論と不可謬主義も同様にうまくいかない。

本章では、依存性テーゼが偽であることを論証する。この議論を立ち上げるためには、何よりもまず、依存性テーゼを正確に定義しておく必要があるだろう。前章においては、一次近似として、私は次の公式を提案した。

必然的に、XはKである　→　CA（XはKである）。

この公式では、矢印の記号は存在論的依存の関係を表す。Xは種類Kのメンバーであるようなトークン存在物で、CAは集合的受容・信念・承認のような命題的態度である。ムハンマド・アリ・カリディは、命題的態度が少なくとも異なる二つの標的に向けられているかもしれないことを指摘している（Khalidi 2015）。上の公式においては、命題的態度は直接的に個物（個人）に向けられている。たとえば、ミック・ジャガーがローリング・ストーンズのリーダーであると私たち全員が信じるならば、彼はこのバンドのリーダーだ。しかし、他のケースでは、命題的態度は、種類それ自体へと向けられている。より正確に言うならば、ある存在物がKに属するための十分条件であるとみなされる諸条件へと向けられている。言い換えれば、後者においては、人々はバンド・リーダーであることとは結局のところ何なのかという一般理論を受容するのである。具体例を挙げると、メンバーの一人がバンドの全楽曲を書くならば、彼／彼女はリーダーである、と人々が信じているかもしれない。この場合には、命題的態度は種類それ自体へと向けられているのである。

制度的存在物のケースにおける存在論的依存性は、後者のような態度を含むものである。よりフォーマルに表現するならば、種類は、個物XをKの成員にする条件の集合を受容することと、これらの条件の充足によって構成されているのである。

必然的に、XはKである　→　［CA（もしCならば、XはKである）かつC］。

この公式が、サール流の構成的ルール（もしCならばXはKである）を含んでいることに注意されたい。Kが存在することは構成的ルールの受容に依存し、特定の存在物Xに対してK-性を帰属させることは条件Cの例化にも依存している。

最初の短い方の公式が二つ目の公式に依存していることには、異論を挟む余地がない。というのは、どのトークンがKの成員として受け容れられ、どのトークンが受け容れられないかを決定するために、共同体の成員は暗黙的または明示的に、基準を適用しなければならないからだ。二つ目の公式は、条件Cを言明することで、その基準を明示的にしているのである。たとえば、貨幣の範例を見てみよう。ある特定の紙片が貨幣であることの必要十分条件は、貨幣とみなされるためには、紙の手形が中央銀行によって発行されていなければならないことを私たちが受容するとともに、かつ、この手形が中央銀行によって発行されていることである。この議論を単純にするために、ここからは、主に二つ目のバージョンの公式を参照することにしよう。これから議論することは他のバージョンにも応用可能なので、もっぱら二つ目を参照するからといって、帰結に大きな影響は出ないはずである。

依存性の公式は、制度的な種類についての不可謬性を含意する。それが主張しているのは、Xが制度的な種類であるならば、必然的に、私たちはXがKに属するために満たすべき条件を知っている、ということだ。「もしCならばXはKである」を理論的言明として読み解くならば、この公式は、ある種類の存在は、その種類に関する理論の表象を必然的に含意することを語っている。さらに、その理論は必然的に真である。もしKが存在するならば、私たちはKの本性（言ってみればその「種類性（kind-hood）」）について間違うことができない。

サールの依存性テーゼ理解

これだけのことが、依存性テーゼの字義的解釈から導かれる。しかし、構成的ルールの理論の父は、これについて何と言うだろうか。サールは、制度的存在物の反実在論者ではない。サールは自著のなかで、制度的存在物は実在的であると繰り返し明確に主張する。ただし、制度的存在物は自然的存在物とは異なる存在の様相を持っている。つまり、制度的存在物は「存在論的に主観的」である。あるいは、私のこれまでの言い方に直せば、それらは心に依存している。しかし、正確に、どのような仕方で依存的なのだろうか。残念ながらこの問いに回答するのは難しい。サールは異なる著作で、互いに正反対の二つの示唆を与えているからである。彼が提示する例の多くが、人間の表象に対する因果的な依存の形式を含んでいる一方で、別のところでは、構成的ルールの理論を、純粋に心理学的な意味で読んではいけない、と主張しているのだ。この理論の要点は、社会的実在の「論理構造」を「剝き出しにする」ことだとサールは言う。個々の人間が制度的存在物について実際に考えたり信じたりすることとは無関係に、制度的存在物は表象に依存している。したがって、サールは依存の因果関係よりも、むしろ依存の存在論的関係を念頭に置いているように思われる。

サールは、非因果的依存性テーゼの奇妙な含意を喜んで受け入れるだろうか。ここでも、答えは明確ではない。時折、特に自然的事実と社会的事実の存在の様相が異なっていることを強調するとき、サールは心底、不可謬主義を支持しているように見える。たとえば、印象的なパラグラフにおいて、ひとたび私たちが社会的事実（特段賑やかなカクテル・パーティー）に対して一定の集合的態度をとったならば、その本質について間違うことはありえない、と彼は主張している。実在論の標準的な理解とは反対に、その社会的集まりがパーティーなのは、私たちがそれをパーティーだと考えるからなのだ。

あるものは、それが山であると信じる人がいないときでも、山でありうる。あるものは、それについてあれこれ考える人がいないときでも、分子であることが可能だ。しかし社会的事実の場合、その現象に対して私たちがとる態度は、部分的にその現象を構成している。たとえば、盛大なカクテル・パーティーが開催され、パリ中の人々が招待され、そして諸々のことが手に負えなくなり、死傷率がアウステルリッツの戦いよりも高いことが判明したとしよう。それでもやはり、それは戦争ではない。それは驚くべきカクテル・パーティーにすぎないのだ。カクテル・パーティーであることとの一部分は、カクテル・パーティーだと考えられていることである。戦争であることの一部分は、戦争であると考えられていることである。これは社会的事実の特筆すべき特徴だ。これと似たようなことは、物理的事実にはない。（Searle 1995: 33-34）

これ以上に明確な、依存性テーゼに好意的な表明を見つけることはほとんどできないだろう。それにもかかわらず、同書の別のところでは、サールは正反対の主張をするのである。つまり、制度的実在の存在は、人々の心的状態に依存しないと。

制度的事実の創出の過程は、この形態に従ってその過程が起こっているということに参加者たちが意識的でなくても、進行するかもしれない(…)[たとえば貨幣の]制度がまさに進化する過程において、参加者たちは、対象に機能を課すことになる、集合的志向性の形態を意識的に自覚している必要がない。意識的に買ったり、売ったり、交換したりする等々のなかで、参加者たちは制度的事実を進化させるかもしれない。さらに、極端なケースでは、関連する理論があるというだけの理由で、彼らは機能が課されていることを受容するかもしれない。その理論が真でないかもしれないとしてもである。彼らは、「金によって裏付けられている」というだけで、貨幣であると信じるかもしれないし、神によって認可されているというだけで、それが結婚であると信じるかもしれないし、神によって権威付けられているという理由だけで、誰かが国王であると信じるかもしれない。(Searle 1995: 47)

だから、社会集団の成員が間違うことはいずれにせよありそうな話だ。XがYであると考えることは、XをYにするのに十分ではない。前の例でいうと、サールが実在主義的なムードのときには、参加者たちがパリの大騒ぎをカクテル・パーティーとみなしているという事実は重要でないように思われる。したがって、トマソンのような不可謬主義者であり反実在論者である人たちは、構成的ルールの理論をその意図された境界の先へと追いやってしまっているようにも見えるだろう。

「貨幣」再考　しかしながら、釈義的問題はここでの主たる関心事ではない。実質的な問いは、社会的制度に対して依存性テーゼが成立するか否かである。依存性テーゼが範例的なケースを説明するならば、依存性テーゼは成り立つ。制度的な種類の範例で、その種類に関する正しい理論を誰かが知っているということに依存しないようなものがあるならば、依存性テーゼは成立しない。つまり、XをKの一例にする真なる条件Cに関する無知が一般的であるにもかかわらず、制度的な種類が存在するならば、依存性テーゼは成り立たない。そのような種類は、サールによって措定されているような、構成的ルールの集合的信念に依存しないだろう。

このようなケースは多数あるが、議論のためには、一つの範例的ケースにこだわることが賢明だろう。そこで、何かが貨幣であるために満たされるべき諸条件を深く考察しよう。第3章で見てきたように、私たちが価値のない紙の手形を、価値のある財やサービスと引き換えに受け取るのは、後々、いろんな財を購入するためにそれを使えると信じているからである。私の手形を受け取る人々がそれを支払いとして受け入れるのは、他の人々もその手形を受け取ってくれると信じるからである等々。もちろん、原理的には、異なるさまざまな存在物が交換手段の機能を充足することもありうる。しかし、全員が同じものを受け容れており、将来受け容れられるものに関して同じ信念を全員が共有しているならば、プロセスはもっと円滑に作用するだろう。

とはいえ、そのような信念はないがしろにしない方が良いはずだ。中央銀行の主要な役割は、貨幣発行の独占を実効化することで、取引者たちのコーディネーションを確実にすることである。中央銀行が全員によって使われる手形を印刷するのは、それが交換手段として使われ続けるだろうと、他者が信じるということを…全員が信じるからである。もし存在物X（紙の手形）が条件C（中央銀行によって発行されること）を満たすならば、それは貨幣とみなされる。しかし、これが意味しているのは、ただ、中央銀行によって発行されていることが、その手形が将来にわたって受容されるという私たちの確信を強くするということだけである。

すべてがとんでもない魔法のようにみえる。なぜCが問題なのだろうか。中央銀行の証印がある紙片の何がそんなに特別なのだろうか。第3章で述べたように、条件Cにはものごとを促進するような役割がある。だが、その役割が適切に機能するためには、交換手段はCに含まれていない他の諸条件をも満たさなければならない。すでに確認したように、鍵となっているのは、将来的にも他の人々は紙の手形を保有することを望んでいる、と全員が信じなければならないことだ。しかし、人々には通貨を保有するための十分な理由（インセンティブ）がなければならない。国家は、課税を通じて、将来的にも一定水準の通貨需要があることを保証することができる。中央銀行によって発行される紙の手形だけを支払いとして国家が受容するならば、これから先も人々は納税のために少なくともいくらか公的通貨を保有しなければならないだろうと確信を持つことができる。もちろん、これが真であるのは、国家が強固で安定していて、徴税の手段を持っていればの話である。ゆえに、驚くようなことではないけれども、通貨の強さは国家の政治的強さに依存する。

国家は課税を通じて紙の手形を集め、公的部門の従業員に給料を支払うことで経済にそれを還流させる。しかし、政府と中央銀行がこのサイクルの後半部分に余計な介入をするならば、通貨の価値を切り下げてしまい、インフレーションにもなりうる。ハイパーインフレという極端なケースでは、通貨は無価値の紙切れになる可能性すらある。というのは、適切に機能するためには、通貨は信頼に足る価値の貯蔵手段でなければならないからだ。標準的な経済学の教科書は、価値の貯蔵という条件が、通貨が交換手段として機能するための基本的前提だということを思い起こさせてくれる。そしてこのことは、通貨の量が比較的安定しているときに限り、真である。したがって、条件Cを満たすことは必要条件でも十分条件でもないように思われる。明らかに中央銀行によって発行されていないとしても、タバコだって貨幣になりうるし、国家がその信憑性を失えば、中央銀行によって発行されている手形でも交換手段として機能しなくなるかもしれないからである。

依存性テーゼの反例　今や私たちは、依存性テーゼの誤りを暴くための概念的道具を手に入れたことになる。価値貯蔵の機能――そして、貨幣量の安定性のような、その機能を支える他の諸性質――は、Cに含まれていないことに着目しよう。しかし、そうならば、中央銀行によって発行されることは、トークン手形を「貨幣」という種類のメンバーにしていない。条件Cは、ある条件を満たしている個々の紙の手形が、将来的にも支払手段として受容されるという人々の信念をコーディネートし支持しているだけなのである。そして、このコーディネーション機能ですら、一定の恵まれた条件の下でしか実現されない。貨幣は均衡における行為と信念の体系によって構成されているのであって、紙の手形の発行に関する恣意的なコンヴェンションによって構成されているのではない。

別の言い方をすれば、通貨と貨幣を区別するということである。広く理解された通貨は、人々が、取引活動を促進するために、特定の空間と時間において使用する特定の装置である。ドル、ドラクマ、セステルティウムは、どれもがこの意味での通貨である。だが、タバコと貝殻もまた、異なる社会、異なる時代の通貨である。通貨を貨幣と区別する根拠は、ある通貨は、貨幣がしていること（価値の貯蔵、交換手段、会計単位として働くこと）をなしとげられるかどうかによって、貨幣として機能したり、しなかったりする可能性があるということにある。たとえば、ローマ時代にはセステルティウムは貨幣だったが、もはや貨幣の機能を満たしていないので、現在はただの考古学上の展示品になっている。

もちろん、ローマ時代にセステルティウムが貨幣として機能することを可能にした均衡が崩壊していたとしても、人々は、セステルティウムを「貨幣」と呼ぶことを集合的に決めるかもしれない。もしかしたら、人々はコインを目にしたとき、「それは貨幣だ」と口にするかもしれない。実際にそれを取引のために使わないとしてもである。彼らがコインの代わりに貝殻を交換手段として使うことを好んでいると想定しよう。このとき、ポケットに何が入っているかを尋ねられると、彼らは「貨幣だ」と答えずに「貝殻だ」と返答する。でも、機能的に言うならば、貝殻が貨幣であり、コインはただの銅である。

ここでのポイントは、素朴な分類体系において貨幣として承認されることと、貨幣であることが別だということである。構成的ルールの理論の示唆に反して、前者は後者を含意しない。素朴な分類実践は原理の上で、まったく無関係である。重要なのは、存在物のあるクラスについて人々がどのようなタイプの信念を持つのかではなく（存在物がそのクラスに属するために満たすべきだと人々が考える条件）、社会的相互作用の過程のなかで人々がそれをどう扱うのかである。

この類の反例は、私たちの直観のある部分にとっては腑に落ちないものなので、もう少し詳しく述べることにしよう。人々がこの議論の結論に抗い、価値が下がった通貨でも貨幣であることを主張したくなる一つの理由は、コインと手形が人工物でもあるということにある。周知の通り、人工物は、それに意図された機能、つまり人工物の生産者によって元来割り当てられた機能に基づいて、識別される傾向がある。人工物が実際に意図された機能を満たす能力があるかどうかにかかわらず、こうしたことが生じる傾向がある。したがって、素朴な分類体系に従うならば、機能しなくなったスクリュードライバーは、それでもスクリュードライバーなのである。

さて、価値が下がった通貨は機能しなくなった人工物であり、かつ機能しなくなった制度である。それゆえに、人工物を分類する私たちの直観的システムは、それを貨幣として分類し続けるように促す。しかし、このことは、私が先に述べた通貨と貨幣の混同につけこんでいるのである。通貨は人工物であるが、通貨であることは貨幣であるための十分条件でない。この区別の重要性は、通貨が人工物でない珍しいケースを考察するときに浮き彫りになる。たとえば貝殻を考えてみよう。貝殻は貨幣として使われることを意図して制作されたものではないので、私たちの直観的な分類体系が間違って発火することはない。貝殻が貨幣の機能を満たさないときには、貝殻はやはりただの貝殻なのだ。

同様の推論をすることで、他の不可謬主義の例がなぜ筋違いなのかが分かる。たとえば、パーティーもまた社会的人工物だ。パーティは、人の活動（主催者の活動）によって意図的につくりだされるからである。しかし、主催者が達成しようと意図することは、パーティーの最終的な結果と一致するとは限らない。サールのパリのゲリラ的な騒ぎの例がパーティーでないのは、それがパーティーの典型的機能を満たしていないからである。社会的な結びつきを促し、ゲストを楽しませるために社会的集会を組織化したものの、最終的に全員が悲惨な状況になるような仕方で開催するならば、私が組織化したものはもはやパーティーではなくなってしまう。制度的観点から見て本当に重要なのは、私たちが何をしようと意図するかとか、その集会がどう呼ばれるかとか、私たちがそれがパーティーであると信じるかどうかではない。重要なことは、その集会が私たちに何をするか（意図された機能よりもむしろリアルな機能）である。

人々の意図と機能の分離は、制度が統整的ルールのシステムであるという事実の帰結である。どんなルールの集合でも、それらのルールが意図された目的を達成できる保証はない。次のことを想定しよう。私たちは、楽しませようという本心からの意図を持ちながら、パリの大騒ぎにウソ発見器を持っていく。そして、もっと楽しくするために、ゲストたちにお互いに不倫関係に関するデリケートな質問をすることを強制したとしよう。夕刻の終わりの時点で「死傷率がアウステルリッツの戦いよりも高い」ならば、私たちが実効化した段取り（ルール）は、明らかに意図された目的を達成しそこなっている。このとき、その社会的集会をどう呼ぶことにするかはまったく重要でない。重要なことは、パリの大騒ぎがカクテル・パーティーというよりも、組織化された殺戮に様変わりしたことなのだ。

構成的ルールのアプローチは、XをYとして受容することが即座にかつ必然的に、機能Yが満たされる事態を生み出すことを含意するように思われる。その理由は単に、統整的ルールがその理論の標準的定式化のなかで表立って出てこないようにされていることにある。しかしこれは幻影だ。権利・義務の帰属やある行動ルールの集合に従う意思決定だけでは、どんな制度の目的でも達成されるということを保証できないからである。

だから、「貨幣」のような言葉の本当《リアル》の内容は、Cの条件（「中央銀行によって発行される」）にあるのではない。本当の内容は、理論語（「貨幣」）に結びつけられた行為（「支払いとして受容する」）のなかにあるのである。貨幣という種類は、究極的には、行為のこの集合とそれに関わる期待の集合以外の何物でもない。Cの条件は、私たちの意思決定を簡単にするかぎりにおいて有用である。Cの条件はコーディネーション装置であって、所与の状況における適切な行為の集合を、迅速に、長たらしい精査を抜きにして、同定する助けとなるのである。（私は紙片を支払いとして受容すべきだろうか。答えはイエスだ。なぜならそれは中央銀行によって発行されてきたからだ。）しかし、何かをKのメンバーにするものとして、Cの条件に焦点を当てることは誤りである。そうすることは、コーディネーション装置を、社会的制度であるところの行為と期待の体系と取り違えることなのである。

依存性テーゼの否定　このようなケースに対処するには、三つの異なるやり方がある。（1）貨幣がそもそも制度的な種類であるということを否定すること。不可謬主義は制度的な種類だけにあてはまるものなので、このようなケースによって影響を受けることはないだろう。別の仕方では、（2）貨幣は制度的な種類であることを受け容れながらも、集合的受容はもっと弱い非認知主義的な形式で解釈されなければならないと主張することで、依存性テーゼを守り抜くこともできるだろう。そして最後に、（3）依存性テーゼを完全に否定することである。

一つ目の戦略は、貨幣が範例的な社会的制度であることを所与とすると、成功の見込みがない。二つ目の戦略は、集合的受容のより弱い非認知主義的解釈へと後退することである。人々がK性の「正しい」条件を明示的に受容していなくても、実践的にはそうしているということはできる。たとえばトマソンは、社会生活がしばしば、明示的な理論的熟考に基づく意識的な意思決定というよりもむしろ、一連の実践から成っていることに気づいている。それに応じて、彼女が示唆するのは、不可謬主義テーゼが非認知主義的な様相に翻訳されるべきだということである。

ある人たちは、次のように主張するかもしれない。実際には、私たちが制度的な種類のメンバーシップに関する原理に対して明示的な認知的意識を持っていることが稀で、私たちはただ、暫定的な種類のメンバーとして、この類のものは受容し、他の類のものは拒絶するということを実践しているにすぎないと。私が原理の受容について語ってきたのは、論理的関係をより明確にするためであり、基本的なポイントは、より明示的でない認知スキームにおいても、主張できるのである。このケースにおける結果は、以下のようなものである。存在物をある種類のメンバーとして扱う際に、(実在主義的見解のように)ある種の大きな誤りが、自然的な種類に対してはありうるとしても(たとえば鯨を魚として扱うといったように)、同じことは、(たとえば貝殻を貨幣として扱うことのような)制度的な種類に関わる実践に対しては真ではないということである。(Thomasson 2003: 590n12)

ここでトマソンが述べていることは、人々が、真にXをタイプKの存在物にする諸条件について無知であっても、XをまさにタイプKの存在物として扱うかもしれない、ということである。不可謬主義は、私たちの明示的な認知状態についてのテーゼというよりもむしろ、私たちがすることについてのテーゼへと切り替えられている。私たちはXがKであることを必ず知っていると不可謬主義者がいうときに、彼女が真に意味しているのは「〜ということを知っている（knowing that）」よりもむしろ「〜の仕方を知っている（knowing how）」である。「集合的受容」は理論的概念、つまり行動の一定の規則性を観察する理論家によって帰属された状態になるのである。（デネットの言い回しを使う理論家は、共同体とその成員の行動に対して「集合的志向姿勢」をとっていると言えるかもしれない。）しかし、これは、行為者たちが種類性の真の諸条件を定義する構成的ルールを明示的に表象しなければならないことを含意しない。

これは馴染みのあるやり方である。本書の前半で触れたように、統整的ルールの概念は二つの異なる仕方で解釈ができる。一つ目は、主体の行動を誘導する表現として解釈すること、二つ目は、主体の行動を要約し予測するために観察者によって利用される表現として解釈することである。同じことが構成的ルールの概念にも当てはまる。認知主義的解釈では、構成的ルールは、行為者たちが自分たちの行動を誘導し解釈するために使用する「エージェントの理論」である。非認知主義的解釈では、行為者たちがすることを理解するために私たちが使用する「観察者の理論」である。

非認知主義への転換は正当なのだろうか。それとも、不可謬主義からすべての興味深い内容を取り去ってしまうことになるのだろうか。いまや不可謬主義の主張を煎じ詰めれば、共同体の成員たちは社会的対象の有能な使用者であるということになってしまう。これは、実在論に対する意味論的・認識論的挑戦を事実上崩壊させる。Kというものの境界が存在するのは、たとえ根拠を知らないとしても、事実の上で、ある存在物はKとして使用し、他のものはそうしないからである。言語能力とのアナロジーでは、もしある言語を正しく話しているならば、当然、Kと名付けられるものと、Kと名付けられないものを（暗黙裡に）知っていることになる。ここでの「正しく」とは、共同体の人々がたまたまKと呼ぶものにすぎない。

しかし、非認知主義的バージョンの不可謬主義は、社会科学に対して、特別な含意を何ももたらさない。社会科学は、「〜の仕方を知っている」よりもむしろ「〜ということを知っている」という意味での知識を追求するものである。行為者の視点からでさえ、非認知主義は誤解原理の重要性をドラスティックに削減してしまう。XはKであるという事実から私たちが推論できるのは、人々がKである特殊なものをそうでないものから選別する仕方を知っているということだけで、人々がXはKであるということを知っているということは推論できないのだ。

こうして、第三の戦略だけが残ることになる。受容を強い意味での非認知主義的な仕方で解釈しようとするならば、いかなる実質的な認識論的主張も構成的ルールの理論から導くことを控えなければならないだろう。翻って、このことが含意しているのは、奇妙なカップルは放棄されるべきだということである。制度について誤った信念が存在することを説明する最善の方法は、私たちが大きく間違う可能性がある制度的事実が存在することを認識することである。

機能的性質の重要性　これで依存性テーゼに対する反駁は完了である。要約してみよう。この主張は数多くのステップを含み、様々な結論を支持している。私が出発点にとったのは、共有された表象への依存性が社会的な種類と自然的な種類を線引きする特徴であるというアイディア——哲学者と社会科学者のなかで大変人気のあるアイディアである。第10章において、私は、線引きテーゼは、少なくとも再帰的ループに関わるような社会的な種類の下位集合に対しては役立たせることができる、ということを主張した。しかしながら、私は同時に、依存性テーゼが、社会科学の存在論と認識論に対して、深い哲学的含意をまったくもたらさないことも示したのであった。とりわけ、社会的な種類についての実在論を疑うものとして依存性テーゼを用いることはできない。この結論に到達するために、私は依存性テーゼの二つの解釈を区別しなければならなかった。依存性が因果論的に解釈されるときには、多くの状況において、再帰的表象が行動を安定化させることを示すことができる。したがって、表象への依存は実際のところ、実在的な種類に対して好意的に作用する。依存性を非因果的に（存在論的依存性として）解釈するときには、ごく自然に、社会的な種類についての反実在論を擁護することへと導かれる。しかし、本章で論じてきたように、社会的な種類が（正しい）表象に対して存在論的に依存するというアイディアは偽である。その機能に関し、人々が正しかったり、正しくなかったりする理論を抱いているということから独立して存在する範例的な制度の例には枚挙にいとまがないからだ。

もし私が素描した議論が妥当ならば、制度的な種類と自然的な種類の相違点は、多くの哲学者が考えているほど重要ではないことになる。制度的な種類の持つ特徴的な性質は、自然の領域におけるのとまったく同じようにして、発見されるはずである。さらにいうと、制度的な種類に所属することは、純粋なコンヴェンションの問題ではない。コンヴェンションは役割を果たすのだが、その役割は行為と信念をコーディネートする装置を選択することだけに限られている。これらのコーディネーション装置の選択は、ある範囲内では恣意的であるかもしれないが、制度的な種類の構成にとって不可欠なものではない。真に重要な性質――たとえばトークン紙片を貨幣にするような性質――は、まったくコンヴェンション的なものではないのである。真に重要な性質は機能的性質であって、他者が財・サービスと引き換えに紙の手形を受容するもっともらしさのような事実に関わっている。さらにこれらの事実は、一国の経済で循環している手形の数、経済成長、あるいは国の軍事力のような他の事実に依存している。種類それ自体に対する集合的態度は、貨幣の構成要件として必要でもなければ十分でもないのだ。

付け加えるものがより少なく、自明な意味においてならば、コンヴェンショナリズムは、純粋に言語的なレベルで成立しているといえる。人々が「貨幣」と呼ぶような物事に対する十分条件として私たちが受容している諸条件のすべてをXを満たしているならば、Xを貨幣と呼ぶときに間違いを犯すことはできない。私たちの言語の選択、すなわち日常的な取引とコミュニケーションの目的のために私たちが物事を分類する方法は、いかにもコンヴェンションの問題である。しかし、貨幣が何であるのか――Kの本性とKにおけるメンバーシップ――は、まったくコンヴェンション的なものではない。人々が貨幣性にとっての十分条件と考えているどのような条件を満たしたとしても、他の実質的な条件が満たされないかぎり、それが必然的にXを貨幣の一例に変えるわけではない。だから反対に、集合的に受容された諸条件を満たさないような多くの物事でも、実際に貨幣でありうるのだ。

だから、思い残すことなく依存性テーゼに別れを告げることにしよう。制度的な種類とみなされることは、種類それ自体に対する態度から独立しているのだから。

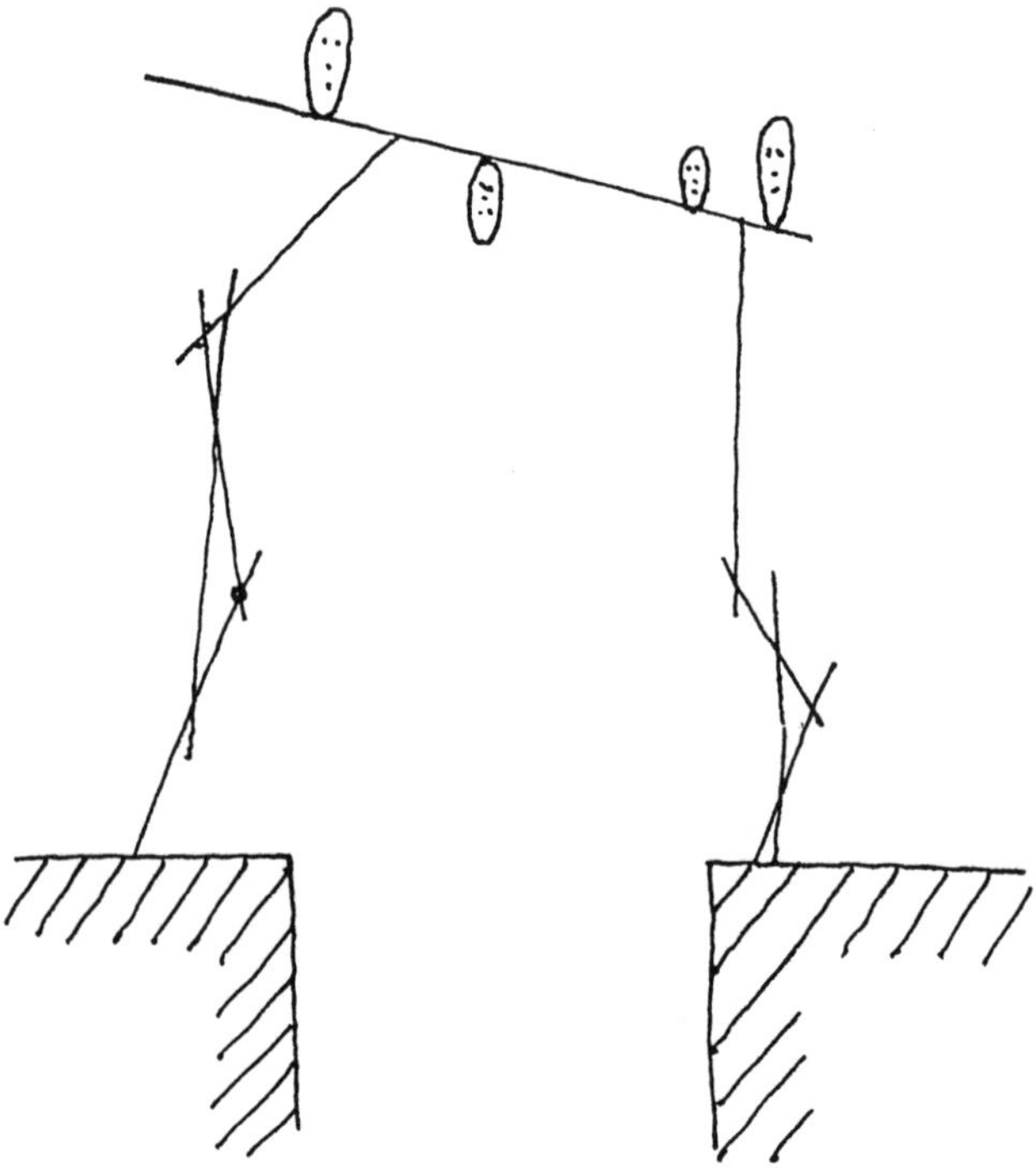

第13章 意味

Meaning

これまでの諸章において、私は社会的な種類に関する実在論を擁護してきた。社会的な種類や制度が持つ諸性質は、経験的探求によってア・ポステリオリに発見されなければならないということである。それは、何人かの哲学者が指摘してきたように、単に社会的実践に参画すれば知ることができるようなものではないのである。私はまた、実在論が高くつくものであることも主張してきた。すなわち、実在論の含意の一つは、私たちは社会的な種類について間違いを犯す可能性があるということである。有能な話し手は、貨幣とは何かを実際には知らなくても、「貨幣」のような用語を適切に使いこなすかもしれない。実在論と可謬主義は同じコインの表と裏の関係なので、切り離すことができない。

本章では、制度理解が、私たちが生活し社会を組織化する仕方に対して自明でない影響を与えるケースを見ることで、実在論の含意のいくつかを探究する。いくつかの状況においては、存在論が社会の進展に対して意義深い貢献を果たしうると私は信じている。すなわち、存在論は、立場が二極化し、言葉が物議を醸す意味を帯びてしまっているような論争に対して、明瞭さをもたらしてくれるのだ。特に、私は同性婚に関する現在の議論を検討するつもりである。そして、本書で素描された理論がこの問題に新たな視点を与えてくれるかもしれないことを示そう。

意味論について　同性婚に関する現代の議論は、政治・存在論・意味論の興味深い混合となっている。この論点は、ゲイやレズビアンのカップルに対して（財産を相続する権利や子どもをもつ権利のような）権利を拡張することに関わるものであり、明らかに政治的である。しかし、この問題は、存在論的でもある。なぜならば、哲学者・政治家・宗教的指導者のなかには、結婚はその本性そのものからして、同性の二人の個人間の結びつきとはなりえないと考える人がいるからだ。そして最後に、論争の一部は意味論的でもある。この論争が「結婚」という用語の正しい用法に関わっているからである。

本章の議論の立て方においては、意味という哲学的に複雑な問題に深入りしなければならないことになるので、意味論について簡潔に紹介することから始めるのが有用だろう。実在論の現代的なバージョンは、意味に関する**外在主義**と密接に関係している。外在主義の核心部は通常、話者の「頭の中に意味があるのではない」というスローガンに要約されている。このスローガンはいくつかの異なる仕方で標榜することが可能だが、私たちの目的にとっては、簡略な素描で十分だろう。外在主義は、言語としての言葉が持つ**外延**と、その言葉の想定される外延に関して人々が抱いている**理論**ないし信念とを区別している。たとえば、多くの人々は水を、喉の渇きを潤すために飲用できる無色透明で無味無臭の液体と考えている。これが、人々が「水」という言葉に結びつける**ステレオタイプ**であり、「概念化」ないし「素朴理論」である。ステレオタイプは、ほとんどの人々が、有能な発話者となる際に獲得する意味の一部である。しかし、素朴な概念化それ自体では、「水」という言葉が何を指しているのかを決定することができない。水の性質に関する人々の知識は可謬的で不完全だからである。事実、ステレオタイプは、その言葉がラベル付けに使われている物事に対する私たちの概念化を変えるような新たな発見がなされると、それに照らして改定することができる（し、しばしば改定される）。

実在論者と外在主義者によれば、水が何であるかは、世界のあり方に依存している。時間とともに、人々は「水」と呼ばれる物の研究を専門家（科学者）に委ねるようになるが、その際、種類としての水の同一性を規定する諸性質の発見を望んでいるのである。専門家は通常、ステレオタイプから若干異なる**科学理論**を定式化する。ステレオタイプと同様に、科学理論は「水」が何を意味するのかを決定しないが、その時々で利用可能な最も良い近似を提供する。この近似は、特定の状況において議論の的となるケース（どれが水でどれが水でないか）を裁定するために使用される。たとえば、私たちの知識の限りでは、水は二つの水素原子と一つの酸素原子から構成される物質を指している。しかし、繰り返しになるが、この言葉の外延はこの理論によっては決定されない。理論は最終的に間違っていたと判明するかもしれない。それは、世界のあり方によって、つまり私たちが「水」と呼ぶ物質を構成する諸性質を共有するすべてのものによって決定されるのである。

かいつまんでいえば、意味帰属の過程は基本的には三つのステップから成り立っている。ステップ1で、範例的な対象や物質の標本が、類似性の基準に基づいて同定され、言葉を用いてラベル付けされる（洗礼）。ステップ2で、専門家は「同一性（sameness）」の関係の体系的調査に従事する。言い換えれば、彼らは範例的な対象によって共有される諸性質を同定しようとする（発見）。最後のステップ3で、言葉の指示対象は、これらの存在物、そして上述の諸性質を持つような存在物のみを包含するようにして、精緻化される（応用）。

社会的な種類のケースでは、科学理論が素朴理論と顕著に異なることがしばしばある。人々は、エリザベス・メアリー・ウィンザーをイギリス女王にするのは何か、貨幣とは何か、結婚とは何かといったことに関する、あらゆる類《たぐい》の途方もない観念を持っている。これらの観念は注意深い探求の後、しばしば誤りであることが判明する。たとえば、人々が実際にしていることが、彼らがしていると思っていること（ステレオタイプ）と異なっていることが判明する場合などである。社会的実践がステレオタイプと整合的でないときには、ステレオタイプは、より適当な理論に合うように改訂されるか、破棄されなければならない。とはいっても、素朴理論が科学理論と併存することは、非常にありふれたことである。というのは、素朴理論も、社会的言葉の日常的な適用の道標としては、十二分に役割を遂行するからである。したがって、同じ制度的用語が二重生活を送ることも稀ではない。片面では、科学理論に埋め込まれた科学的概念化に結びつけられた理論語としての生活、もう一面では、素朴理論に埋め込まれた非公式の概念に結びつけられた日常用語としての生活だ。

サリー・ハスランガーは一連の論文のなかで、**顕現的**（manifest）概念と**稼働的**（operative）概念という有用な区別を導入してきた（Haslanger 2012）。所与の言葉に結び付けられた稼働的概念とは、実践に陰伏的に内包された概念である。たとえば、タバコを主に交換手段として用いるならば、「タバコ」の稼動的概念は事実上、貨幣である。対照的に、顕現的概念は、ほとんどの人々によって意識的あるいは明示的に了承されている概念である。たとえば、タバコといわれて主に思い浮かべるのは、喫煙のための手巻きタバコかもしれない。外在主義によれば、制度の同一性と制度的用語の意味は、顕現的概念ではなく稼働的概念によって決定される。制度とは何かを知りたいならば、素朴理論ではなく人々の実践を研究しなければならないのである。したがって、ある共同体においてタバコが何であるか（貨幣）は、人々がそれが何であると考えるか（喫煙用の手巻きタバコ）によって決定されるのではなく、彼らがそれを使って何をするか（交換手段としてのタバコの使用）によって決まるのである。

「結婚」をめぐる議論　実践の科学的研究は明らかに、社会的現実に関する主要な情報源である。だが、実践に関する知識は、制度とは何かを決定するのに十分なのだろうか。そのように述べることは、若干物議を醸す含意をもたらす可能性があるだろう。たとえば、結婚のケースを考えてみよう。私たちの文化圏においては、ほとんどの人は結婚を、成人男性と成人女性の公式な結びつきと考えている。そして、西洋諸国の現代における結婚の実践を研究する科学者は、この実践は主として成人男性と成人女性の関係を統整するものであると結論を下すだろう。したがって、このケースにおいては、ステレオタイプと実践、顕現的概念と稼働的概念は一致している。しかし、これが結婚の真のかたちならば（二人の異性間の契約関係）、「結婚」という言葉は、二人の女性あるいは二人の男性の結びつきを統整する契約を指し示すために用いるべきでない。私たちは、同性の成人間の契約のケースでは、異なる制度のための異なる言葉を使用すべきだということになる。

この議論は、単なる哲学的な屁理屈ではない。それどころか、この議論は大きな実践的重要性を持っており、政治的・法律的論争において繰り返し用いられてきたのである。多くの国々で、ゲイとレズビアンの活動家たちは、結婚を同性カップルにも拡張するための戦いを繰り広げている。多くの抵抗があったものの、活動家たちは彼らの運動の果実を獲得しつつある。同性同士の結びつきは、イギリス・カナダ・フランス・ブラジル・オランダ・スペインを始めとする国々で法制化されたのだ。しかしながら、これらの国々の中には、法律制定者たちが、同性同士の結びつきという契約を指すために「結婚」という言葉を使用しないことに決めた国もある。同性の結びつき（たとえばフランスの民事連帯契約あるいはＰＡＣＳ）は、伝統的な結婚と公式に区別された方が、保守的な投票者や政治家にとって受け容れやすいということが理由の一つである。

保守主義者が用いる議論で有名なものは、私たちは異なるものに異なる言葉を使うべきだ、というものである。要するに、伝統的な結婚と重要な点で異なっているものを名付けるために、「結婚」を使用すべきではないという主張である。新たなものには、新たな名前を授けられる資格がある。たとえば、２００９年11月、結婚擁護特別委員会の議長を務めたジョセフ・カーツ大司教は、カトリック教会の立場を次のように要約した。「私たちは結婚の真の意味を保存するよう尽力する。特に、あまりに多くの結婚がうまくいっていない私たちの社会においては、私たちがすべきことは結婚を再定義することよりもむしろ結婚を強固にするよう尽力することである。今日、結婚とは何か、結婚はどのようなこととして意図されているのかに鑑みて、結婚は保護され、促進されなければならない。それは、生涯にわたる、夫と妻の排他的な結びつきである」（United States Conference of Catholic Bishops 2009）。

明瞭さを求めることに対して非難することはできないし、「一つの名前につき一つの制度」という原則は、原理的に筋が通っているように思われる。心配なのは、結婚の概念を同性カップルにまで広げ、伝統的には異性カップルに対して認められていた実践に従事することを彼らに認めることが、結婚の意味の変化を引き起こすだろうことだ。もし制度がルールであるならば、ルールを変えることは制度を変えることになるだろう。だから、新しい制度は混乱を避けるために新しい名前を必要とするのである。

ケース・スタディ　ゲイとレズビアンの活動家の多くは、ＰＡＣＳのような契約の導入をただの準備段階とみなしている。異なる用語の使用は、同性愛者に対する偏見を反映していて、実質的に、同性カップルに対する差別の一形態だと活動家たちは主張する。こうした理由から、彼らは憲法上の権利の適用を監督する司法機関に対して、「結婚」という言葉の法的使用を拡張するように求めている。たとえば、２００１年には、ブリティッシュ・コロンビア州最高裁判所は、同性の配偶者の法的結びつきに対して「結婚」という言葉の使用を否定していることについて、憲法上の正当性を審査するよう求められている。*Halpern v. Canada* 事件[1]は、他の国々で起こった多くの裁判と類似していたものの、一点において顕著に異なっていた。最高裁判所は、数名の学者たちを鑑定人として召喚する機会を活用したのである。専門家の範囲は、歴史学者から人類学者、フェミニズム研究者にまで及んでいたが、二人の言語哲学者の宣誓供述書の中では、意味論的議論が著しく目立っていた。その二人とはロバート・スティントンとアデル・メルシエだ。

ロバート・スティントンはウェスタン・オンタリオ大学の教授で、同性の結びつきにまで結婚を拡張することに反対する主張をした。彼が裁判所に提出した議論は、二人の男性または二人の女性の結びつきを「結婚」と呼ぶことが、結婚という言葉の誤った適用を構成しているという結論を支持することを意図していた。

「結婚」という言葉の意味論的内容を正しく理解するならば、「同性カップルの結婚が認可されるべきか否か」と問うことは許されない、と私は信じている。正しい意味論的分析が示唆しているのは、男性同士がお互いに結婚できるべきかどうかについて、私たちは良識ある仕方で問うことができないということである。これは、なぜ二人の少年が姉妹になりえないのかを問うことや、独身男性が結婚した状態でありないのはなぜかを尋ねたりするのと同じである。私たちの共通言語における現代の意味論が、単にこうした選択肢を排除するのである。それは、公的機関が少年たちを姉妹とすることを許可したり、独身男性を既婚者とすることを許可しなかったりするような問題ではない。現在の意味の問題として、姉妹は女性で、独身男性は結婚していない状態である。同様に、結婚というのは一人の男性と一人の女性の結びつきであるということを私は示唆するだろう。(Stainton, para.10, quoted in Mercier 2007)

結婚に反対する意味論的な議論は、*Halpern v. Canada* 事件を数十年遡るものであるが、私はステイントンの宣誓供述書に焦点を当てることにしたい。なぜなら、それが議論を明示的に定式化しようとする滅多に見られない試みだからである。その基本的構造は次の通りである。

1. 「結婚」という言葉は「一人の男性と一人の女性の結びつき」を意味している。
2. したがって、この言葉は一時的・非排他的な同性の結びつきを名付けるためには使用できない。
3. この言葉を他の仕方で使うことは「結婚」の意味を変えるはめになる。
4. このことは混乱を招くので、同性の結びつきは、異なる言葉を使用して呼ぶ方が良いはずである。（たとえば「シビル・ユニオン」）

この意味論的主張は、厳密に理解するならば、「結婚」という言葉に適用されており、制度に関するものではないことに注意されたい。しかし、この論証は「結婚」の意味の同定に依存しているので（第一の前提）、結婚が一人の男性と一人の女性の結びつきであることを証明できるときに限って、うまく行くことになる。しかしこのことは、結婚が制度として何であるのかを私たちが知っていることを要請している。

1　カナダの控訴事件名はイタリックで、当事者の名前にv. で分けて表記される。

とはいえ、どうすれば制度の性質を同定できるのだろうか。ステイントンは制度を実践として見る見解を支持している。彼は、「結婚」の意味が「結婚」という言葉に伝統的または歴史的に結び付けられた実践によって決定されていると主張する。さらに彼は、これらの実践が、一人の男性と一人の女性の法的に認められた結びつきであると主張する。

結婚ということの鍵となる顕著な特徴は、その歴史であり、それは近年までの歴史ならびに結婚の宗教的起源を含んでいる。この歴史は、カップルが結婚するときの非常に特定的な儀式に反映されている。確かに、今日では民事婚を挙げることは可能であるし、そのような儀式は歴史的にも利用可能であったというのは真である。しかし、現代の民事婚ですら、より古くからの、特に宗教的な伝統を明らかに受け継いだものである（…）結婚を実践の宗教的解釈および実践の歴史的背景から切り離して見ることは、私見では、結婚の意味を完全に履き違えている。結婚とはまさに、宗教的ルーツを伴う、高度に特殊的で、高度に様式化された実践を受け継いだものである。このような仕方で結婚を歴史と切り離すことは、修道女であること、または侍者であることを宗教的ルーツから切り離そうとするようなものだろう！ その制度は国家によって包摂されており、結婚が法的地位を有するものだとはいえ、このことはその起源を消し去ってはいない。だから、私が結婚とはその歴史を受け継いだもの「である」というとき、このことは「結婚」という単語が実際に何を意味しているのかを正確に理解するために必須である。私たちは、言葉の理解をその歴史から分離することはできないのである。(Stainton 2001, paras. 19-20; quoted in Mercier 2007)

意味論的主張において頻繁に発生するものだとはいえ、結婚には宗教的起源があるという主張は少なくとも議論の的になるものだし、十中八九、真実でないだろう。しかしながら、当面は、この争点は括弧にいれておくことにしよう。要点は、同性婚の反対者によるならば（簡単化のため、彼らを「伝統主義者」と呼ぶことにする）、実践が制度を定義しており、ましてや、制度的用語の意味を定義していることだ。結婚とは何か、「結婚」という言葉が意味するのは何かを理解するためには、私たちはこの言葉の現在に至るまでの使われ方を見なければならない。

にもかかわらず、多くの人々は、配偶者の性的アイデンティティは結婚にとっては本質的ではないという理由で、「結婚」という言葉がゲイやレズビアンの結びつきにも正当に適用できると信じている。これらの「改革主義者」にとっての結婚とは、ジェンダーから独立した、二人の人格同士の契約関係である。では、この問題に関して、誰が正しく、誰が正しくないのだろうか。この問題は純粋な言葉の問題なのだろうか。それとも、もっと重要な何かがあるのだろうか。

経験的アプローチと規範的アプローチ　私は、結婚の意味についての不合意は純粋な言葉の問題ではないこと、結婚とはかくかくしかじかであるとただ定めるだけでは解決できないことを主張する。実在論者にとって、結婚の意味は世界のあり方によって決まり、私たちが使う言語は、（社会的）世界が組織化される仕方に忠実でなければならない。だから、実在論者であり改革主義者である者にとっての問題は、結婚が実際問題として圧倒的に異性カップルに制限されている世界において、結婚がゲイとレズビアンを除外しないという主張をいかに正当化するかということである。

本書の第I部で概説した均衡したルールとしての制度の理論は次のことを示唆している。ある制度的取り決めが、社会のなかである時期に支配的だという事実を、私たちは重視しすぎるべきではない、ということである。もし制度がコーディネーション問題の解であるならば、異なる仕方で同じ問題を解決する別のルールがあるはずである。実際、代替的な諸制度の機能を記述してきた歴史家や人類学者たちは、伝統的慣習を批判する人に対して、常に重要な着想の源泉であり続けてきた。

こうして、一つのありうるアプローチとしては、私たちの文化のなかに同性婚の事例があったことを示すことで、ステイントンのような主張に経験的に挑戦することが考えられる。たとえば、歴史家のジョン・ボズウェルは論争の的となった本のなかで、古代と西暦紀元初期の時代には、同性婚が実践されていたと主張している（Boswell 1994）。ローマ皇帝でさえ同性婚していたようである。たとえば、皇帝ネロは別の時期に少なくとも二度は男性パートナーと結婚したと言われている。さらに、西暦紀元の初期には、教会は兄弟性愛（adelphophilia）という制度を認めていた。これは、精神的親和性に基づいた二人の成人男性の関係であり、（ボズウェルによれば）結婚式と非常に似た公的儀式を通して公式に認められていた。

しかしながら、経験的挑戦は明らかな難問に直面する。同性の結びつきは異例であり、それは結婚の正真正銘の具体例とは考えられない、と切り返すことができるのである。たとえば、何人かの歴史家は、ローマ法は婚姻（matrimonium）には異なるジェンダーであることを求めており、ボズウェルの代表例（兄弟性愛または「兄弟関係」）は婚姻とは公式に区別され続けていたことを指摘している。皇帝であるネロは望むことは何でもできる立場だったから、例外にあたるというわけだ。彼の祖先の一人、皇帝のカリグラは最終的に彼の馬を神父に任命して、この馬を執政官にすることを誓った。しかし、大半の人々は、馬が決して神父や執政官になりえないことに同意するだろう。これとのアナロジーによって、ネロの奇行は、結婚は一人の男性と一人の女性の関係であるというテーゼの反例とならないと主張するかもしれない。

この反論を「カリグラ問題」と呼ぶことにしよう。私はカリグラ問題に立脚した論証が決定的であるとは考えていないが、それらは経験的戦略を悩ませる困難を際立たせるものである。その困難は、正真正銘の反例を、「疑似結婚」の例として扱われるべき例外から区別することにある。言葉の意味が世界のあり方によって決まると考える外在主義者は、結婚の真の意味を同定するために、経験的証拠を用いることにコミットすべきである。しかし、カリグラ問題が経験的な解決方法に立ちはだかり、適当な反応を要求する。後述するように、経験的証拠は重要だが、それは、結婚とは何であるかや結婚とはどういうものでありうるかの同定においては、異なる役割を果たすものである。しかし、この問題に取り組む前に、経験的証拠に限定的役割を与え、規範的考慮の重要性を強調している別のアプローチを検討することが有用である。

多くの改革主義者が伝統主義的立場は受け入れられないものであると考える理由の一つは、歴史のなかで結婚制度がどのような形態をとっていたとしても、ゲイとレズビアンが結婚制度から除外されるべきではないということにある。この直観はさらに、制度は静的な存在物ではないという考察によって支持される。すなわち、制度は進化するし、変わりゆくニーズに応えるために、制度を修正できる仕方があるに違いないということである。したがって、問題となるのは、第一に制度はいまどうなのかということではなく、私たちが制度がどうあってほしいか、将来どうなってほしいかということなのである。

同性婚に形式的に似ている例に焦点を当てるならば、規範的考慮を含むべきだという主張がますます説得的に見えてくる。たとえば、１９００年において、議会制度を研究している社会科学者のことを想像しよう。世界中を旅して回った科学者は、議会の議員のほとんどが成人男性であると報告する。彼はまた、成人男性であることはほぼすべてのところで、議会に選出されるための必要条件として用いられていることを観察する。したがって、彼は以下のように結論する。人々が「議会」と呼ぶ制度は本質的に、男性の制度であると。今度は結婚制度を研究するために１９００年のアメリカを訪れている社会科学者を想像しよう。彼女は、白人は黒人と決して結婚せず、異人種間結婚はタブーで、ほとんどの州で異人種間結婚を公式に禁ずる法律があることを発見する。そして彼女は、結婚の制度は同じ人種のメンバーに制限されていると結論するだろう。

私たちのほとんどが、これらの科学者が間違っているだろうという感じを抱く。これらの例から、結婚は必然的に同じ人種のメンバーに限られるとか、議会は男性だけのものであると推論するのは愚かなことである。だが、なぜそう考えるのだろうか。確かに私たちには、政治的理由によって、制度の狭い定義を拒否する傾向がある。私たちはこれらの制約は間違っていると信じ、議会の（記述的）理論が現在の実践と一致しているかどうかを意に介さない。制度は、規範的な望ましさに適合するように、今とは異なるように設計することが可能であるし、また、そうすべき場合もある。

このような一連の議論は、社会構成主義の学者たちによって追求されてきた。社会構成主義的な議論は、結婚の本性に関する存在論的主張を軸に展開される。すなわちそれは、不動の本質を持たない社会的・動的な存在物であるということである。このテーゼは、私たちが「結婚」という言葉を使用できる仕方には外的限界が存在しないという結論を引き出すために用いられる。卓越したフェミニズム研究者が言うように、『常にそうであったし、将来もそうだろう』というような結婚の真理はない」(Hunter 1991: 17) のだ。唯一の制限は政治的共同体に対して内的である。なぜなら、制度的用語の定義は究極的には異なる団体間の力関係を反映するからである。たとえばウィリアム・エスクリッジは三つの主張あるいは仮説を用いて、構成主義的立場を特徴づけている。

第一に、結婚は、ある本質的要素を備えているような、自然に生成した制度ではない。(…) 第二に、結婚のような制度の社会的構成は、中立的ではないし、そうなり得ない。それは、社会の力関係の展開と関わっているからである。(…) 第三に、結婚の社会的構成は動的である。(…) 従属的グループが自分たちの抑圧を同定し、それに抗うと決めるにつれて、結婚は変化すべきである。(Eskridge 1993: 1434)

同様にサリー・ハスランガーもまた、「人種」、「ジェンダー」、そしてまさに「結婚」のような概念の分析において、規範的考慮が正当かつ重要な役割を果たすと主張してきた。彼女が「分析的」とか「改良的」とかと、様々な呼び方をする研究に必要なのは、私たちが、これらの概念にどんな作用をもたらしてほしいと思っているのかを考察することだ。つまり、そもそも、なぜ私たちがそれらを必要とするのかということである。私たちの目的のためにそれらを定義する責任は、私たちにかかっている。そうする際に、私たちは通常の使用のある側面（とその言葉の内包と外延の両面）に対して感応的でありたいと思うことだろう。しかし、この研究には定立的な要素があるので、通常の使用も経験的探求も最優先とはならない。このことこそ、私たちが考える必要がある現象なのだ。問題になっている言葉にそれを意味させよう。このアプローチでは、世界はそれ自身では、ジェンダーとは何か、人種とは何かを私たちに語りかけることができない。むしろ、世界のなかで、それらが何かでありうるとしたら、何であるかを決めるのは私たち次第なのだ。（Haslanger 2012: 224）

ハスランガーの議論　ハスランガーによると、社会的制度の分析は、私たちに三つの要素に注意を払うことを求めている。（1）「稼働的概念」、（2）「顕現的概念」または理論、（3）「規範的概念」である。稼働的概念とは、言葉の使用と結びついた実践もしくは実践の集合である。顕現的概念とは、人々が言葉を理解するために使用する理論ないしステレオタイプである。そして、規範的概念とは目標、すなわち、私たちがそれに対して望むような制度的存在物である。これら三つの概念はしばしば、かなりの程度重なりあっているが、不整合性が生じることも稀ではない。たとえば顕現的概念と稼働的概念が対立するときには、人々がその言葉を使う仕方の経験的研究が、私たちがその言葉と結びつける顕現的概念の改定をもたらすかもしれない。たとえば私たちは、「同性愛」という言葉が主として生物学的な種類を指しているわけではなく、（たとえば医学的理由よりも）道徳的理由から不適切とみなされる行動の集合を指していることを発見するかもしれない。しかし、稼働的概念と顕現的概念が調和する一方で、その両方ともが、私たちが自分たちのために設定している規範的目標と合わないということもありえる。そのようなケースにおいては、私たちは同時に一連の問題を問わなければならない。

私たちはどんな政策を推し進めたいのか（…）、私たちが使っている言語のかけらで、何をしたいのか。私たちの政策を変えて同じ言葉を使い続けたいのか。政策を変えて新しい言葉を導入したいのか。政策は変えずに言葉を変えたいのか。昔からある言葉で政策を継続したいのか。（Haslanger 2012: 379）

目標は、三つの要素間の整合性――ロールズ的用語では一種の再帰的均衡〔反省的均衡と訳されることが多い〕――を達成することである。したがって、もし記述的に正しい理論の規範的含意が気に食わないものであるならば、私たちにはその記述的理論を拒否する資格があるのかもしれない。このようにして、ハスランガーは社会的な種類についての実在論を放棄することなく、道徳的に受け容れられない制度は改革できるという強い直観を守ろうとするのだ。ハスランガーによれば、「社会的構成の枢要な形態が存在する（…）それは、実在論の重要な諸形態、種類についての客観主義、自然主義と両立可能である」（Haslanger 2012: 183）。ジェンダーと人種は生物学的に決定されるカテゴリというよりも社会的に維持されるカテゴリだという理由によって、人は社会構成主義者になることができる。「人種」と「ジェンダー」という言葉は実在的な社会的な種類を指している。すなわち重要な性質を共有し、明らかに同定可能な社会的メカニズムによって維持されている共通性をもつ存在物のクラスを指し示しているという理由で、人は実在論者にもなれる。「ジェンダーも人種も実在的であり、どちらもが社会的カテゴリである」(Haslanger 2012: 246)。

ハスランガーの立場が興味深いのは、実在論と構成主義の間に明らかな緊張関係があるからである。どのようにすれば、ジェンダーと人種について実在論者であると同時に、「世界はそれ自身ではジェンダーとは何か、人種とは何かを私たちに語りかけることができない」と考えることができるのだろうか。実在論者であることはまさに、指示対象が世界によって決まると信じることであり、「世界のなかで、それらが何かでありうるとしたら、何であるかを決めるのは私たち次第」ではない。実在論者によれば、私たちは制度を自由に変えることはできない。すなわち、いかなる存在物の同一性も、それが頑健なのは限定された範囲の操作に対してのみであり、それを必然的に別の何かへ変えてしまう制度の変化もありうるのである。「元老院議員」という言葉がカリグラの馬を含めるほどに拡大解釈できないのとまさに同じように、私たちが結婚という言葉に望むものが何であれ、「結婚」と正当に呼べないような取り決めが存在している。問題は、制度の境界が何であるのかを見つけ出し、それに従って「結婚」の意味を同定することである。

ハスランガーはこの緊張を解消する正しい仕方については多くを語らない。とはいえ、彼女が述べることは私たちを正しい方向に差し向けてくれる。改良的アプローチの規範的要素は、私たちの目的と目標にとって制度がより役立つことができるように、制度を再定義することを促してくれる。しかし、実在論的要素は私たちに、制度が役に立つ目的と目標は、私たちの完全なるコントロール下にはない性質とメカニズムによって制約されることを思い起こさせる。なぜなら、それらは外的世界によって決まるからである。次章で私が試みるのは、これら二つの洞察を明確化し、ハスランガーの改良的アプローチに理論的基盤を与えることである。その際には機能を、制度の実在的理論の同一性基準として用いることになろう。

実在論的アプローチの利点　先に進む前に、ハスランガーがそうするよう促しているように、実在論を真剣に受け止めることには様々な利点があることを付け加えさせてほしい。ラディカルな構成主義——制度的概念の定義に外的制約がないというアイディア——は、解決に四苦八苦する問題を生み出す。たとえば、「私たちの」規範的要求に適合するような仕方で、私たちが結婚を再概念化することを望んでいるとしよう。だが、一体全体、誰の規範的要求が考慮されるべきなのだろうか。結婚は、単に経験的な意味だけでなく、あるいは主として経験的な意味だけでなく、道徳的な意味でも、政治的な意味でも論争の対象となる概念である。同性婚に反対する伝統主義者は典型的には、事実に基づく議論と形而上学的議論と規範的議論との混合を用いるものである。そこでは、道徳判断が大きな役割を果たしている。たとえば、カーツ大司教に再び登場してもらおう。

結婚を保護するということは、父母の独自かつ不可欠の役割を肯定するとともに、夫と妻が社会において担う特別の責任を承認することである。結婚を保護することは、夫と妻の間の永遠かつ排他的な愛を、それ自身において驚異的で比類のない善として肯定することである。この愛は、また多大な社会的・実践的帰結をも有している。彼らの性的な違い——女性にとっての男性、男性にとっての女性——は、実在的で価値があるものであり、社会的構成物ではなく、コストなしに恣意的に無視できないような人間的人格の側面である。この性差は、結婚にとって本質的であり、人間的人格の形成にとって、関係の文脈である。悲しいかな、今日の結婚を再定義する試みは、男と女の独自のアイデンティティと天からの贈り物とを無視するか拒否してしまっている。そのような見過ごしは、人間であることが何を意味するのかに関する混乱を促進するだけである。(United States Conference of Catholic Bishops 2009)

男女関係は「実在的《リアル》」かつ「本質的」であるだけでなく、「価値がある」ものでもあり、「コストなしに恣意的に無視できない」、「驚異的で比類のない善」である。したがって、一方での伝統主義者と、他方での改革主義者は、何よりもまず規範的原理に関して同意しないのである。この論点は、再帰的均衡が私たちの規範的直観の上に形作られなければならないか、彼らの規範的直観の上に形作られなければならないのかということであり、これらの問題に関する合理的同意には、大きな余地が残されていないように思われる。

したがって、規範的考慮だけに、制度とは何かを決めさせることは間違いだろう。制度とは何か、なんであり得るかに関しては、一定の事実の問題があり、異なる規範的確信をもっている人々でもそのような問題については合理的に対話できるのである。実在論的アプローチは、結婚がゲイとレズビアンを排除するか否かを、道徳的確信の問題としてだけではなく、事実問題として決めることをも可能にするはずだ。それは伝統の問題や、人々が結婚の意味をどう理解しているかという問題ではない。論点は、同性愛が結婚の本性の一部なのかそうでないのかということである。終章では、実在論の教義と、結婚の非排他的・非差別的な本性に関してほとんどの改革主義者が抱いている規範的直観の両方を救うことになる、この難問の解決策を探究することにしよう。

第14章 改革 Reform

前章では、いくつかの問題がまだ未回答のままに残されていた。すなわち、実在論者であると同時に改革主義者であることは可能なのか。次の二つのことを同時に信じることは可能なのか。（1）社会的制度の本性は世界のあり方によって決まる、（2）私たちの生活を統整する諸制度は、それらを異なるものにしなくても変えられる、ということである。本章では、私はそれが可能であることを論証し、世界に制度的用語の意味を決めさせるという外在主義的コミットメントと、別の何かに変化させることなく、制度は規範的に望ましいものに適合するよう修正することができるという直観を同時に救い出すような解決策を提案する。

私が提案する解決策は、ハスランガー（Haslanger 2012）によって追求された「改良的」（ameliorative）アプローチに改善を加えたものだ。改良的理論家は、保守主義者を記述面から攻撃する余地はないので、規範を根拠にして保守主義者に挑戦しなければならないと信じている。再び、結婚のケースを考えてみよう。もし理論と実践が合致していなければ、私たちは矛盾を強調し、保守主義者に対して、彼ら自身の結婚の暗黙の理解に忠実であることを求めることができるだろう。しかし、もし「結婚」が、ある共同体においては常に同性の結びつきを意味するとしたらどうだろうか。経験的戦略がうまくいかないときに、改良的アプローチが魅惑的な解決策を提供してくれる。私たちは現在の実践を規範的に批判すべきである。純粋に記述主義的な枠組みの内側で、改革主義者であり続けることができないからである。

コーディネーション問題の解としての「トークン制度」　本章では、私は別のルートをとることにしよう。私の見解では、理論と実践（ハスランガーの言葉では、稼働的概念と顕現的概念）の整合性は正しさを保証しない。つまり、理論が人々の実践と整合的だとしても、理論は記述的に偽であるかもしれないということである。その根本的理由は、現在と過去の実践が、理論を評価するために私たちが持つことのできるすべての証拠ではないことにある。科学哲学者が非常によく知っているように、理論は存在するデータによって過小決定されているのである。理論と存在するデータとがどんなにぴったり適合していようと、理論がまだ考慮されていないデータを説明できない可能性は常にある。したがって、結婚がこれまでずっと圧倒的に男女関係に対して適用されてきたという事実は、結婚が男女関係に限定されるということを含意しないのである。私たちは十分な証拠、あるいは正しい種類の証拠を集められていないかもしれないのだ。もし私たちがそれをしていたならば、結局のところ、結婚の制度が同性の結びつきを包含することを発見することができていたかもしれない。

意味の発見に関する外在主義者の物語を思い起こそう。ステレオタイプの改訂は、科学者が実在的な種類の特徴的性質を同定するために研究するサンプルの識別とともに始まる。だが、どんなサンプルでもよいわけではないだろう。もしサンプルがその種類に属するすべての物事を代表していないならば、私たちは誤りを犯すことになるかもしれない。たとえば、私たちはオーストラリアのハクチョウを考慮にいれていないために、「すべてのハクチョウは白い」と誤った推論をするかもしれない。したがって、「すべての結婚は異性愛である」という理論の問題は、それが視野狭窄バイアスに基づいているかもしれないことだ。ゲイの活動家の標準的戦略が、ボズウェルのように、サンプルを拡大し、歴史を通じて文化横断的に同性婚の例を探索することだったのは、こうした理由によるものである。

ただ次のことに気をつけよう。サンプルが不十分であるという主張は、前章で述べた理由から、証拠だけに依拠することができない。同性婚がたとえば古代ローマでもありふれていたという異論が突きつけられると、伝統主義者は、それらは正真正銘の結婚の事例ではなくて、別物なのだと返答するかもしれない。これは、黒いハクチョウは本物のハクチョウではないと言うことに類似している。しかし、ハクチョウのケースでは、私たちの全員が、それが受け容れられないアド・ホックな論理展開だろうことに同意する。なぜなのか。それは、白いハクチョウと黒いハクチョウを同じ属（ハクチョウ属）内の二つの種（オオハクチョウとコクチョウ）として分類する十分な理論的理由があるからである。

たとえば、どちらの種も共通の先祖の子孫であって、自然選択によって形作られてきた一群の形質を共有している、というものである。

したがって、私たちに必要なのは、結婚のケースで同様の議論〔伝統主義者の議論〕の展開を拒否する理論的根拠である。ここで、科学的情報に基づく存在論が助っ人として来てくれる。実践（すべての結婚は異性愛である）から理論（結婚は異性愛である）への推論は、タイプとトークンの混同を利用している。西洋の結婚制度、ついでに言うと、歴史的に存在するどの文化における結婚制度も、結婚一般ではない。それは私たちが結婚と呼ぶ、制度タイプの個別の例化（トークン）なのである。統一理論によれば、制度トークンは関連するコーディネーション問題の集合に対する個別の解であったことを思い出そう。だから、たとえば、13世紀のフィレンツェにおける結婚の実践を研究して学べるのは、フィレンツェの人々が子育て、生殖、経済的協力をある個別の時点で組織化していた個別の仕方だけなのである。結婚とは一般的に何なのか――結婚はタイプとして何なのか――を見出すためには、特定の解よりもむしろ、コーディネーション問題全体に焦点を当てる必要がある。なぜなら、制度タイプは、制度の目標、あるいは制度が解決する諸問題を参照することによって、機能的に定義されるからである。同じ目標は多くのやり方で達成可能なので、特定の諸制度の研究は、それら制度に共通することよりも、特定の解について、より多くのことを教えてくれる。すべての制度が共有しているのは、それらが同じ問題の解であるということ、すなわち同じクラスのゲームの均衡であるということである。

フィレンツェの結婚をトークン制度として記述することは直観に反するように思われるかもしれな

いので、少し説明をしておくことにしよう。存在物または存在物の集合がタイプとして分類されるか、トークンとして分類されるかは、それが時間と空間に位置するかどうかに依存している。トークンは、ある地理的場所に具体的に例化されていて、歴史、つまり始まりと終わりを持つ。フィレンツェの結婚をトークンとして扱うことはこのアプローチと整合的である。特定の契約的解決策は、一般的な結婚制度（タイプ）の歴史的な例化だからである。これは多くの生物学者と哲学者が種を扱う仕方と類似的である。すなわち、生命体と同様に、種は時間と空間に位置づけられた個別者である。これに対して、高位の分類群はタイプまたは普遍者である。この区別の背後にある重要な動機は、タイプは個物と同じ仕方では、因果プロセスに関与しないということである。たとえば、諸タイプはお互いに、あるいは他の存在物と相互作用しない。したがって、トークンはタイプに欠けているような実存を享受しているように思われる。タイプとしての結婚は、因果的には自ら活動できない一方で、イタリアの法律に準じた結婚はイタリア人の行動に影響するとともに、（ほぼ間違いなく）その行動に影響されている。

もちろん、アナロジーが完全に成立するか否かについては、論争の余地があるかもしれない。しかしながら、議論は分類に関するこの特定の選択にまったく依存していない。要点は、社会的存在物が異なる存在論的な諸レベルで階層化されていること、そして私たちがこれらのレベルを分けておくべきであるということだ。制度に関する限り、問題は、社会科学者がこれらの区別を明白にすることを可能にする分類法、ひいては専門用語を発展させてこなかったことにある。私が試みているのは、「制度-タイプ」と「制度-トークン」を手段として用いて、現代の哲学と社会科学の限りある言語的資源を活用しながら、異なるレベルの存在論的分析を区別することである。

いずれにせよ重要な点は、結婚とは何か（そのタイプ）を、ただトークン制度のサンプルを一般化するだけでは決定できないことである。なぜなら、サンプルが不十分であるかもしれないからだ。たとえ偶発的理由から人々が常に同じ解に収束していたとしても、そこから、ほかに可能な均衡はないということは導けない。アナロジーとして、ウラン２３９のような化学元素を考えよう。偶発的理由によって、科学者が核反応の際にそれを生み出す方法を学習するまでは、そのような同位体は自然には存在しなかった。人間がその生成方法を知ることができずに、ウラン２３９が単なる可能性に留まっていたという代替的シナリオも容易に想像できるのである。だが、このシナリオにおいて、そのような同位体は一度たりとも観察されなかったという事実から、ウランの同位体は２１７から２３８までだけだという理論を推論することは明らかに偽であろう。どの同位体が存在できるかを知り、それらの分類法を知るために理論物理学を必要とするのとまったく同じように、私たちは、どの結婚が存在しうるのか、そしてそれらをどう分類するかを教えてくれる制度の理論を必要とするのである。

言い換えると、トークン制度（古代ローマの結婚、イスラム教徒の結婚、チベットの結婚等々）は、制度タイプ（結婚一般）の適切な制度の理論を発展させるための、取り消し可能な証拠として使用できるかもしれない。とはいえ、理論はトークン制度に狭く例化された諸実践に適合する必要はない。同じコーディネーション問題の別の解を観察することで、私たちが複数均衡を持つゲームを取り扱っているという事実に気がつくだろう。この主張は、別の方法で実質化されなければならない。たとえば、人々が一定の契約的形式を使用して解いている諸問題がある点で似ていること、インセンティブが一定の仕方で構造化されていること等々を示すことである。最後に、理論的には存在するかもしれないけれど、これまで一度も履行されてこなかったような、自明でない均衡を発見するためには、理論的な創造力と想像力が必要とされる。

結婚の例でいうと、人々が自分たちの関係を統整するために使用してきた様々なルールは、典型的には、いくつかの問題を同時に解決している。そのうちのあるものは繁殖の問題——子どもの生産をいかに統整すべきかという問題であり、他のものは教育の問題である。後者は、子供が共同体によく適応した成人になるまで、どのように子どもを育て、食事を摂らせ、社会化するかという問題である。しかし、経済的協力（誰が誰をどのように助けるべきか、誰が何を相続すべきか）、相互的な情動的・感情的サポート等々の問題もある。歴史的・人類学的証拠が示すのは、これらの諸問題はボイド－ミルの意味での「クラスタ」を構成してはいるけれども、どの一つをとってみても本質的とは言えないことだ。生物学的に妊娠して授かったのではない子どもを育てるカップルもいる（養父母や里親）。子育てはしないで、経済的に助け合うカップルもいる。互いに情動的・感情的サポートをせずに、子育てをし、経済資源を共有するカップルもいる。結婚は、単一の本質的機能を持っているのではない。しかし、契約が（公式ないし非公式に）この類の活動のクラスタを統整しているかぎり、結婚について語ることは正当である。

「結婚」への科学的アプローチの可能性　改良的アプローチとは対照的に、この戦略には、鍵となる実在論的原理を救うという利点がある。すなわち、結婚とは何か、結婚と呼ばれるに値するものは何かは、私たちの主観的信念または主観的意図には依存しないという原理である。それは、人々が望むもの、規範的に望まれるもののどちらにも依存しない。それは世界のあり方、とりわけ結婚という制度（その様々な例化において）が解決する諸問題がどんな種類のものかに依存するのである。この点は、意味の外在主義の精神と整合的であって、同性婚の問題への記述的・科学的アプローチの余地を切り拓くものである。「これが私たちが結婚にあって欲しいと望むことだ」と述べることと、「これが結婚というものだ」と述べることには、大きな違いがある。前者のケースでは、存在論的結論は、政治的交渉ないしパワー・バランスの直接的帰結である。後者のケースでのそれは、諸問題を解決するために人々が使用している、使用してきた、使用することができる諸制度に対する経験的・理論的探究の帰結である。それは、結婚とは何かということが主として科学的問題であるという実在論的原理を救うものであり、後者の問題を、多くの潜在的なバージョンのなかで、私たちがどれを採択したいと思うのかという政治的問題から区別しておくのである。

こうして規範的考慮は、制度改革に関する政治的議論において役割を果たすし、そうしなければならないのである。ポイントは、規範的考慮が正当な役割を果たすのは、トークン制度が関係するときだけであるということだ。一般的に結婚とは何かという問題は、私たちが結婚のどのバージョンを採択すべきかという問題から区別されなければならない。というのも、それぞれの問題への回答は、異なる探究手法を用いて、そして異なる種類の専門知識に依存しつつ、異なる仕方で正当化されなければならないからである。

もしKが自然的な種類であるならば、私たちが自然的存在物の探究と分類という課題を委ねなければばならない専門家は自然科学者である（たとえば生物学者や精神科医）。それとは対照的に、もしKが社会的な種類ならば、そういう仕事をすることになる専門家は人類学者、社会学者、または経済学者である。最後に、もしKが規範的な種類（たとえば法的な種類、宗教的な種類、道徳的な種類）ならば、私たちは分類の決定を裁判官、司祭、道徳哲学者に委ねたいと思うかもしれない――彼らの専門性を信じるならば。あるいは、現代の自由民主主義において慣習的になされているように、私たちは市民たちに決定させることになるかもしれない。しかし、いずれにしても、私たちがどんな種類の問題を問うているのか、誰がそれに答える能力があるのかを、明確にしておくことが重要である。

種類の異なる種類を区別できることが、結婚のような異論の多い言葉の使用を巡って勃発する論争を理解するために決定的に重要である。カナダの最高裁判所に提出された訴訟を思い出そう。もし結婚が主として社会的制度ならば、結婚の本性に関する専門家は社会科学者である。彼らは（科学的証拠と理論に基づいて）社会的制度としての結婚とは何かを決定する専門知識を有している。しかし、法学的観点から結婚とは何か、何であるべきか、すなわちどのようにして結婚を法律に成文化するのかを決定する権利は、彼らにはない。これは規範的な法的問題であり、この点については社会科学者は専門家ではない。

言葉の区別と専門性　社会科学者は、「結婚」という言葉の異なる使用を区別する手助けをすることができる。たとえば、私たちがこの言葉を、その特定の（トークン）例化のものではなくて、制度一般を指して使用するときである。彼らは、結婚制度一般が異性愛関係に限定されないということを明確化することができる。彼らは、理論的な推測という方法で、以前に試みられたことがまったくない結婚関係を統整するための、新たな方法さえ示唆できるかもしれない。しかし、彼らは、こうした解決策のうちのどれが法制に組み込まれるべきかを（科学者として）教えることはできない。

同性婚に関する*Halpern v. Canada*事件に鑑定人として参加したアデル・メルシエは、この区別を際立たせるために、法的な種類というカテゴリを導入している（Mercier 2007）。民事婚という法的概念に関する決定は、たとえば国民投票を経たり、あるいは市民の代表たる議会の決定を経るという形で、市民に委託されるかもしれない。もしこのルートがとられるならば、この問題は投票の過半数によって決定され、その結果は、彼らの国において結婚がどのように統整されるべきかについての多数派の信念（もしくは代表の信念）を反映したものとなるだろう。しかし、これは社会的な種類としての結婚の本性に関する判断ではないだろう。なぜなら、それは議会のメンバーとか、あるいは市民たちですら決定する権限を持たない事案だからだ。したがって、カナダの法律で禁じられたとしても、同性の結びつきを、法制で採択されてきた制度的取り決めに対する可能な代替的選択肢として「結婚」と呼ぶことは正当であろう。

もう一つの選択肢は、たとえば最高裁判所のような、法の専門家の団体に決定を委ねることである。これはカナダを始めとして、個々の市民の権利を差別や多数派の抑圧から守ることを気にかけている多くの民主国家でとられてきた手続きである。ブリティッシュ・コロンビア州では、裁判所は、同性の契約関係に対して「結婚」という言葉を使うことを否定することがゲイとレズビアンに対する差別を構成しているかどうかを決めるよう求められた。伝統主義者の主張は、部分的には、前章で私が見てきたような論証によってサポートされた。すなわち、提訴人は、「結婚」という言葉が、歴史的に異性カップルに限定されてきた実践を指していると主張し、さらに、それをより包括的にすることは言葉の意味を変えることになるだろうと主張した。最終的に裁判所はこの主張を退け、同性の契約関係に「結婚」という言葉を使うことは正当であるだけでなく、差別を避けるために義務的なものであると決した。

裁判所はなぜそうしたのだろうか。どういう方法論に則って、どのような専門性に基づいてそうしたのだろうか。メルシエの指摘によれば、裁判所は、法的に承認された契約関係という手段によって、同性の結びつきが統整されるべきか否かを審議しなかったし、社会関係としての結婚がどんなものかについて討議することもなかった。裁判所が決定したのは、「結婚」という言葉を異性の結びつきに限定することがゲイとレズビアンを差別することになるだろうということだけである。より正確にいうと、法的結婚を特定の結婚の概念（異性との結婚）と同一視することが、カナダの憲法で認められている自由と権利に衝突するだろうということである。

裁判所は日常的な言葉の意味を変えたり、指令したりする権限を持たない。その権限とは、言葉の意味を個別化すること、そしてどの言葉が私たちの法にかかわるかもしれないのかを識別することである。（民事）結婚に対して同類関係（same-as relation）を最終的に決定するのは憲法である。その理由は、私たちが（個人的にまたは集合的に）社会的なものについての概念を憲法によって課される制約に委ねるという道徳的コミットメントに従う程度に、私たちは（民事）結婚の概念がこれらと整合的であることを願うからである。（…）私たちが裁判所に従う理由は、私たちが裁判所を、法律上の概念と憲法の条項に具体化されている道徳的概念との整合性に関する専門家として認めているからである。そして、そのようなものとして裁判所を認める程度に、私たちは裁判所に従うのである。（Mercier 2007）

これは裁判所の専門性である。つまり、法制のある部分が他の（より基礎的な）法的概念ないし法的原則と整合的かどうかを確立するという専門性である。私たちは、世界中の憲法裁判所で下された多数の画期的判決に、同じ推論が作用していることを見て取れるのである。一定の原理（生きること、死ぬこと、産むこと、発言すること、投票すること、立候補すること、結婚すること等々の権利）が憲法に組み込まれた後には、市民たちは、特定の法制化の部分がこれら高位の原理と整合的かに関するあらゆる意思決定を裁判所に委託する。そのような決定は規範的である。すなわち、基礎的な政治的・道徳的原則の解釈と適用における裁判所の専門性に依拠しているという意味で規範的だし、それらの決定が法典に組み込まれた公式な規範を手段として人々の行動の統整に関わっているという意味でも規範的である。裁判所がしないことは、結婚、民主主義、生殖、生と死に関する存在論的争点を、社会的ないし自然的な種類として解決することである。

これは、改良的理論家によって支持されている見解とはまったく異なった、規範性に対する見解である。もちろん、規範的要因はトークン制度の同一性に関する決定に対して、確かに影響を及ぼす。しかしそれは間接的であって、制度が法律によって組み込まれ統整される限りにおいてのことである。

規範的考慮は、制度－タイプに関する存在論的議論や科学的議論に影響を与えないし、影響すべきではない。法律の専門家、道徳の専門家、政治の専門家は、その領域における認識論的権限を有していないからである。たとえば、法律を解釈する訓練をうけている裁判官は、特定の生理学的状態が生物学的な生の状態か死の状態かを決定する知識と専門性を有していないのだ。同様に、裁判官は、ある契約が、結婚のようなより一般的なタイプの制度の特定の例化であるかどうかを裁定することができない（だから、裁判官は医者や人類学者のような専門家の証人に助言を求めるのである）。裁判官ができることは、ある概念を私たちの法制に導入することが、憲法に成文化されている高位の原則と両立可能かどうかを裁定することである。

司法の決定が人々が結婚制度を表象する仕方や、人々が同性の結びつきについて語るときに使う言葉に影響しないと見せかけることは、明らかに誠意に欠けるであろう。そのような決定は、私たちの社会的実践（どれほど多くのゲイとレズビアンが結婚することを選択するか）と象徴的表現（私たちが同性の結びつきを単に別形態の結婚とみなすのか、完全に異なる種類の結びつきとみなすのか）の両方に対して、顕著な影響を与えている。もしそうでなかったならば、そのような決定を取り巻く白熱した論争は理解しがたいものとなるだろう。しかし、法的決定が影響を及ぼすのは、現実の適用状況（今ここで人々が従っているルールは何か）と社会的用語に結びつけられたステレオタイプ（素朴理論）だけである。これとは対照的に、言葉の外延は影響されない。なぜなら、それはどの裁判所も変える力を持たない要因によって規定されているからである。

法的判決の効果は、現在の社会的実践ならびに人々の規範的確信と相互作用する。立法府が同性のメンバー間の契約関係は「結婚」と呼ばれなければならないと決めた後でも、個々の市民は、異性との結婚が唯一の正当な結婚の概念、すなわち法によって承認されるべき唯一の概念であると信じ、また主張する資格がある。しかし、もしそうするならば、彼らは、現在自分の国の市民を差別から守ってくれている憲法の諸原則を改訂する準備をしなければならない。さらに、人々は異性との結婚は好ましい結婚の概念である、すなわちそれは彼らの宗教的信念と整合的な唯一の結婚概念であると主張する資格がある。しかし、裁判所も人々の規範的信念も、社会的制度としての結婚が何なのかを決定しない。異性との結婚が社会的な種類として結婚の唯一の種類であるという主張は、現在利用可能な最良の理論と経験的データに照らして、その主張を評価できる科学的専門家によって裁定を下されなければならないのだ。

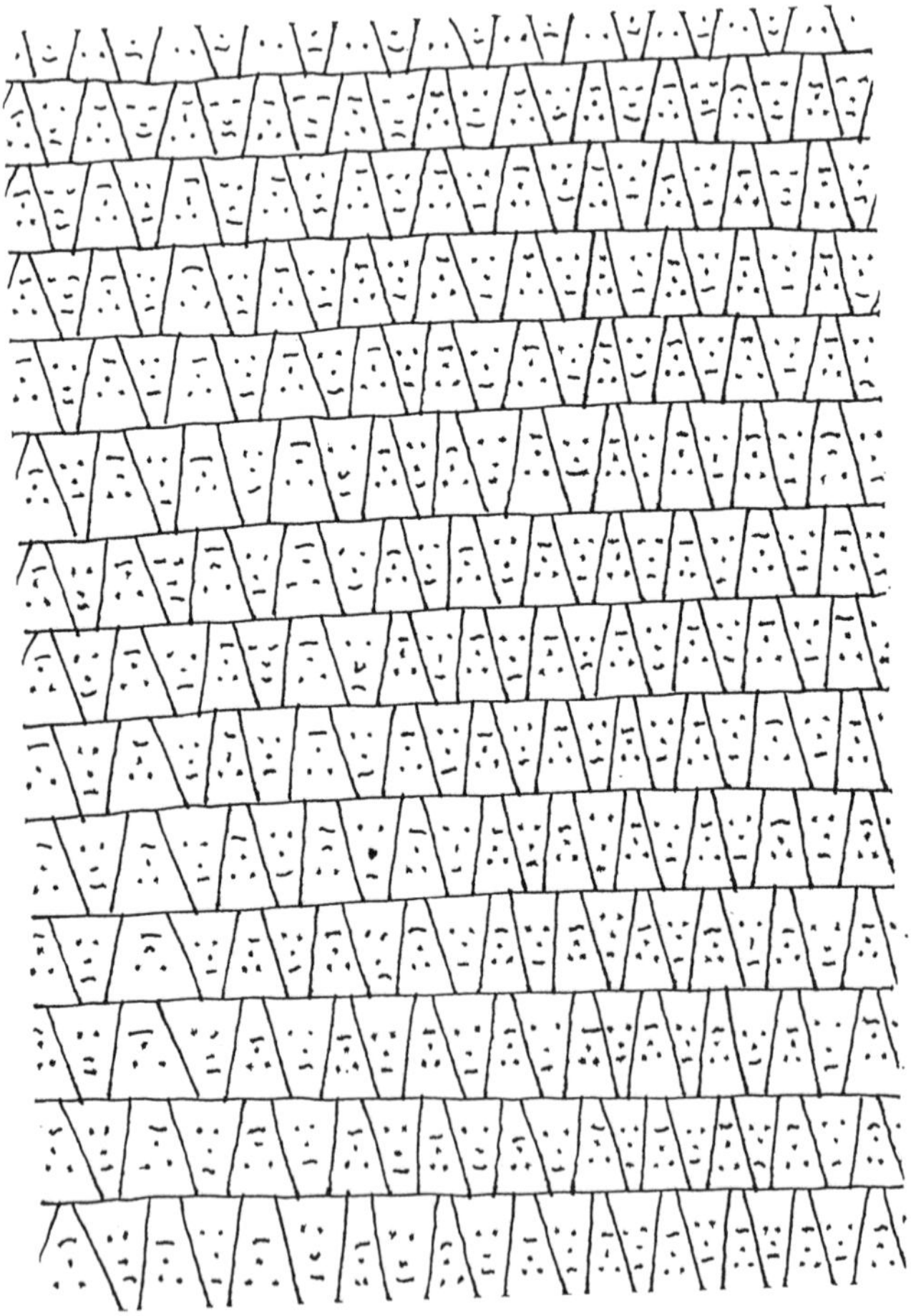

解説

（中央大学経済学部）瀧澤弘和
（中央大学大学院総合政策研究科）水野孝之

本書は、Francesco Guala, *Understanding Institutions: The Science and Philosophy of Living Together*, Princeton and Oxford, Princeton Unversity Press, 2016の全訳である。

フランチェスコ・グァラは、1970年5月24日生まれの経済学者・哲学者である。イギリスのエクセター大学上級講師、准教授、イタリアのミラノ大学准教授等を歴任した後、現在は、ミラノ大学の政治経済学教授の職にある。彼自身のウェブ・ページによれば、「私は、主として社会科学の基礎と方法論に関心を持つ哲学者・実験経済学者である。私は、ミラノ大学において経済学の哲学と社会科学の哲学を教えている。また、ロッテルダムのエラスムス大学において、社会・行動科学の哲学の客員教授（visiting chair）も務めている」とある。

グァラは、2005年にケンブリッジ大学出版から刊行された前著 *The Methodology of Experimental Economics*によって一躍、全世界に名を馳せることになった。同書には、経済学者が経済実験で行っていることや、そこでの推論の進め方に関する深い哲学的考察がちりばめられている。同書は、今日では、社会科学の哲学、経済学の哲学に関する書籍や論文が実験研究に言及する際に、必ず引用されると言ってもよいほどのインパクトを持った。日本においても、２０１３年に川越敏司・公立はこだて未来大学教授による翻訳『科学哲学から見た実験経済学』として日本経済評論社から刊行され、幅広い読者を見出している。

本書はそこから11年の歳月を経て著された。科学哲学、分析哲学という同一の分析枠組みを用いているものの、そのテーマは前著と大きく異なり、制度の経済学の哲学的基礎に関するものである。このこと自体が、十二分に著者の驚くべき知的基盤の広さを示しているといえるだろう。

もとより、本書で扱われている制度の本質というテーマは、経済学というよりも、哲学者や社会学者が長年関心を寄せてきたものであろう。本書で展開される議論は、経済学における論争の文脈から発したものであるが、思いつくだけでも、ルイス、サール、ハッキングなどの哲学者、マートンなどの社会学者の議論を参照したものであり、現代の哲学者や社会学者にとっても十分読み応えのあるものと思われる。

本書のテーマと背景

経済学は20世紀の半ばあたりから、さまざまな革新的アイディアを取り込む形で、多様な進化を遂げてきた。そのもっとも重要な革新の一つが、ゲーム理論を応用して、市場メカニズムに限定されない制度の分析に取り組み始めたことである（瀧澤弘和『現代経済学』第6章を参照されたい）。その結果、経済学は市場メカニズムの作用の仕方を分析する学問領域から、市場制度だけでなく、より広く制度を分析する学問領域へと変化を遂げることになった。ここでいう制度とは、成文化され公式に定められた法律のような制度だけでなく、慣習のような成文化されていない非公式の制度までをも含んだものである。どの側面から制度に光を当てるのかは論者にとって多様であるものの、今日ではもはや「制度は重要である」ということが、経済学者の間で、そしてより広く社会科学者の間でも、コンセンサスになっているといってよいだろう。

しかし一般的な制度への着目は、思いのほか大きな射程を持ち、従来の経済学的な関心領域を超えた広がりをも示すようになった。ゲーム理論を用いた制度分析は、企業などの経済制度に限られることなく、所有権や正義といった根源的な制度の説明にも役立つと考えられるようになり、多くの社会科学者たちがこうした研究を推進し始めたからである。たとえばビンモア（２０１５）やサグデン（２００８）である。それとともに、何人かの研究者たちは、より深く、人間が創出する制度の本性や定義の問題にも関心を向けるようになってきた。こうして、ゲーム理論によって火をつけられた制度研究は、ゲーム理論を超えて、より根源的な制度への関心を示すようになったのである。

たとえば、本書第１章の冒頭に引用されているように、１９９３年にノーベル経済学賞を受賞したダグラス・ノースは『制度・制度変化・経済成果』（１９９０年）のなかで、制度を「社会のなかのゲームのルール」として定義している。このダグラス・ノースの定義は、その後の議論の展開のなかで、「ルールとしての制度」観の典型例として引用されるようになる。他方では、ゲーム理論を用いたフォーマルな制度分析が多くの成果をあげるなかで、制度をゲームの均衡として把握しようとするアプローチも提起されてきた。「均衡としての制度」観である。たとえば、本書でも言及されているアンドリュー・ショッターは、制度を「行動の規則性」として捉えているが、それは実質的には、ゲームの均衡において観察されるプレーヤーたちの行動の規則性のことを意味するのである。

では、「ルールとしての制度」アプローチと「均衡としての制度」アプローチでは、どちらの方が制度の本質をよりよく捉えているのだろうか。

ごく大雑把に言うならば、ルールとして制度を捉えるアプローチは、制度が歴史のなかでどのように発展してきたのかを説明する点に強みを持つ。実際、ノースが制度の本性に関心を持つようになったきっかけは、制度変化をどのように説明するのかという観点からであって、人々が所有権ルールを自分たちに有利になるような仕方で変更しようとするプロセスとして制度変化を捉えたのだった。一方で、均衡として制度を捉えるアプローチは、人々の行動によって生み出された均衡として制度を理解するので、制度の安定性を説明することができるという強みを持っている。しかし同時に、どちらも弱点を持っている。ルールとして制度を捉える場合には、どうしてルールが守られるのかが十分に説明できない一方で、均衡として制度を捉える場合には、人間が制度に従うことが単なる行動の規則性以上のものを含んでいること（たとえば、動物でも一定の行動パターンを示すかもしれないが、それは制度を新たに創出することができる人間とは異なるものだろう）が十分に把握されないのである。

本書は、制度の本質をめぐるこのような論争に対して、著者なりの回答を与えようとするものである。グァラのアイディアがどのようにして得られたかについては本書序文に詳述されている。そのアイディアをさらに発展させて、独自の制度論を練り上げた到達点が本書ということになる。その後、2014年には、制度経済学・進化経済学の大家であるジェフリー・ホジソンがこの論文を素材にしたシンポジウムを開催した。その内容は、*Journal of Institutional Economics* の第11巻（２０１５年）に収められている。本書の第Ⅰ部は、そこで行われた議論に深く関係している。なお、本書のきっかけとなる論文をグァラと共に執筆したフランク・ヒンドリクスは、経済学の哲学の世界的研究者であるウスカリ・マキに指導を受けており、現在はフローニンゲン大学の哲学の教授を務めている。彼の論文は、経済学系のジャーナルだけでなく哲学系のジャーナルにも多数掲載されており、経済学と哲学の学術的交流を考えるうえで目が離せない人物の一人である。

本書における制度の概念化

本書には、「要旨付き目次」が付されており、各章でどのような議論がなされているのかが見やすく提示されている。とはいえ、その部分だけを読んでも、本書全体の流れを捉えにくいと思われるので、ここで議論の進められ方とその特徴を示すべく、訳者なりの仕方で全体像を提示しておくことにしよう。本書の議論の仕方を頭のなかで再構成したいと思う読者にとって、以下の解説と要旨つき目次を行きつ戻りつ、合わせて参照することが役立つならば幸いである。

著者の立場を一言で言うならば、制度を「均衡したルール（rules-in-equilibrium）」として捉えるアプローチである。これは言葉のうえでは、上述した二つのアプローチの単純な折衷のように思われるかもしれないが、今日この立場を主張するには、相当の議論の精緻化が必要で、制度をめぐる様々な論点に目配りしなければならない。著者は第Ⅰ部において、六つの章を費やして、彼独自のアプローチを展開していくのである。

グァラが自分のアプローチを構想するうえで最初に取り上げているのは、「ルールとしての制度」アプローチである。確かに制度はルールから成り立っているという強い直観が存在するものの、グァラは、制度を単にルールとして捉えるだけでは、人々がルールに従うインセンティブが捉えられないとして、この見方を退ける。この時点で、人々がインセンティブに従って行動することで行動の規則性が生じることを強調する「均衡としての制度」アプローチに傾いているように思われるのだが、グァラの議論にはさらなる一捻りがある。

確かに、インセンティブに裏付けられた人々の行動の規則性を説明するためのツールは、ゲーム理論であり、グァラもまたゲームの均衡概念を用いている。しかし、彼が主に用いる均衡概念は、ゲーム理論で通常用いられるナッシュ均衡ではなく、相関均衡である。相関均衡は、1970年代にロバート・オーマン（2005年にノーベル賞を受賞）によって提案された均衡概念で、ゲームをプレーする際に、数学的に定式化された元のゲームの外部にある事象を、人々の行動をコーディネートする装置（相関装置）として利用するという点にユニークさがある。すなわち、そこでは、(1) プレーヤーたちは外部のシグナルを観察し、このシグナルの状態によって、「XならばYをする」という形式のルール（統整的ルール）に従っているのだが、(2) 他のプレーヤーたちも同様のルールに従っていることを前提とするならば、各プレーヤーにとってそうすることが最適となるので、そこから逸脱するインセンティブが存在しないという性質を持つ。相関装置というのは、たとえば、交差点において、各プレーヤーが「止まる」か、「行く」かを決めているゲーム的状況で、交通状況をスムーズにしている交通信号のことを考えればわかりやすいだろう。

このように相関均衡として制度を定義することで、制度は人々が従うルールであるとともに、そうすることが人々のインセンティブに裏づけられているという意味で、均衡を構成していることにもなる。こうして制度は、文字通りの意味で「均衡したルール」として「統一理論」によって捉えることができるとグァラは主張するのである。

しかし、制度をルールとして捉える観点は、上述したダグラス・ノースによるものだけではない。1990年代以降、哲学者のジョン・サールもまた、制度をルールとして特徴づける有力な議論を展開してきており、サールの理論との対決を経なければ、「均衡したルール」観は十分な説得力を持つものとはいえないだろう。この作業を行っているのが、第5章「構成」であり、本書前半部のもっとも重要な箇所である。

サールは、制度を「XはCにおいてYとみなされる」という形式の構成的ルールの体系として定義している。ここでXは制度以前的な物体、人間、事態などを表わし、Cは文脈を、YはXに割り当てられる地位機能を表わしている。地位機能というのは、Xがその物理的性質だけでは果たすことができない機能であり、Xがある地位を持っていることを人々が集合的に受容することによって、始めて果たすことができるような機能のことである。「XはCにおいてYとみなされる」という形式の実践がルールとして規則性を持つようになることで、制度が制度として成立するとサールは考える。このルールは制度にとって構成的なものであるという意味で、構成的ルールと呼ばれる。サールによれば、制度の根本にとって重要なのは、統整的ルールではなく、構成的ルールなのである。

これに対してグァラは、サールの構成的ルールを再定式化したうえで、それが統整的ルールと理論語の導入によって書き換えられることを示そうとする。そうすることで、構成的ルールを峻別するサールの議論を退け、サールの制度の理論をも「統一理論」の中に組み込もうとするのである。

しかしながら、サールの制度の理論は、制度的ルールが持つ規範性を特に重視して創られたものであった。サールは単なる構成的ルールの体系として制度を定義したのではなく、それが必然的に権利や義務を創出するということを強調していたからである。上述の検討を受け入れたとしても、ルールが持つこのような義務論的な力をどのように見るべきなのかという議論が残るのだ。これに対してグァラは義務論的な力を否定するのではなく、クロフォードとオストロム（オストロムは2009年にノーベル賞を受賞）の議論を援用して、義務論的な力がゲームの利得を変換する費用として表現されるという見解を提示している。これが第6章「規範性」のテーマである。

第5章までの議論において、制度を分析する際に主要な対象としてきたのは、複数均衡を持つコーディネーション・ゲームであった。その意味で、グァラのアプローチは、トーマス・シェリング（2005年にノーベル賞を受賞）やデイヴィド・ルイスが採用してきたアプローチを踏襲するものだと言うことができる。ところが、このことは、よく知られた囚人のジレンマのようなゲームが直接的な説明の対象にならないことを意味している。囚人のジレンマは一つの均衡しか持たないし、コーディネーションが問題となるゲームではないからである。相関均衡のアイディアもそこでは役に立たない。囚人のジレンマがかかわる協力問題（社会学者たちはこれを「秩序問題」と呼んできた）とコーディネーション問題は別物なのである。しかしながら、囚人のジレンマの状況でも人々が協力行動を示すことはよく知られた事実であり、それをも包含するような制度理論を提示することは重要な意味を持っている。

ここにおいてグァラは、義務論的な力を費用と見なすアプローチを適用すれば、囚人のジレンマをもコーディネーション・ゲームに変換できることを示して、自らの制度理論が囚人のジレンマをも含んだより広いクラスのゲームに適用可能であることを主張する。

さまざまな制度的現象を説明する

グァラの統一理論は、本当に制度的現象について説明すべきことを説明できているのだろうか。上述したように、サールが最重視した義務論的な力の問題は第6章で扱われているが、さらに生じうる派生的な論点が第Ⅱ部の幕間において扱われている。

人々がどのようにしてコーディネーションを達成するのかという問題にかかわるのが第7章である。実は、経済学の授業で教えられるゲーム理論の基礎的な部分では、人々がどのようにして均衡を達成するに至るのかに関する議論はあまり触れられることがない。この点についてはこれまでにゲーム理論家たちによってさまざまな提案が提出されてきたものの、これといった決定打に乏しいからである。一つの立場は、進化ゲーム理論のように、何度も同じゲームが相手を変えながら社会のなかで繰り返される状況を想定することで、プレーヤーの高度な認知能力を前提としないでも行動の規則性が生じてくることを説明するものだが、それはグァラが採用するアプローチではない。グァラは、制度＝均衡が、十分な認知能力をもつプレーヤーたちに支えられていると考えているからである。このときに問題となるのは、人々がどのようにして、均衡の状態へと到達するのか、すなわち、互いの行動について一致した期待を持つに至るのかという問題である。これまでの研究でも、プレーヤーたちがゲームの均衡をプレーするためには、何らかの「共通知識」（本書ではむしろ「共通信念」という言葉が用いられているが本質的に同じである）が必要とされることがわかっているが、事前に何も共有していないプレーヤー同士が、どうして共通信念を持つようになるのかを説明することは極めて難しい問題なのである。

これまでゲーム理論家たちが試みてきたアプローチは、各プレーヤーがゲームの構造に関する情報を所与として、いかにして相手プレーヤーたちの信念を推論によって導くのかというものであった。グァラは、このようなアプローチを「理論理論」と呼んでいるが、このアプローチでは、プレーヤーたちの信念が互いに依存しあっているようなコーディネーション・ゲーム的状況に対して、正確な予測を出すことができないと述べる。

グァラが唯一の真なる説明ではないとしながらも、よりもっともらしいと考えているのは「シミュレーション理論」である。その一つのバージョンは、モートンによって「解決思考」と名づけられた手続きで、プレーヤーたちが共通の目標を持っているときに、まずその時に必要な互いの行為を同定し、そこから互いの信念を導出するというアイディアである。通常のゲーム理論ではあまり言及されることのなかった、興味深いアイディアだといえよう。

この論点にも関連しているが、ここ数十年の間、ジョン・サールを含む一部の哲学者たちによって提出され、広く受け入れられるようになってきた「集合的志向性」の理論が検討されているのが、第8章である。この理論は、個々のプレーヤーたちが個別に意思決定し、その組み合わせとして集合的な行為の結果が説明されるという、個から集団という従来の方向性とは逆に、集団としての共同意図やコミットメントの形成が先行し、人々はそこから自分の行為を導出していると主張するものである。グァラは集合的志向性の概念は制度一般の存在にとって不可欠ではないことを8章において主張する。ただし、不可欠でないことの論証は、それが存在しないことを意味しないと述べており、モートン流の解決思考のアプローチは、集合的志向性のアプローチと整合的であることを主張している。

制度の概念化を現実問題に応用する

本書の最終部分「応用」におけるグァラの議論は、高度に哲学的である。

これまでにも、多くの哲学者や社会科学者は、社会科学の方法が自然科学の方法と異ならざるをえないとし、その理由を、社会的存在物と自然的存在物の性質の根本的相違に求めてきた。方法論的多元主義と呼ばれる立場である。たとえば、社会科学の対象は、当該共同体の成員たちによる直観的な概念理解を前提としているために、自然科学的な検証にはなじまないのだというような議論である。グァラはこのような立場に反駁を加えようとする。

グァラは、社会的な種類と自然的な種類の違いに関して、もっとも有力な議論であるイアン・ハッキングによる「相互作用性」の検討から始める。ハッキングによれば、社会的な種類は、その種類に属していることがそれ自身の振舞いに影響を与えるという意味で相互作用的であるのに対して、自然的な種類は無反応である。ハッキングは、そこに社会的な種類と自然的な種類との根本的な異質性を主張する。しかし、近年の議論を概観することを通して、グァラはこの区別が自然的存在物と社会的存在物を分かつものではないことを論証していく。また、社会的な種類の多くが相互作用する種類であることを認めつつも、このこと自体は、社会的な種類に対する科学的・経験的研究の妨げにはならないと主張している。社会的な種類における分類が人々の信念のあり方を媒介として（相互作用の結果として）行動を変化させ、安定的な行動の規則性を生じさせるプロセスは、ゲーム理論によって分析できるからである。

その際にグァラが依拠しているのは、実在的な種類に関するJ・S・ミルとリチャード・ボイドの定義である。彼らによれば、種類は、そこに属しているものがさまざまな相関的性質クラスタを共有しており、ある存在物がその種類に属していることが、その存在物の性質に関する帰納的推論を可能にするときに、「実在的」とみなされる。そこにおいて、帰納的推論を可能にしているのは、さまざまな性質クラスタが因果的なメカニズムによって生じているということであり、決して概念的・必然的な理由ではない。こうした基準に照らして、グァラは相互作用する種類も実在的で、因果メカニズムの探求という科学的研究の対象となりうると考えるのである。

次にグァラは、社会的な種類と自然的な種類の区別が社会科学と自然科学の方法論上の違いを生むとするもう一つの有力な議論へと目を向ける。それは、社会的な種類が私たちの表象に存在論的に依存していることを強調する議論である（存在論的依存性テーゼ）。これは、「XがKに属するならば、そのことが集合的態度によって支持されている」ということが必然的に真となるような種類Kのことを意味している。

これは極めて強い主張である。なぜならば、ある存在物がKという種類に属するかどうかということが、人々が集合的にそのことを表象していることに依存しているのであれば、人々はKという種類に関して、間違えようがないからである。このことをグァラは不可謬主義と呼ぶ。また、このことは社会的な種類が持つ性質が必然性に基づいており、ミルとボイドの意味で実在的ではないことを意味している。こうして、グァラはひとまず、社会的な種類の存在論的依存性を認めることは、反実在論と不可謬主義を認めることだと主張する。

この地点から、グァラは存在論的依存性テーゼそのものに反駁を加える。それは、社会的な種類の範例ともいえる貨幣について人々が誤りうることを示すことによってである。こうして貨幣の例を用いて不可謬主義を反駁することで、依存性テーゼを反駁することがここでのグァラの論証戦略である。

第Ⅲ部の最終部分は、制度の同一性の議論を通して、制度改革の可能性を探求することに当てられる。ここで取り上げられる具体的な事例は、同性の結びつきを「結婚」と呼ぶような制度改革が可能かどうかというものである。ハスランガーによって提案された改革主義的な議論によれば、制度を分析する際には三つの点に注意を払う必要がある。稼動的概念、顕現的概念、規範的概念である。稼動的概念は人々が言語を使用して行う実践にかかわり、顕現的概念は言語使用のもとになるものとして人々が抱いている理論あるいはステレオタイプのことである。規範的概念とは、われわれが制度に対して望むことである。

これまでのグァラの議論を一言で要約するならば、制度を実在的なものとみなすという主張だと言うことができるだろう。それは、一般的に、制度が何であるのかは世界のあり方によって決まるとも言い換えられるから、上記の三つの概念のうちでは、実際の世界のあり方にかかわっている稼動的概念と顕現的概念のみに注意を払うべきだという含意が導かれそうである。だとしたら、結婚制度は歴史上もほとんどの場合において、異性間の関係であり、人々がそのように理解しているという現実を前にしては、同性カップル同士の関係を結婚と呼ぶことは不可能であるかのように思われる。しかし、実在論と改革主義とは調停することが不可能な対立的な関係にあると考えるべきなのだろうか。

グァラはこの両者の調停を試みようとする。彼によれば、タイプとしての制度は、あるクラスのコーディネーション・ゲームの解として、それが解決しようとする問題によって機能主義的に理解されるものである。一方で、一般にコーディネーション・ゲームは複数の均衡を持っており、その一つ一つがトークンとしての制度とみなすことができる。トークンとタイプを区別することが、上記の難問を解く鍵となるのである。

結婚制度一般をさまざまな社会的機能を果たすタイプ制度とみなすならば、そこにはコーディネーション問題のクラスが対応している。ある特定の時間と空間に観察されるトークン制度は、このコーディネーション問題の特定の解なのである。このような観点からみるならば、これまで歴史的に実現しなかったような解もまた、同一のクラス制度のトークン制度となりうるということになる。こうして、われわれが差別の問題をなくそうとして、同性の結びつきを「結婚」制度とみなすことも正当化されるのである。

グァラの制度論の特徴

以上のようなグァラの制度論は、どのような特徴を持っているだろうか。

第一に、制度の概念化を論じる際に、フォーマルなゲーム理論の概念的枠組みに大きく依拠し、そこからあまり外れないような領域で議論を展開していることである。たとえば、第I部において「均衡したルール」という制度の概念化を行う際に、相関均衡の概念に大きく依拠していることにそれは示されている。これに関連して、第二には、一つ一つの主張の吟味を分析哲学的な正確さに基づいて行っていることである。このことはたとえば、第5章においてサールの「XはCにおいてYとみなされる」という制度的ルール（構成的ルール）の定式化をできるだけ厳密に書き換えてゆき、それを統整的ルールに翻訳していくプロセスにもっともよく表現されている。

こうしたアプローチの採用はグァラの議論に明晰性をもたらしている。すなわち、彼が何をどのような根拠に基づいて主張しているのかが極めて明確になると同時に、たとえ従来重視されてきた問題についても、それがなぜ重要でないのかということをも明確にわからせてくれるのである（たとえば「相互依存性」を巡る議論）。このようなアプローチを採用したことの結果として、従来は曖昧に語られがちであった制度に関する議論を大きく前進させる役割を本書は果たしているのである。ジェフリー・ホジソンをして、グァラとヒンドリクスの論文を論じるために、制度研究に携わる超一流の学者たちを呼んでシンポジウムを開催する気にさせた背景には、このような認識があったのだろうと推測される。

実際のところ、グァラ自身も認めているように、「均衡したルール」という制度の概念化は、すでに青木昌彦やグライフ＝キングストンによって主張されていたと言うことも可能である。しかし、これまでの議論は、ときに逡巡や苦闘の痕跡を残しながら、異なる解釈の余地を残すような仕方で提示されてきた。これに対してグァラは、これらの議論が持つ曖昧さを一切残さないような明快さで議論を展開する。しかも、そうすることで、制度の同一性や制度改革のような、もとの議論では扱われなかったアクチュアルな問題が明快に回答されるのだ。

勿論、明晰性を追求するアプローチは、これまで論争の的になってきた多数の論点が正当に扱われているかどうかという問題を生じさせることになる。いくつかの例をあげておこう。

グァラが制度を概念化する際にフォーマルなゲーム理論とそこで採用されている均衡概念をもとにしていることは、彼のアプローチをかなりの程度、ルイスのコンヴェンション論に近づけている。このことは、制度が持つコンヴェンションとしての理解を大いに深めることになる一方で、制度が持つ規範的な側面についてはやや受け身に回らざるをえないことをも意味しているように思われる。このアプローチでは、制度の規範的側面はコンヴェンションのなかから生じうるかのように論じられるか（第1章「ルール」の最終部分）、規範性の起源に関する問題は難問として回避される（第6章「規範性」における議論）ことになる。もちろん、これはこれで一つの立場であろう。しかし、これが本当に説得力ある議論であるかどうかについては、異論もありうるように思う。

たとえば、『ルールに従う』において、制度とゲーム理論との関係を論じているジョセフ・ヒースによれば、規範的同調性こそが制度をつくる人間の能力の根源にあるものである。そもそも本源的な（言語以前の）規範的同調性がなければ、人間は言語習得をすることもできず、従ってゲームをゲームとして認識したり、人々が自分の利害関心に沿って行動するということも生じえなかったであろう。したがって、規範による社会秩序の形成はコーディネーション問題よりも先行しているというのがヒースの立場である。このような説明順序の違いは、囚人のジレンマにおける人間の協力行動に対する見方にも反映している。ヒースの見方からすれば、囚人のジレンマがかかわるような「秩序問題」とコーディネーション・ゲームがかかわる「コンヴェンション」問題とは異なるものであり、前者の方がより根本的なのである。すでに述べたように、グァラはコーディネーション問題をより原初的なものとし、義務論的な力がゲームの利得を変更するというアイディアを用いて、囚人のジレンマをコーディネーション・ゲームに帰着させている。

また、制度に従う行動を可能な限りゲーム理論の枠組みの範囲内で考えようとすることは、人間がどのような推論を用いて均衡行動を採用するに至るのかという問題を提起することになるだろう。グァラがこの問題について第7章で論じていることについては、上述した通りである。そこで、グァラはルイスの「公的事象」と「対称的推論者」の概念や、モートンの「解決思考」というアイディアを導入して説明しようとしているのだが、それにもかかわらず、基本的にはゲーム理論の枠組みで考えているために、非常に難しい推論の問題の存在を認めているように思われるのである。

この点は、同じく「均衡したルール」として制度を概念化していた青木昌彦の方向性とは対照的である。青木もまた最晩年期に執筆した論文において、グァラと同様にルイスの「公的事象」の概念を重視したことは事実だが、それと同等以上の重みをもって、人間が環境を構造化し、周囲にシンボルを生み出すことによって、難しい推論に基づいた均衡行動の選択を行わなくても、一定の制度的秩序が生み出されるプロセスを重視していた。青木による制度の概念化のこちらの側面は、カーステン・ヘルマン＝ピラートとボルディレフによって、「制度の哲学」として解釈されたヘーゲル哲学の「精神」の自己運動の捉え方に極めて近いことが指摘され、青木もまたそのアプローチを「ネオ・ヘーゲリアン」と呼んで評価していたのだった（ヘルマン＝ピラート＆ボルディレフ『現代経済学のヘーゲル的転回』を参照されたい）。こちらのアプローチもまだまだ発展途上であり、グァラの議論以上に説得的であるかどうかは心もとないが、今後追求されるべき代替的アプローチであると思われる。

しかしながら、本書においてグァラが制度論を経済学と哲学を横断した考察領域として提示し、そこで彼のユニークな貢献を提示していることに疑いはない。現在、このような経済学と哲学との学術的交流は主にヨーロッパで盛んに行われているものの、残念ながら日本では散発的にしか行われていない。本訳書が、このような学際的研究領域の日本における発展に少しでも寄与することを望むばかりである。

謝辞

グァラの英文は単純明快でわかりやすいものの、最初に出来上がった訳文は必ずしも読みやすいものではなかった。少しでも日本語として読みやすくなっているなら、それは編集者の永田透さんと校正者の木名瀬由美さんのおかげだ。永田さんは本書の翻訳の意義を強く訴え、作業がなかなか進まない訳者たちを絶えず励まし続けてくれた。木名瀬さんは事細かに原文と訳文を突き合わせてチェックをし、的確なコメントを寄せてくれた。本書の装丁はデザイナーの米谷豪さんによるものである。原著のイメージを損なわず、翻訳にあわせてアレンジした素敵なものになった。彼らのプロフェッショナルな仕事ぶりに感謝したい。また、エクセター大学においてグァラの指導を受けていた長津十さんにも謝意を表したい。長津さんが日本に帰国した際、グァラの経済学に対する姿勢を訳者に教えてくれたことは、翻訳を進めるうえで大変ためになった。

多くの方々のサポートにもかかわらず、テクニカル・タームを定訳通りに訳出すべき箇所でそうしていなかったり、誤訳や誤脱があったりするかもしれない。それはひとえに訳者たちの勉強不足・力不足であって、責任は訳者たちに帰せられるべきだ。お気づきの点があれば、御一報いただければ幸いである。

参考文献

フランチェスコ・グァラ（２０１３）『科学哲学から見た実験経済学』川越敏司訳、日本経済評論社
瀧澤弘和（２０１８）『現代経済学――ゲーム理論・行動経済学・制度論』中公新書
ケン・ビンモア（２０１５）『正義のゲーム理論的基礎』栗原寛幸訳、ＮＴＴ出版
ロバート・サグデン（２００８）『慣習と秩序の経済学――進化ゲーム理論アプローチ』友野典男訳、日本評論社
カーステン・ヘルマン＝ピラート＆イヴァン・ボルディレヴ（２０１７）『現代経済学のヘーゲル的転回――社会科学の制度論的基礎』岡本裕一朗・瀧澤弘和訳、ＮＴＴ出版
ジョセフ・ヒース（２０１３）『ルールに従う――社会科学の規範理論序説』瀧澤弘和訳、ＮＴＴ出版

制度とは何か
——社会科学のための制度論

2018年11月15日　初版第1刷発行
2025年3月15日　初版第3刷発行

著　者————フランチェスコ・グァラ
監訳者————瀧澤弘和
発行者————大野友寛
発行所————慶應義塾大学出版会株式会社
〒108-8346　東京都港区三田2-19-30
TEL〔編集部〕03-3451-0931
〔営業部〕03-3451-3584〈ご注文〉
〔　〃　〕03-3451-6926
FAX〔営業部〕03-3451-3122
振替　00190-8-155497
https://www.keio-up.co.jp/
装　丁————米谷豪
ＤＴＰ————アイランド・コレクション
印刷・製本——中央精版印刷株式会社
カバー印刷——株式会社太平印刷社

Printed in Japan ISBN 978-4-7664-2565-9

著者

フランチェスコ・グァラ（Francesco Guala）

1970年生まれ。LSEで科学哲学のPh.D.を取得。エクセター大学で准教授等を歴任のあと、現在、ミラノ大学の政治経済学教授。著書に『科学哲学から見た実験経済学』（川越敏司訳、日本経済評論社）

監訳者

瀧澤弘和（たきざわ・ひろかず）

中央大学経済学部教授。東京大学経済学研究科博士課程満期退学。著書に『現代経済学——ゲーム理論・行動経済学・制度論』（中公新書、2018年）。訳書にジョセフ・ヒース『ルールに従う——社会科学の規範理論序説』、共訳に青木昌彦『比較制度分析に向けて』カーステン・ヘルマン＝ピラート＆イヴァン・ボルディレフ『現代経済学のヘーゲル的転回——社会科学の制度論的基礎』（以上、NTT出版）

訳者

水野孝之（みずの・たかゆき）

中央大学大学院総合政策研究科博士前期課程。中央大学経済学部卒業。

人名索引

マ行

ラ行

事項索引

ア行

カ行

サ行

参考文献

Aoki, M.（2001）*Toward a Comparative Institutional Analysis.* Cambridge, Mass.: MIT Press.（瀧澤弘和・谷口和弘訳『比較制度分析に向けて【新装版】』NTT出版、2003年）

———（2007）"Endogenizing Institutions and Institutional Change." *Journal of Institutional Economics* 3: 1–31.

———（2011）"Institutions as Cognitive Media between Strategic Interactions and Individual Beliefs." *Journal of Economic Behavior and Organization* 79: 20–34.

———（2015）"Why Is the Equilibrium Notion Essential for a Unified Institutional Theory? A Friendly Remark on the Article by Hindriks and Guala." *Journal of Institutional Economics* 11: 485–88.

Aumann, R.（1974）"Subjectivity and Correlation in Randomized Strategies." *Journal of Mathematical Economics* 1: 67–96.

———（1976）"Agreeing to Disagree." *Annals of Statistics* 4: 1236–39.

———（1987）"Correlated Equilibrium as an Expression of Bayesian Rationality." *Econometrica* 55: 1–18.

Austin, J. L.（1962）*Sense and Sensibilia.* Oxford: Oxford University Press.（丹治信春・守屋唱進訳『知覚の言語——センスとセンシビリア』勁草書房、1984年）

Bacharach, M.（1999）"Interactive Team Reasoning: A Contribution to the Theory of Co-operation." *Research in Economics* 53: 117–47.

———（2006）*Beyond Individual Choice.* Princeton: Princeton University Press.

Bardsley, N.（2007）"On Collective Intentions: Collective Action in Economics and Philosophy." *Synthese* 157: 141–59.

Barnes, S. B.（1983）"Social Life as Bootstrapped Induction." *Sociology* 17: 524–45.

———（1989）"Ostensive Learning and Self-Referring Knowledge." In *Cognition and Social Worlds*, edited by D. Rogers and J. A. Sloboda. Oxford: Clarendon Press, pp. 190–204.

Bianchin, M.（2015）"Simulation and the We-Mode. A Cognitive Account of Plural First Persons." *Philosophy of the Social Sciences* 45: 442–61.

Bicchieri, C.（2001）*Rationality and Coordination.* Cambridge: Cambridge University Press.

———（2006）*The Grammar of Society.* Cambridge: Cambridge University Press.

Binmore, K.（1994）*Game Theory and the Social Contract.* Vol. 1: Playing Fair. Cambridge, Mass.: MIT Press.

――― (1998) *Game Theory and the Social Contract*. Vol. 2: Just Playing. Cambridge, Mass.: MIT Press.
――― (2005) *Natural Justice*. Oxford: Oxford University Press.（栗林寛幸訳『正義のゲーム理論的基礎』NTT出版、2015年）
――― (2008) "Do Conventions Need to Be Common Knowledge?" *Topoi* 27: 17–27.
――― (2010) "Game Theory and Institutions." *Journal of Comparative Economics* 38: 245–52.
――― (2015) "Institutions, Rules and Equilibria: A Commentary." *Journal of Institutional Economics* 11: 493–96.
Bloor, D. (1997) *Wittgenstein, Rules, and Institutions*. London: Routledge.
Bogen, J. (1988) "Comments on the Sociology of Science of Child Abuse." Nous 22: 65–66.
Boswell, J. (1994) *The Marriage of Likeness: Same-Sex Unions in Pre-modern Europe*. Oxford: Villard.
Boyd, R. (1983) "On the Current Status of the Issue of Scientific Realism." *Erkenntnis* 19: 45–90.
――― (1989) "What Realism Implies and What It Does Not." *Dialectica* 43: 5–29.
――― (1991) "Realism, Anti-foundationalism, and the Enthusiasm for Natural Kinds." *Philosophical Studies* 61: 127–48.
Boyer, P. and Petersen, M. B. (2012) "The Naturalness of (Many) Social Institutions: Evolved Cognition as Their Foundation." *Journal of Institutional Economics* 8: 1–25.
Brandom, R. (1994) *Making It Explicit*. Cambridge, Mass.: Harvard University Press.
Bratman, M. (1993) "Shared Intention." *Ethics* 104: 97–113.
――― (2014) *Shared Agency*. Oxford: Oxford University Press.
Broome, J. (2013) *Rationality Through Reasoning*. Oxford: Blackwell.
Buck, R. (1963) "Reflexive Predictions." *Philosophy of Science* 30: 359–69.
Calvert, R. L. (1998) "Rational Actors, Equilibrium, and Social Institutions." In *Explaining Social Institutions*, edited by J. Knight and I. Sened. Ann Arbor: University of Michigan Press, pp. 57–94.
Colingwood, R. G. (1946) *The Idea of History*. Oxford: Oxford University Press.（小松茂夫・三浦修訳『歴史の観念』紀伊國屋書店、2002年）
Conte, A. G. (1988) "An Essay on Constitutive Rules." *Poznan Studies in the Philosophy of the Sciences and the Humanities* 11: 251–57.
Cooper, R. (2004) "Why Hacking Is Wrong about Human Kinds." *British Journal for the Philosophy of Science* 55: 73–85.

Correia, F. (2008) "Ontological Dependence." *Philosophy Compass* 3: 1013–32.

Crawford, S. E. S. and Ostrom, E. (1995) "A Grammar of Institutions." *American Political Science Review* 89: 582–600.

Cubitt, R. and Sugden, R. (2003) "Common Knowledge, Salience and Convention: A Reconstruction of David Lewis' Game Theory." *Economics and Philosophy* 19: 175–210.

Daniels, N. (1996) *Justice and Justification: Reflective Equilibrium in Theory and Practice.* Cambridge: Cambridge University Press.

Devitt, M. and Sterelny, K. (1999) *Language and Reality.* Cambridge, Mass.: MIT University Press.

Dixit, A., Skeath, S., and Reiley, D. H. (2009) *Games of Strategy.* 3rd ed. New York: Norton.

Douglas, M. (1986) *How Institutions Think.* Syracuse: Syracuse University Press.

Dray, W. H. (1957) *Laws and Explanation in History.* Oxford: Oxford University Press.

Duncan, W. C. (2009) "Speaking Up for Marriage." *Harvard Journal of Law & Public Policy* 32: 915–30.

Dupré, J. (1993) *The Disorder of Things.* Cambridge, Mass.: Harvard University Press.

Elster, J. (1983) *Explaining Technical Change.* Cambridge: Cambridge University Press.

Epstein, B. (2015) *The Ant Trap: Rebuilding the Foundations of the Social Sciences.* Oxford: Oxford University Press.

Eskridge, W. N. (1993) "A History of Same-Sex Marriage." Faculty Scholarship Series, Paper 1504, Yale Law School.

Foucault, M. (1961/2006) *History of Madness.* London: Routledge.（田村俶訳『狂気の歴史――古典主義時代における』新潮社、1975年）

――― (1979) *Discipline and Punish: The Birth of the Prison.* New York: Vintage.（田村俶訳『監獄の誕生――監視と処罰』新潮社、1977年）

Frank, R. (1987) *Passions within Reason.* New York: Norton.

Gadamer, H. G. (1960) *Truth and Method.* New York: Seabury.（轡田收他訳『真理と方法 I・II』法政大学出版局、2012/2015年）

Gallotti, M. and Frith, C. (2013) "Social Cognition in the We-mode." *Trends in Cognitive Sciences* 17: 160–65.

Gallotti, M. and Michael, J., eds. (2014) *Perspectives on Social Ontology and Social Cognition.* Dordrecht: Springer.

Gelman, S. A.（2003）*The Essential Child: Origins of Essentialism in Everyday Thought*. Oxford: Oxford University Press.
Ghiselin, M. T.（1974）“A Radical Solution to the Species Problem.” *Systematic Zoology* 23: 536–44.
Gibbard, A.（1990）*Wise Choices, Apt Feelings*. Cambridge, Mass.: Harvard University Press.
Gilbert, M.（1989）*On Social Facts*. Princeton: Princeton University Press.
Gintis, H.（2007）“The Evolution of Private Property.” *Journal of Economic Behavior and Organization* 64: 1–16.
———（2009）*The Bounds of Reason*. Princeton: Princeton University Press.（成田悠輔他訳『ゲーム理論による社会科学の統合』NTT出版、2011年）
Gold, N.（2012）“Team Reasoning, Framing and Cooperation.” In *Evolution and Rationality*, edited by S. Okasha and K. Binmore. Cambridge: Cambridge University Press, pp. 185–212.
Gold, N. and Sugden, R.（2007a）“Collective Intentions and Team Agency.” *Journal of Philosophy* 104: 109–37.
———（2007b）“Theories of Team Agency.” In *Rationality and Commitment*, edited by F. Peter and H. B. Schmidt. Oxford: Oxford University Press, pp. 280–312.
Goldman, A. I.（1989）“Interpretation Psychologized.” *Mind and Language* 4: 161–85.
———（2006）*Simulating Minds*. Oxford: Oxford University Press.
Goodhart, C.（1989）*Money, Information and Uncertainty*. Cambridge, Mass.: MIT Press.
Goodman, N.（1954）*Fact, Fiction, and Forecast*. Indianapolis: Bobbs, Merrill.（雨宮民雄訳『事実・虚構・予言』勁草書房、1987年）
Gordon, R.（1986）“Folk Psychology as Simulation.” *Mind and Language* 1: 158–71.
Greif, A.（2006）*Institutions and the Path to the Modern Economy*. Cambridge: Cambridge University Press.（岡崎哲二・神取道宏監訳『比較歴史制度分析』NTT出版、2009年）
Greif, A. and Kingston, C.（2011）“Institutions: Rules or Equilibria?” In *Political Economy of Institutions, Democracy and Voting*, edited by N. Schofield and G. Caballero. Berlin: Springer, pp. 13–43.
Griffiths, P.（2004）“Emotions as Natural and Normative Kinds.” *Philosophy of Science* 71: 901–11.
Grunbaum, A.（1956）“Historical Determinism, Social Activism, and Predictions in the Social Sciences.” *British Journal for the Philosophy of Science* 7: 236–40.

Grunberg, E. (1986) "Predictability and Reflexivity." *American Journal of Economics and Sociology* 45: 475–88.

Grunberg, E. and Modigliani, F. (1954) "The Predictability of Social Events." *Journal of Political Economy* 62: 465–78.

Guala, F. (2010) "Infallibilism and Human Kinds." *Philosophy of the Social Sciences* 40: 244–64.

——— (2013a) "The Normativity of Lewis Conventions." *Synthese* 190: 3107–22.

——— (2013b) "Reflexivity and Equilibria." *Journal of Economic Methodology* 20: 397–405.

——— (2014) "On the Nature of Social Kinds." In *Perspectives on Social Ontology and Social Cognition*, edited by M. Gallotti and J. Michael. Dordrecht: Springer, pp. 57–68.

Guala, F. and Hindriks, F. (2015) "A Unified Social Ontology." *Philosophical Quarterly* 65: 177–201.

Guala, F. and Mittone, L. (2010) "How History and Conventions Create Norms: An Experimental Study." *Journal of Economic Psychology* 31: 749–56.

Habermas, J. (1968/1971) *Knowledge and Human Interests*. Boston: Beacon.（奥山次良他訳『認識と関心』未来社、2001年）

Hacking, I. (1983) *Representing and Intervening*. Cambridge: Cambridge University Press.（渡辺博訳『表現と介入——科学哲学入門』ちくま学芸文庫、2015年）

——— (1986) "Making Up People." In *Reconstructing Individualism*, edited by P. Heller, M. Sosna, and D. Wellberry. Stanford: Stanford University Press, pp. 222–36; reprinted in Hacking (2002).

——— (1991) "A Tradition of Natural Kinds." *Philosophical Studies* 61: 109–26.

——— (1995) "The Looping Effect of Human Kinds." In *Causal Cognition: A Multidisciplinary Debate*, edited by A. Premack. Oxford: Clarendon Press, pp. 351–83.

——— (1999) *The Social Construction of What?* Cambridge, Mass.: Harvard University Press.（出口康夫・久米暁訳『何が社会的に構成されるのか』岩波書店、2006年）

——— (2002) *Historical Ontology*. Cambridge, Mass.: Harvard University Press.（出口康夫他訳『知の歴史学』岩波書店、2012年）

——— (2007a) "Kinds of People: Moving Targets." *Proceedings of the British Academy* 151: 285–318.

——— (2007b) "Natural Kinds: Rosy Dawn, Scholastic Twilight." *Royal Institute of Philosophy Supplement* 61: 203–39.

Hakli, R., Miller, K., and Tuomela, R. (2011) "Two Kinds of We-Reasoning."

Economics and Philosophy 26: 291–320.
Haslanger, S.（1995）“Ontology and Social Construction.” *Philosophical Topics* 23: 95–125; reprinted in Haslanger（2012）.
———（2012）*Resisting Reality: Social Construction and Social Critique*. Oxford: Oxford University Press.
Hayek, F. A.（1976）*Denationalization of Money*. London: Institute of Economic Affairs.（川口慎二訳『貨幣発行自由論』東洋経済新報社、1988年）
Hedoin, C.（2015）“Accounting for Constitutive Rules in Game Theory.” *Journal of Economic Methodology* 22: 439–61.
Hindriks, F.（2005）“Rules and Institutions: Essays on Meaning, Speech Acts and Social Ontology.” PhD dissertation, Erasmus University Rotterdam.
———（2009）“Constitutive Rules, Language, and Ontology.” *Erkenntnis* 71: 253–75.
Hindriks, F. and Guala, F.（2015a）“Institutions, Rules, and Equilibria: A Unified Theory.” *Journal of Institutional Economics* 11: 459–80.
———（2015b）“Understanding Institutions: Replies to Aoki, Binmore, Hodgson, Searle, Smith, and Sugden.” *Journal of Institutional Economics* 11: 515–22.
Hodgson, G. M.（2006）“What Are Institutions?” *Journal of Economic Issues* 15: 1–23.
———（2015）“On Defining Institutions: Rules versus Equilibria.” *Journal of Institutional Economics* 11: 497–505.
Hofstadter, D.（1979）*Godel, Escher, Bach: An Eternal Golden Braid*. New York: Basic Books.（野崎昭宏他訳『ゲーデル、エッシャー、バッハ――あるいは不思議の環』白揚社、2005年）
Horwich, P.（1998）*Meaning*. Oxford: Oxford University Press.
Hull, D. L.（1976）“Are Species Really Individuals?” *Systematic Zoology* 25: 174–91.
Hume, D.（1748/2003）*A Treatise of Human Nature*. London: Penguin.（木曾好能他訳『人間本性論 第1巻～第3巻（新装版）』法政大学出版局、2011/2012年）
Hunter, N. D.（1991）“Marriage, Law, and Gender: A Feminist Inquiry.” *Law & Sexuality* 1: 9–17.
Khalidi, M. A.（2010）“Interactive Kinds.” *British Journal for the Philosophy of Science* 61: 335–60.
———（2013）*Natural Categories and Human Kinds*. Cambridge: Cambridge University Press.
———（2015）“Three Kinds of Social Kinds.” *Philosophy and Phenomenological Research* 90: 96–112.
Kiyotaki, N. and Moore, J.（2001）“Evil Is the Root of All Money.” The Clarendon

Lectures（Lecture 1）. http://www.princeton.edu/～kiyotaki/papers/Evilistherootofallmoney.pdf.
Kiyotaki, N. and Wright, R.（1989）“On Money as a Medium of Exchange.” *Journal of Political Economy* 97: 927–54.
———（1991）“A Contribution to the Pure Theory of Money.” *Journal of Economic Theory* 53: 215–35.
Knapp, G. F.（1905/1973）*The State Theory of Money.* Clifton, N.J.: Augustus M. Kelley.（宮田喜代蔵訳『貨幣国定学説』有明書房、1988年）
Knight, J.（1992）*Institutions and Social Conflict.* Cambridge: Cambridge University Press.
Knoblauch, H.（1996）“The Construction of Social Reality. By John R. Searle.” *American Journal of Sociology* 101: 1459–61.
Koppelman, A.（1988）“The Miscegenation Analogy: Sodomy Law as Sex Discrimination.” *Yale Law Journal* 98: 145–64.
Krige, E. J.（1974）“Woman-Marriage, with Special Reference to the Louedu—Its Significance for the Definition of Marriage.” *Africa* 44: 11–37.
Kripke, S.（1972）*Naming and Necessity.* Cambridge, Mass.: Harvard University Press.（八木沢敬・野家啓一訳『名指しと必然性——様相の形而上学と心身問題』産業図書、1985年）
———（1982）*Wittgenstein on Rules and Private Language.* Oxford: Blackwell.（黒崎宏訳『ウィトゲンシュタインのパラドックス——規則・私的言語・他人の心』産業図書、1983年）
Krishna, D.（1971）“The Self-Fulfilling Prophecy and the Nature of Society.” *American Sociological Review* 36: 1104–7.
Kuhn, T. S.（1970）*The Structure of Scientific Revolutions.* Chicago: University of Chicago Press.（中山茂訳『科学革命の構造』みすず書房、1971年）
Kukla, A.（2000）*Social Constructivism and the Philosophy of Science.* London: Routledge.
Kuorikoski, J. and Pöyhönen, S.（2013）“Looping Kinds and Social Mechanisms.” *Sociological Theory* 30: 187–205.
Kuran, T.（1995）*Private Truths, Public Lies.* Cambridge, Mass.: Harvard University Press.
Law, S. A.（1988）“Homosexuality and the Social Meaning of Gender.” *Wisconsin Law Review* 187: 218–21, 230–33.
Leach, E. R.（1955）“Polyandry, Inheritance and the Definition of Marriage.” *Man* 55:

182–86.
Lewis, D. K. (1969) *Convention: A Philosophical Study*. Cambridge, Mass.: Harvard University Press.
——— (1980) "Mad Pain and Martian Pain." In *Readings in the Philosophy of Psychology*, vol. 1, edited by N. Block. Cambridge, Mass.: Harvard University Press, pp. 216–22.
Luce, R. D. and Raiffa, H. (1957) *Games and Decisions*. New York: Wiley.
Machery, E. (2014) "Social Ontology and the Objection from Reification." In *Perspectives on Social Ontology and Social Cognition*, edited by M. Gallotti and J. Michael. Dordrecht: Springer, pp. 87–100.
Mäki, U. (2004) "Reflections on the Ontology of Money." Unpublished paper, Erasmus Institute for Philosophy of Economics.
——— (2012) "Realism and Antirealism about Economics." *In Philosophy of Economics. Handbook of the Philosophy of Science*, vol. 13, edited by U. Maki. Amsterdam: Elsevier, pp. 3–24.
Mallon, R. (2003) "Social Construction, Social Roles, and Stability." In *Socializing Metaphysics*, edited by F. F. Schmidt. Lanham, Md.: Rowman & Littlefield, pp. 327–53.
——— (2013) "Naturalistic Approaches to Social Construction." In *Stanford Encyclopedia of Philosophy*, edited by E. Zalta. http://plato.stanford.edu/entries/social-construction-naturalistic/.
Mantzavinos, C. (2001) *Individuals, Institutions, and Markets*. Cambridge: Cambridge University Press.
——— , ed. (2009) *Philosophy of the Social Sciences*. Cambridge: Cambridge University Press.
Maynard Smith, J. (1982) *Evolution and the Theory of Games*. Cambridge: Cambridge University Press.（寺本英・梯正之訳『進化とゲーム理論――闘争の論理』産業図書、1985年）
Menger, K. (1892) "On the Origin of Money." *Economic Journal* 2: 239–55.
Mercier, A. (2007) "Meaning and Necessity: Can Semantics Stop Same-Sex Marriage?" *Philosophical Essays* 8 (1): article 14. http://commons.pacificu.edu/eip.
Merton, R. K. (1948) "The Self-Fulfilling Prophecy." *Antioch Review* 8: 193–210.
——— (1968) *Social Theory and Social Structure*. New Brunswick, N.J.: Transaction.（森東吾他訳『社会理論と社会構造』みすず書房、1961年）
Michael, J. and Pacherie, E. (2015) "On Commitments and Other Uncertainty

Reduction Tools in Joint Action." *Journal of Social Ontology* 1: 89–120.
Midgley, G. C. (1959) "Linguistic Rules." *Proceedings of the Aristotelian Society* 54: 271–90.
Mill, J. S. (1843) *A System of Logic*. London: Longmans, Green, Reader & Dyer.（大関将一訳『論理學體系』春秋社、1949年）
Miller, S. (2010) *The Moral Foundations of Social Institutions*. Cambridge: Cambridge University Press.
Morgenstern, O. (1928) *Wirtschaftsprognose, eine Untersuchung ihrer Voraussetzungen und Möglichkeiten*. Vienna: Springer Verlag.
Morin, O. (2011) "Three Ways of Misunderstanding the Power of Rules." In *The Background of Social Reality*, edited by M. Schmitz, B. Kobow, and H.-B. Schmidt. Dordrecht: Springer, pp. 185–201.
Morton, A. (1994) "Game Theory and Knowledge by Simulation." *Ratio* 7: 14–25.
——— (2003) *The Importance of Being Understood*. London: Routledge.
Nagel, E. (1961) *The Structure of Science*. New York: Harcourt, Brace, and World.（松野安男訳『科学の構造　第1～3』明治図書、1968/1969年）
Nichols, S. (2004) *Norms with Feelings*. Oxford: Oxford University Press.
North, D. (1990) *Institutions, Institutional Change and Economic Performance*. Cambridge: Cambridge University Press.（竹下公視訳『制度・制度変化・経済成果』晃洋書房、1994年）
Osborne, M. J. (2004) *An Introduction to Game Theory*. Oxford: Oxford University Press.
Osborne, T. (1997) "The Limits of Ontology." *History of the Human Sciences* 10: 97–102.
Parsons, T. (1935) "The Place of Ultimate Values in Sociological Theory." *International Journal of Ethics* 45: 282–316.
Pettit, P. (1990) "Virtus Normativa: Rational Choice Perspectives." *Ethics* 100: 725–55.
——— (1996) "Functional Explanation and Virtual Selection." *British Journal for the Philosophy of Science* 47: 291–302.
Pickett, B. (2011) "Homosexuality." In *Stanford Encyclopedia of Philosophy*, edited by E. Zalta. http://plato.stanford.edu/entries/homosexuality/.
Polo, M. (1298/1974) *Il Milione*. Turin: Einaudi.
Pryor, F. L. (1977) "The Origins of Money." *Journal of Money, Credit and Banking* 9: 391–409.
Putnam, H. (1975) "The Meaning of 'Meaning.'" In *Mind, Language and Reality*.

Philosophical Papers, vol. 2. Cambridge: Cambridge University Press, pp. 215–71.
Ransdell, J.（1971）“Constitutive Rules and Speech-Act Analysis.” *Journal of Philosophy* 68: 385–99.
Rapp, C.（1997）“Ritual Brotherhood in Byzantium.” *Traditio* 52: 285–326.
Rawls, J.（1955）“Two Concepts of Rules.” *Philosophical Review* 64: 3–32.
———（1971）*A Theory of Justice*. Oxford: Oxford University Press.（川本隆史他訳『正義論（改訂版）』紀伊國屋書店、2010年）
Raz, J.（1999）“Explaining Normativity: On Rationality and the Justification of Reason.” *Ratio* 12: 354–79.
Ricoeur, P.（1965）*Interpretation Theory*. Fort Worth: Texas Christian University Press.（牧内勝『解釈の理論——言述と意味の余剰』ヨルダン社、1993年）
Rizzolatti, G. and Sinigaglia, C.（2008）*Mirrors in the Brain*. Oxford: Oxford University Press.（茂木健一郎監修『ミラーニューロン』紀伊國屋書店、2009年）
Romanos, G. D.（1973）“Reflexive Predictions.” *Philosophy of Science* 40: 97–109.
Rosenthal, R. and Jacobson, L.（1968）*Pygmalion in the Classroom*. New York: Holt, Rinehart & Winston.
Rothbart, M. and M. Taylor（1992）“Category Labels and Social Reality: Do We View Social Categories as Natural Kinds?” In *Language, Interaction and Social Cognition*, edited by G. R. Semin and K. Fiedler. London: Sage, pp. 11–36.
Rousseau, J. J.（1755）*Discourse on the Origin of Inequality*. Dover Publications.（本田喜代治・平岡昇訳『人間不平等起原論』岩波文庫、1972年）
Roversi, C., Borghi, A. M., and L. Tummolini（2013）“A Marriage Is an Artefact and Not a Walk That We Take Together: An Experimental Study on the Categorization of Artefacts.” *Review of Philosophy and Psychology* 4: 527–42.
Ruben, D.-H.（1989）“Realism in the Social Sciences.” In *Dismantling Truth*, edited by H. Lawson and L. Appignanesi. London: Weidenfeld and Nicolson, pp. 58–75.
Schelling, T.（1960）*The Strategy of Conflict*. Cambridge, Mass.: Harvard University Press.（河野勝監訳『紛争の戦略——ゲーム理論のエッセンス』勁草書房、2008年）
———（1978）*Micromotives and Macrobehavior*. New York: Norton.（村井章子訳『ミクロ動機とマクロ行動』勁草書房、2016年）
———（2010）“Game Theory: A Practitioner's Approach.” *Economics and Philosophy* 26: 27–46.
Schmitt, F. F., ed.（2003）*Socializing Metaphysics*. Lanham, Md.: Rowman & Littlefield.
Schotter, A.（1981）*The Economic Theory of Social Institutions*. Cambridge: Cambridge

University Press.
Searle, J. R. (1969) *Speech Acts: An Essay in the Philosophy of Language.* Cambridge: Cambridge University Press.（坂本百大・土屋俊訳『言語行為——言語哲学への試論』勁草書房、1986年）
———(1990) "Collective Intentions and Actions." *In Intentions in Communication,* edited by P. Cohen, J. Morgan, and M. E. Pollack. Cambridge, Mass.: MIT Press, pp. 401–15.
———(1995) *The Construction of Social Reality.* London: Penguin.
———(2005) "What Is an Institution?" *Journal of Institutional Economics* 1: 1–22.
———(2009) "Language and Social Ontology." In *Philosophy of the Social Sciences,* edited by C. Mantzavinos. Cambridge: Cambridge University Press, pp. 9–27.
———(2010) *Making the Social World.* Oxford: Oxford University Press.（三谷武司訳『社会的世界の製作——人間文明の構造』勁草書房、2018年）
———(2015) "On Status Functions and Institutional Facts: Reply to Hindriks and Guala." *Journal of Institutional Economics* 11: 507–14.
Sellars, W. (1963) "Imperatives, Intentions, and the Logic of 'Ought.'" In *Morality and the Language of Conduct,* edited by H. Castaneda and G. Nakhnikian. Detroit: Wayne State University Press, pp. 159–214.
Sillari, G. (2008) "Common Knowledge and Convention." *Topoi* 27: 29–39.
———(2012) "Rule-Following and Coordination." *Synthese* 190: 871–90.
Simon, H. (1954) "Bandwagon and Underdog Effects and the Possibility of Election Predictions." *Public Opinion Quarterly* 18: 245–53; reprinted in *Models of Man* (New York: Wiley, 1957), pp. 455–557.（宮沢光一監訳『人間行動のモデル』同文館出版、1970年）
Skorupski, J. (2010) *The Domain of Reason.* Oxford: Oxford University Press.
Skyrms, B. (1996) *Evolution of the Social Contract.* Cambridge: Cambridge University Press.
———(2004) *The Stag Hunt and the Evolution of Social Structure.* Cambridge: Cambridge University Press.
Smit, J. P., Buekens, F., and du Plessis, S. (2011) "What Is Money? An Alternative to Searle's Institutional Facts." *Economics and Philosophy* 27: 1–22.
———(2014) "Developing the Incentivized Action View of Institutional Reality." *Synthese* 191: 1813–30.
Smith, V. L. (2015) "Conduct, Rules and the Origins of Institutions." *Journal of Institutional Economics* 11: 481–83.

Sober, E. (1983) "Equilibrium Explanation." *Philosophical Studies* 43: 201–10.

Sober, E. and Wilson, D. S. (1998) *Unto Others: The Evolution and Psychology of Unselfish Behavior.* Cambridge, Mass.: Harvard University Press.

Soros, G. (1987) *The Alchemy of Finance.* New York: Wiley.（青柳孝直訳『新版 ソロスの錬金術』総合法令出版、2009年）

——— (2013) "Fallibility, Reflexivity and the Human Uncertainty Principle." *Journal of Economic Methodology* 20: 309–29.

Sperber, D. (1996) *Explaining Culture.* Oxford: Blackwell.（菅野盾樹訳『表象は感染する——文化への自然主義的アプローチ』新曜社、2001年）

Sugden, R. (1986/2004) *The Economics of Rights, Co-operation and Welfare.* 2nd ed. Oxford: Blackwell.（友野典男訳『慣習と秩序の経済学——進化ゲーム理論アプローチ』日本評論社、2008年）

——— (1993) "Thinking as a Team: Toward an Explanation of Nonselfish Behavior." *Social Philosophy and Policy* 10: 69–89.

——— (1998a) "Normative Expectations: The Simultaneous Evolution of Institutions and Norms." In *Economics, Values, and Organization*, edited by A. Ben-Ner and L. Putterman. Cambridge: Cambridge University Press, pp. 73–100.

——— (1998b) "The Role of Inductive Reasoning in the Evolution of Conventions." *Law and Philosophy* 17: 377–410.

——— (2000a) "The Motivating Power of Expectations." In *Rationality, Rules, and Structure*, edited by J. Nida-Rümelin and W. Spohn. Dordrecht: Kluwer, pp. 103–29.

——— (2000b) "Team Preferences." *Economics and Philosophy* 16: 174–204.

——— (2003) "The Logic of Team Reasoning." *Philosophical Explorations* 6: 165–81.

——— (2015) "On 'Common Sense Ontology': A Comment on the Paper by Frank Hindriks and Francesco Guala." *Journal of Institutional Economics* 11: 489–92.

Tahko, T. E. and Lowe, E. J. (2015) "Ontological Dependence." In *The Stanford Encyclopedia of Philosophy*, edited by E. N. Zalta. http://plato.stanford.edu/archives/spr2015/entries/dependence-ontological/.

Tajfel, H. (1982) *Human Groups and Social Categories.* Cambridge: Cambridge University Press.

Tajfel, H. and Turner, J. C. (1986) "The Social Identity Theory of Intergroup Behaviour." In *Psychology of Intergroup Relations*, edited by S. Worchel and L. W. Austin. Chicago: Nelson-Hall, pp. 7–24.

Taylor, C. (1971) "Interpretation and the Sciences of Man." *Review of Metaphysics* 25: 3–51.

Thomas, W. I. (1931) "The Relation of Research to the Social Process." In *Essays on Research in the Social Sciences*, edited by L. S. Lyon, I. Lubin, L. Meriam, and P. G. Wright. Washington: Brookings Institution, pp. 175–94.

Thomasson, A. (1999) *Fiction and Metaphysics*. Cambridge: Cambridge University Press.

——— (2003) "Realism and Human Kinds." *Philosophy and Phenomenological Research* 68: 580–609.

Tieffenbach, E. (2010) "Searle and Menger on Money." *Philosophy of the Social Sciences* 40: 191–212.

Tummolini, L., Andrighetto, G., Castelfranchi, C., and Conte, R. (2013) "A Convention or (Tacit) Agreement betwixt Us: On Reliance and Its Normative Consequences." *Synthese* 190: 585–618.

Tuomela, R. (1995) *The Importance of Us*. Stanford: Stanford University Press.

——— (2002a) *The Philosophy of Social Practices*. Cambridge: Cambridge University Press.

——— (2002b) "Reply to Critics." In *Social Facts & Collective Intentionality*, edited by G. Meggle. Frankfurt: Hansel-Hohenhausen AG, pp. 419–36.

——— (2007) *The Philosophy of Sociality*. Oxford: Oxford University Press.

Tuomela, R. and Miller, K. (1988) "We-intentions." *Philosophical Studies* 53: 367–89.

Turner, S. (1999) "Searle's Social Reality." *History and Theory* 38: 211–31.

——— (2010) *Explaining the Normative*. Cambridge: Polity Press.

Ullmann-Margalit, E. (1977) *The Emergence of Norms*. Oxford: Clarendon Press.

United States Conference of Catholic Bishops (2009) "Bishops Applaud Maine Vote Defending Marriage." News release, November 4.

Vanberg, V. J. (2008) "On the Economics of Moral Preferences." *American Journal of Economics and Sociology* 67: 605–28.

Vanderschraaf, P. (1995) "Convention as Correlated Equilibrium." *Erkenntnis* 42: 65–87.

——— (1998) "Knowledge, Equilibrium and Convention." *Erkenntnis* 49: 337–69.

——— (2001) *Learning and Coordination*. London: Routledge.

Vanderschraaf, P. and Sillari, G. (2013) "Common Knowledge." In *Stanford Encyclopedia of Philosophy*, edited by E. Zalta. http://stanford.library.usyd.edu.au/entries/common-knowledge/.

Venn, J. (1866) *The Logic of Chance*. London: Macmillan.

Vermaas, P. E. and Houkens, W. (2003) "Ascribing Functions to Technical Artefacts:

A Challenge to Etiological Accounts of Functions." *British Journal for the Philosophy of Science* 54: 261–89.

Vromen, J.（2003）"Collective Intentionality, Evolutionary Biology and Social Reality." *Philosophical Explorations* 6: 251–65.

Weber, M.（1910）"Diskussionsrede zu dem Vortrag von A. Ploetz über Die Begriffe Rasse und Gesellschaft." In *Gesammelte Aufsätze zur Soziologie und Sozialpolitik*. Tübingen: Mohr, pp. 456–62.

———（1922）*Economy and Society*. Berkeley: University of California Press.

Weisberg, M.（2006）"Water Is *Not* H_2O." *Boston Studies in the Philosophy of Science* 242: 337–45.

Whewell, W.（1847）*The Philosophy of Inductive Sciences, Founded upon Their History*. London: Parker.

Wilson, R. A.（1999）"Realism, Essence, and Kind: Resuscitating Species Essentialism." In *Species: New Interdisciplinary Essays*, edited by R. A. Wilson. Cambridge, Mass.: MIT Press, pp. 187–207.

Winch, P.（1958）*The Idea of a Social Science and Its Relation to Philosophy*. London: Routledge.（森川規雄訳『社会科学の理念——ウィトゲンシュタイン哲学と社会研究』新曜社、1977年）

Wittgenstein, L.（1953）*Philosophical Investigations*. Oxford: Blackwell.（藤本隆志訳『ウィトゲンシュタイン全集 8 哲学探究』大修館書店、1976年）

Wray, L. R.（1990）*Money and Credit in Capitalist Economies*. Aldershot: Elgar.

読書案内

◉イントロダクション

社会的存在論は議論白熱の領域であり、結果として文献は膨大なものとなる。Schmitt (2003)、Mantzavinos (2009)、Gallotti and Michael (2014) によって編集された書籍には、影響力ある哲学者の論文が多数収録されている。これらは現在の議論へのよい導入となるだろう。人間の制度の多様性とそれらが生物学的制約から相対的に独立していることは、現代の社会科学における中心テーマであり、激しい論争が生み出されてきた。進化心理学に影響を受けた、生物学的制約を強調する見方としてはBoyer and Peterson (2012) を見よ。社会科学と生物学の機能主義に関しては、Pettit (1996) に負うところが大きい。このイントロダクションで述べられたトピックの大半は、本書の残りの部分でより詳細に分析されるので、以下の文献レビューを見てほしい。

◉第１章　ルール

「ゲームのルール (*Spielregeln*)」としての制度というアイディア自体は、すでにWeber (1910: 459) にある。ルールとしての制度の説明の方は、Parsons (1935)、Knight (1992)、Mantzavinos (2001)、Hodgson (2006)、Miller (2010)、その他の多くの社会理論家の著作に見受けられる。制限速度の例はGreif and Kingston (2011) によっている。効果的でないルールの問題とWittgenstein (1953) によって議論された「意味有限主義」の間には特筆すべきアナロジーがある〔意味有限主義 (meaning finitism) とは、意味が人間の言語行動によって不断に創造される産物であるとみなす立場である。これと対極にあるのが意味決定論で、意味が言語使用を決定するという考え方である〕。Kripke (1982) がヴィトゲンシュタインに従って主張したのは、言葉の意味は究極的には社会的インセンティブの体系によって決定されなければならないということである。この解決策は、ルイスのコンヴェンションに関する均衡論的な説明と類似している。Bloor (1997) も見よ。特に、この議論の並行性を詳細に擁護したSillari (2012) も見よ。Schelling (1960) とLewis (1969) の著書は非常に明瞭でアクセスしやすいので、オリジナルのテキストを読むに値する。彼らのどちらもが社会科学と哲学に大きな貢献をし続けたが、これらのトピックに関して、他に大著は執筆しなかった。しかしながら彼らは、膨大な文献を生産してきた、極めて影響力のある研究プログラムを立ち上げたのであった。この伝統のなかで私が好きなものは、ロバート・サグデンの『慣習と秩序の経済学――進化ゲーム理論アプローチ』(Sugden 1986) である。このモノグラフは後続の章で再び引用することになるだろう。Sugden (1998b) には、帰納的な傾向性とコンヴェンションの創発の間の関係に関する素晴らしい議論が含まれている。Guala and Mit-

tone（2010）とGuala（2013a）において、私は、コンヴェンションの規範的な力に関するいくつかの実験データを提示した。これは、Gilbert（1989）およびTummolini et al.（2013）によって議論されているトピックである。彼らの理論においてルールは中心的役割を果たしていないものの、Smit, Buekens, and du Plessis（2014）は、インセンティブ付けされた行為の体系としての制度という説明を明確に述べている。これは多くの点で、本書で私が擁護している説明と類似している。

◉第2章　ゲーム

ゲーム理論の素晴らしい入門的教科書は数多くある。私の好みはDixit, Skeath, and Reiley（2009）とOsborne（2004）である。ゲーム理論の主要な均衡概念は、ジョン・ナッシュにちなんで名づけられた。彼は、ハリウッドの大ヒット映画『ビューティフル・マインド』の中で描かれているように、トラブルを抱えていた数学者である。Bicchieri（2001）は、コーディネーション・ゲームにおける信念形成の問題を詳細に議論している。社会は巨大なコーディネーション・ゲームであり、人々が解決策を見つける際に社会的制度が役立つというアイディアはすでにHume（1748）にある。しかし、このアイディアはLewis（1969）、Ullmann-Margalit（1977）、Schotter（1981）、Sugden（1986）、Skyrms（1996, 2004）、Binmore（1998, 2005）のような哲学者や社会科学者によって、ゲーム理論的な仕方で再定式化されてきた。Knight（1992）は、制度のコーディネートする機能を議論しつつも、両性の闘いにおけるようなゲームの競争的側面も議論している。囚人のジレンマの実験における協力の謎は夥しい数の文献を生み出してきたが、社会規範に基づく説明はかなりありふれている。例としてUllmann-Margalit（1977）、Sober and Wilson（1998）、Binmore（2005）、Bicchieri（2006）、Gintis（2009）を見よ。機能的説明は、Jon Elster（1983）の影響力ある批判の結果、社会科学では悪評に苦しんできた。Pettit（1996）による創発の説明と復元力（resilience）の説明の区別は、この批判に対抗することを意図している。最後に、均衡的説明に関しては、Sober（1983）を見よ。

◉第3章　貨幣

Smit, Buekens, and du Plessis（2011）は、個人のインセンティブによって維持される信念体系としての貨幣という経済学者の標準的概念化を説明し、それをSearle（1995, 2010）のような哲学者の概念化と対比する。Tieffenbach（2010）は、サールの説明をメンガーの商品理論と比較している。現代における貨幣のフォーマルな分析で、商品理論の伝統に沿ったものについては、たとえばKiyotaki and Wright（1989, 1991）を見よ。証券理論は単一の理論というよりも共通の特徴をもって繋がっているようなものである。初期の定式化はWeber（1922）とKnapp（1905）の著作に見出されるが、その理論は今

日でも多くの信奉者を有している。例として、Goodhart（1989）とWray（1990）を見よ。Pryor（1977）は、課税、国家の権威、貨幣の起源に関する経験的証拠をいくつか提示している。Hayek（1976）の後に続くオーストリア派の経済学者たちは、不換貨幣を安定させるためには国家の課税権力が決定的だという主張を退け、民間銀行によって発行される異なる通貨間の競争を主張している。しかしながら、この見解は現代の経済学においては少数派のものである。クビライ・カアンの造幣局に関するマルコ・ポーロの記述の英語翻訳は、Smit, Buekens and du Plessis（2011:20）からの引用である。

◉第４章　相関

コンヴェンションに関する画期的研究であるLewis（1969）から派生して、社会科学の文献には、均衡ベース制度の理論が多数ある。たとえば、Schotter（1981）、Calvert（1998）、Greif（2006）、Binmore（2010）を見よ。ここで提示された説明は、Aoki（2001, 2011）およびGreif and Kingston（2011）の「ハイブリッド」理論の精神に近い。タカハト・ゲームを用いて、動物や人間の競合的資源をめぐる紛争を表現することは、Maynard Smith（1982）の進化ゲーム理論に関する研究まで遡る。Sugden（1986）、近年ではGintis（2007）も見よ。相関均衡については、Aumann（1974, 1987）、Vanderschraaf（1995, 1998, 2001）、Gintis（2007, 2009）を見よ。均衡したルールとしての制度の理論は最近*Journal of Institutional Economics*で公刊されたシンポジウムにおいて議論されている。とりわけ、Aoki（2015）、Binmore（2015）、Sugden（2015）、Smith（2015）のコメントが、本章で議論した争点のいくつかを取り上げている。Hindriks and Guala（2015b）はこれらへの返答である。

◉第５章　構成

『哲学探究』（1953）におけるヴィトゲンシュタインの言語ゲームの議論は、広い意味で統整的ルールと構成的ルールの間の区別と似ているさまざまな区別を促すことになった。Rawls（1955）のほかには、Midgley（1959）を見よ。Morin（2011）は、統整的ルールと構成的ルールの区別に対する一連の批判を提示している。構成的ルール・アプローチの本質的要素はすでにサールの『言語行為』（Searle 1969）にみられるが、その理論は『社会的現実の構成』（Searle 1995）、そして『社会的世界の製作』（Searle 2010）において十全に展開されるに至った。ルイスと異なり、サールは言語を、社会的現実のすべての構造がそれに基づいている、最も根本的な制度として扱っている。その理論に関連する表明は、Searle（2005, 2009）に見受けられる。「XはYとみなされる」という公式に、充足条件を明確に取り入れたものとしては、とりわけSearle（2010: 99）を見よ。Ransdell（1971）およびConte（1988）は、構成的ルールの意味を明示的にするためには、制度的な用語の導入を指定する別の項を付け加えて、公式を拡張することが必要である

と指摘している。Hindriks（2005）は、構成的ルール・アプローチをルイスのコンヴェンションの理論と統合することを目的として、彼の博士論文においてこのアイディアを展開した（Hindriks 2009も見よ）。相関均衡との関連は、Guala and Hindriks（2015）およびHindriks and Guala（2015a）で説明されている。統一という私たちの企てに関するサールの意見は、*Journal of Institutional Economics*のシンポジウムに対する彼の寄稿で見ることができる。私たちはHindriks and Guala（2015b）でこれに返答している。ゲーム理論と構成的ルールの関係に若干異なった観点から取り組んでいる、近年のもう一つの論文はHédoin（2015）である。最後に、私は野球の試合がどのように進行するのかということについて見当もつかないことを認めなければならない。文章中で引用されたルールが間違っているなら、ウィキペディアが間違っているということだ。

◉第6章　規範性

本章の大半は、Guala and Hindriks（2015）に基づいている。Searle（2015）とHindriks and Guala（2015b）は、制度の規範性に関する私たちのパースペクティブと、サールのパースペクティブの比較を提供している。哲学と社会科学における規範性の問題については、Turner（2010）の素晴らしい本を見よ。とりわけサールに関しては、Turner（1999）を見よ。Miller（2010）は、私が本書でとっているものとは非常に異なる観点から、規範的な基礎を強調する制度の説明を提案している。対をなしているアイディア――規範の力は利得の摂動として表現できるということと、規範はゲームの構造を変えるということ――は、合理的選択理論に共通である。たとえば、Ullmann-Margalit（1977）、Sugden（1986）、Pettit（1990）、Bicchieri（2006）を見よ。Crawford and Ostrom（1995）は明瞭で簡潔な説明を、Vanberg（2008）は批判的な見方を提示している。私はコンヴェンションが規範へと変化する傾向を持っていることをGuala and Mittone（2010）およびGuala（2013a）で主張してきた。コンヴェンションの規範的な力に関しては、Tummolini et al.（2013）もまた参照せよ。Bicchieri（2006）は現代の文献のなかで、最も影響力があり包括的な社会規範の理論である。Michael and Pacherie（2015）は、規範的コミットメントを社会的相互作用の不確実性削減装置として論じている。規範性の源泉の異なる説明については次の通り。たとえば他者の期待を裏切りたくないという欲求に関しては、Sugden（1986, 1998a, 2000a）およびPettit（1990）を見よ。情動に関してはFrank（1987）、Gibbard（1990）、Nichols（2004）を見よ。合理的正当化に関してはRaz（1999）、Skorupski（2010）、Broome（2013）を見よ。共同意図に関してはGilbert（1989）を見よ。

◉第7章　読心

通常、文献において「共通知識」という用語と概念を導入したのは、Lewis（1969）

とAumann（1976）だとされている。しかしながらルイスは、後になってこの用語を使ったことを後悔し、「共通信念」がより好ましいものであると認めた。文献の概観は、Vanderschraaf and Sillari（2013）に見られる。本書における私の共通信念の定式化は、ルイスに完全に忠実なものではない。彼は「信じる理由」という用語を用いた定式化を好んだのである（Cubitt and Sugden 2003を見よ）。「基礎」と「指示」という概念はLewis（1969）にある。共通信念とコンヴェンションに関してはSillari（2008）を、そしてこれらに対する懐疑的な見方をするものとしてはBinmore（2008）を見よ。コーディネーションと協力の進化モデルは、Skyrms（1996, 2004）およびBinmore（1994, 1998, 2005）によって例証され、擁護されている。対称的推論と共有された帰納的傾向性の重要性については、Sugden（1998b）も見よ。シミュレーション理論には多くのバージョンがある。Goldman（1989, 2006）とGordon（1986）が、古典的である。「ミラー・ニューロン」の発見は、シミュレーション理論を科学者と一般大衆の間でますます人気のあるものにした（Rizzolatti and Sinigaglia 2008）。シミュレーションがゲーム理論的なコーディネーション問題の解を与えるというアイディアは、Morton（1994）によって提示されている。『理解されることの重要性』（*The Importance of Being Understood* 2003）の第3章および第5章における、独創的で示唆的な議論の一読を薦めたい。

◉第８章　集合性

集合的志向性の哲学はSellars（1963）に端を発する。この理論の古典的な定式化は、Tuomela and Miller（1988）、Gilbert（1989）、Searle（1990）、Bratman（1993, 2014）、Tuomela（1995, 2002a, 2007）によるものである。チーム推論はSugden（1993, 2000b, 2003）、Bacharach（1999,2006）、Gold（2012）、Gold and Sugden（2007a）によって提起され、発展してきた。集合的志向性とチーム推論の比較については、Bardsley（2007）、Gold and Sugden（2007b）、Hakli, Miller, and Tuomela（2011）を見よ。心理学においては、いわゆる集団的アイデンティティに関する実験研究（Tajfel 1982; Tajfel and Turner 1986）が昔からたくさんあるだけでなく、共同行為に関する経験的研究の新潮流（Gallotti and Frith 2013でレビューされている）も存在する。Bianchin（2015）は共同行為とシミュレーションの関係を、Turner（2010）は集合的志向性と規範性の関係を議論している。Vromen（2003）は進化生物学に依拠し、協力とコーディネーションを説明するのに集合的志向性が必要とされないことを主張している。

◉第９章　再帰性

「再帰性」という概念の歴史は古いが、哲学的文献や科学的文献においてこの用語が広まったのは、ようやく1960年代になってからである。その先駆者のなかでも言及するのに値するのは、モルゲンシュテルンの自己破壊的予想（Morgenstern 1928）、「トーマ

スの定理」（Thomas 1931）、Merton（1948）の自己成就的予言である。もともとの「ピグマリオン効果」はRosenthal and Jacobson（1968）によって報告された。私が知る限りでは、「再帰性」という言葉が初めて使われたのは、グリュンバウムの自己成就的予言に関する論文を批判するロジャー・バックの論文のなかでのことだ。科学哲学においては、この問題は、Grünbaum（1956）、Nagel（1961）、Buck（1963）、Romanos（1973）によって議論されてきた。均衡概念を再帰性の分析に初めて応用したのはGrunberg and Modigliani（1954）とSimon（1954）である。Grunberg（1986）はこの古い文献のいくつかを概説している。情報カスケードの単純なモデルはSchelling（1978）に由来する。Kuran（1995）は同じモデルを使って政治革命へと至るプロセスを分析している。再帰性は必ずしも有害でなく、反対にあらゆる社会的現実の基礎を構成するかもしれないというアイディアは、まずKrishna（1971）によって提出された。Barnes（1983, 1989）はこの点を一般化し、予測することとラベル付けすることの緊密な関係を強調している。近年フィードバック・ループが新たに関心を集めていることには、Hacking（1986, 1995, 1999）の功績が大きい。彼はFoucault（e.g., 1961, 1979）の哲学的歴史学に深く影響を受けたのである。Mallon（2003）は、ハッキングのループ効果は安定化効果だけでなく不安定化の効果もあることを主張し、ルイスのコーディネーション均衡の理論と明示的な繋がりをつけている。最後に、金融界の第一人者であるジョージ・ソロス（Soros 1987, 2013）は、再帰性が「自然科学と社会科学を分かつ」と考えている。本章の一部は、ソロスの理論に捧げられた論文（Guala 2013b）に基づいている。

◉第10章　相互作用

正真正銘の種類を偽の種類と区別するための、最も人気のある哲学的用語は「自然的な種類」であるが、いくつかの明白な理由から、本書のような著作においては使用しないことが望ましい。ミルの「実在的な種類」はより適合的であり、ここから先、私はこの言葉を使用していく。実在的な種類の伝統に関しては、ハッキングが広範に書いている。特にHacking（1991, 2007b）を見よ。実在的な種類を帰納的推論と繋げる哲学的アプローチはMill（1843）、Whewell（1847）、Venn（1866）にまで遡る。「投射可能」という用語は、Goodman（1954）によって導入されたものである。種類の現代的復興は、特にPutnam（1975）とKripke（1972）によるものである。本質主義との不運な結合——すべての存在物は、それがどのような種類の物であるかを必然的に決定する性質の集合を持っているというアイディア——は彼らに負っている。種類性（Kindhood）に関する多元主義は、一般的に本質主義に敵対的である。たとえば、Dupré（1993）とKhalidi（2013）を見よ。恒常的性質クラスタの理論はBoyd（1989, 1991）において明確に述べられ、Wilson（1999）によって批判的に論じられている。ハッキングの相互作用する種類と無反応な種類の区別に対する批判は数多くある。特にDouglas（1986）、

Bogen（1988）、Haslanger（1995）、Cooper（2004）、Khalidi（2010）を見よ。相互作用性が安定性の源泉であるかもしれないことを最初に指摘したのはMallon（2003）であり、Kuorikoski and Pöyhönen（2013）はフィードバック・ループの因果メカニズム的解釈を概説している。近年、ハッキングは相互作用性に基づく線引き基準について悲観的な見方をするようになっている。彼は、相互作用は実在的な現象であるものの、自然的領域と社会的領域を鋭く分かつものでないと主張している（Hacking 2007aを見よ）。心理的本質主義については、たとえば、Gelman（2003）を見よ。社会的な種類への応用についてはRothbart and Taylor（1992）を見よ。Machery（2014）は、社会的存在論の文脈における本質主義の重要性を議論している。最後に、「ゲイ」という言葉の物語は、本文中ではかなり単純化されている。時間とともに、この言葉はポジティブな意味合いだけでなく、ネガティブな意味合いももつようになっており、振り子が再度ネガティブな方へ揺れ戻っている兆しがある。同性愛（という概念）の歴史に関する文献は膨大であるが、Pickett（2011）が簡潔な哲学的紹介を提供している。

◉第11章　依存性

「リアル」がもつ複数の意味については、Austin（1962, chap.7）およびHacking（1983: 32-33）を見よ。依存性の概念は、かなりの文献を生み出してきた（たとえば、Correia 2008、Tahko and Lowe 2015を見よ）。残念なことに、形而上学者たちは通常、全体のその部分への依存性のような、私たちが興味を持つ争点にとってあまり役立たないタイプの依存性について典型的に論じてきた。特筆すべき例外は、虚構の対象に関するトマソンの業績（Thomasson 1999, chap.2）と個人主義に関するEpstein（2015）である。Colingwood（1946）、Dray（1957）、Winch（1958）、Taylor（1971）は英米哲学における解釈学的立場の古典的論述である。しかし、解釈学は明らかにヨーロッパ的なものなので、人によってはGadamer（1960）、Ricoeur（1965）、Habermas（1968）も参照すると良いかもしれない。存在論的依存性の反実在論的な含意はBoyd（1991）によって簡潔にその輪郭が描かれているが、因果的依存性と非因果的依存性の区別に関してはKukla（2000）とMäki（2012）も見よ。Ruben（1989）とThomasson（2003）の不可謬主義はGuala（2010）で論じられている。本章の大部分はこれに基づいている。社会的な種類についての不可謬主義の妥当なバージョンを定義するために、私はサールとトゥオメラの研究に大幅に依拠している。とりわけ、私が用いる依存性の公式は、Tuomela（2002a: 140）によって導入された再帰性の公式とほぼ同じである。しかし、トゥオメラが明示的に不可謬主義を拒絶していることを強調しておくことが重要である。次章で述べるように、Searle（1995）の立場はもっと曖昧である。人口内における信念の異質性に関する指摘はオリヴィエ・モリンに負っている。表象の不完全な伝達に関しては、Sperber（1996）を見よ。同じ内容を共有することの巧妙なメタファーに関しては

Turner（2010, 特にchap.5とchap.6）を見よ。

◉第12章　実在論

本章の大部分は、Guala（2010, 2014）に基づいている。サールの方法論的な発言は、彼の著作に散見される。実在の「論理的構造」を「露わにするもの」としての社会的存在論に関しては、たとえばSearle（1995: 90）を見よ。Epstein（2015）は、（私が呼ぶところの）依存関係が、実際には、異なる2つの形而上学的関係の組み合わせであると主張する。それらを彼は「根拠づけ（grounding）」と「投錨（anchoring）」と呼んでいる。貨幣については、第9章の参考文献を見よ。Roversi, Borghi, and Tummolini（2013）は、私が知っている限りで、社会的人工物の概念化を経験的に研究した唯一のものである。形而上学において機能不全をきたしている人工物、生物学において機能不全をきたしている有機体に関する文献はいくつかある（たとえばVermaas and Houkens 2003を見よ）。しかし、機能不全の制度という問題はこれまで概して看過されてきた。後者は、心の哲学における類似した争点を彷彿とさせるものである（いわゆる「狂人の痛み」問題；Lewis 1980を見よ）。ただし、本章で私が提案した解決策は、標準的なものとは異なっている（この点の指摘については、ミカエル・コジックに謝意を表したい）。

◉第13章　意味

Eskridge（1993）は、結婚に関する意味論的論証の法学文献における使用を手短に論評している。政治的アリーナにおいては、意味論的論証は2000年代のジョージ・W・ブッシュによって主導された結婚の守護運動の最たる特徴であった（たとえばDuncan 2009を見よ）。Putnam（1975）、Kripke（1972）、Brandom（1994）、Horwich（1998）は、異なったタイプの意味の外在主義的説明を擁護する。その一方で、Devitt and Sterelny（1999）は哲学的論争の明快な綜合を提示している。私が本文で使ったのは「水」という標準的な例であるが、水が本当にH_2Oであることには疑問を抱く理由がある（Weisberg 2006を見よ）。物議を醸したBoswell（1994）は膨大な二次文献を生み出したが、その中でも手始めにはRapp（1997）が良いだろう。ジェンダーと人種差別のアナロジーは法学研究者によって広範に用いられてきた。たとえば、Law（1988）とKoppelman（1988）を見よ。正当化の方法としての再帰的均衡に関しては、Rawls（1971）とDaniels（1996）を見よ。*Halpern v. Canada*の事例は、哲学が時には、複雑で議論伯仲の社会的問題を理解可能なものにする仕方に関する秀逸な例である。法律資料のいくつかはhttp://www.sgmlaw.com/en/about/Halpernv.CanadaAttorneyGeneral.cfmで入手可能である。ロバート・ステイントンの宣誓供述書はオンラインでは入手不可なので、二次資料から引用した。アデル・メルシエの宣誓供述書はhttp://www.academia.edu/Documents/in/Adele_Mercierで見つけられる。彼女の哲学的主張はMercier（2007）に

おいて、学術関係者に向けてより詳しく提示され明確に述べられている。

◉第14章　改革

制度のタイプとトークンの区別は、ウスカリ・マキの貨幣に関する未刊の（そして過小評価されている）論文に見出される（Mäki 2004）。生物学的種が個物（individual）または個別者（particular）であるというアイディアは、Ghiselin（1974）とHull（1976）にまで遡る。関連する諸問題のクラスタを解決する権利またはルールの束として結婚を論じるものとしては、Leach（1955）の古典的論文を見よ。重要なことは、こうした結婚の理解が人類学に現れたのが、標準的な西洋的結婚に簡単に吸収できない契約的取り決め（contractual arrangement）――一夫多妻や同性の結びつきのようなもの――を民族誌学者たちが発見したときのことであることだ。後者（同性の結びつき）については、とりわけKrige（1974）の中央アフリカの「女性結婚（woman-marriage）」に関する影響力の大きい議論を見てほしい。ついでながら、結婚がもっぱら男女関係を統整するという見解は、現代ヨーロッパに特有のアイディアである。少なくともレヴィ=ストロース以降、人類学者たちは、ほとんどの文化において、結婚制度は男性間の関係とグループ間（家族、氏族）の関係を統整していると指摘してきた。Mercier（2007）は、結婚の本性に関する意味論的主張に関するすばらしい批判を提供するとともに、制度的問題に関わる裁判所の決定の範囲に関する議論を行っている。法的判決と素朴な概念化の間の関係は、複雑で多方面に及んでいることに注意しよう。（ゲイの活動家が結婚のケースでそうなることを望んでいるように）判決が素朴な概念化を変えることもあれば、素朴な概念化や実践が法に影響を及ぼすこともある。たとえば1893年、米国最高裁判所は、貿易に関わるすべての法律の目的にとって、トマトは野菜とみなされなければならないと判決を下した。この判決では、トマトの素朴概念が法律上の概念として採用されたが、メルシエが指摘するように、科学的観点からトマトが果物であるという事実を裁判所は変えなかったし、変えられたわけでもない。